ŒUVRES COMPLÈTES

D'ALEXANDRE DUMAS

ŒUVRES COMPLÈTES
D'ALEXANDRE DUMAS
Parues dans la collection Michel Lévy

	vol.
Amaury	1
Ange Pitou	2
Ascanio	2
Aventures de John Davys	2
Les Baleiniers	2
Le Bâtard de Mauléon	3
Black	2
La Bouillie de la comtesse Berthe	1
La Boule de neige	1
Bric-à-Brac	2
Un Cadet de famille	3
Le Capitaine Pamphile	1
Le Capitaine Paul	1
Le Capitaine Richard	1
Catherine Blum	1
Causeries	2
Cécile	1
Charles le Téméraire	2
Le Chasseur de sauvagine	1
Le Château d'Eppstein	2
Le Chevalier d'Harmental	2
Le Chevalier de Maison-Rouge	2
Le Collier de la reine	3
Le Comte de Monte-Cristo	6
La Comtesse de Charny	6
La Comtesse de Salisbury	2
Les Confessions de la marquise	2
Conscience l'innocent	2
La Dame de Monsoreau	3
Les Deux Diane	3
Dieu dispose	2
Les Drames de la mer	1
La Femme au collier de velours	1
Fernande	1
Une Fille du régent	1
Les Frères corses	1
Gabriel Lambert	1
Gaule et France	1
Georges	1
Un Gil Blas en Californie	1
La Guerre des femmes	2
Histoire d'un casse-noisette	1
L'Horoscope	1
Impressions de voyage : Suisse	3
— Une Année à Florence	1
— Les Bords du Rhin	2
— L'Arabie Heureuse	3
— Quinze jours au Sinaï	1
— De Paris à Cadix	2
— Le Véloce	2
— Le Capitaine Aréna	1
— Le Speronare	2
Ingénue	2
Isabel de Bavière	2
Italiens et Flamands	2
Ivanhoe (trad. de Walter Scott)	2
Jane	1
Jehanne la Pucelle	1
Les Louves de Machecoul	3
Madame de Chamblay	2
La Maison de glace	2
Le Maître d'armes	1
Les Mariages du père Olifus	1
Les Médicis	1
Mes Mémoires	8
Mémoires de Garibaldi	2
Mémoires d'une aveugle	2
Mém. d'un médecin : J. Balsamo	5
Le Meneur de loups	1
Les Mille et un Fantômes	1
Les Mohicans de Paris	4
Les Morts vont vite	2
Napoléon	1
Une Nuit à Florence	1
Olympe de Clèves	3
Le Page du duc de Savoie	2
Le Pasteur d'Ashbourn	2
Pauline et Pascal Bruno	1
Le Père Gigogne	2
Le Père la Ruine	1
La Princesse Flora	1
Les Quarante-Cinq	3
La Reine Margot	2
La Route de Varennes	1
Le Salteador	1
Salvator (suite et fin des Mohicans de Paris)	5
Souvenirs d'Antony	1
Les Stuarts	1
Sultanetta	1
Sylvandire	1
Le Testament de M. Chauvelin	1
Théâtre complet	10
Trois Maîtres	1
Les Trois Mousquetaires	2
Le Trou de l'Enfer	1
La Tulipe noire	1
Le Vicomte de Bragelonne	6
La Vie au désert	2
Une Vie d'artiste	1
Vingt ans après	3

LES
STUARTS

PAR

ALEXANDRE DUMAS

PARIS
MICHEL LÉVY FRÈRES, LIBRAIRES ÉDITEURS
RUE VIVIENNE, 2 BIS, ET BOULEVARD DES ITALIENS, 15
A LA LIBRAIRIE NOUVELLE
1863
Tous droits réservés

C.

LES STUARTS

I

Trois siècles s'étaient écoulés depuis que les sorcières de Forres avaient prédit à Banquo que, quoiqu'il ne dût jamais être roi, les descendants de son fils Fleance monteraient sur le trône d'Écosse, lorsque, David II étant mort sans enfant, la branche masculine du grand Robert Bruce se trouva éteinte. Mais tels étaient la vénération et l'attachement que les Écossais portaient aux descendants de ce prince, qu'ils résolurent d'élire pour roi un de ses petits-fils du côté maternel. Sir Walter, lord *high steward* ou *stuart*, c'est-à-dire lord grand intendant, avait épousé Marjaria, la fille du roi Robert Bruce. C'était un capitaine plein de courage, qui donna un rude coup de lance en faveur de son beau-père à la bataille de Bannock-Burn, mais qui mourut jeune, laissant un fils.

Ce fut cet enfant, destiné à accomplir la prédiction des sorcières, qui, appelé par le choix de la nation, et montant sur le trône à la mort de David II, fonda la dynastie des Stuarts, dont le dernier roi perdit sa double couronne à la grande révolution de 1688.

C'était un prince doux et affable, et qui, comme son père, avait été dans sa jeunesse un grand guerrier; mais il avait déjà cinquante-cinq ans lorsqu'il monta sur le trône; de plus, il était atteint d'une inflammation aux yeux qui les lui rendait rouges comme le sang. Aussi passa-t-il sa vie presque entière dans la retraite, où il mourut le 19 avril 1390. Ce fut, avec Jacques VI, le roi le plus heureux de sa race.

Son fils lui succéda. Il s'appelait John, c'est-à-dire Jean. Mais les princes qui s'appelaient John avaient été jusqu'alors si malheureux, qu'il changea de nom, et, prenant celui de son père et de son aïeul, il fut proclamé sous le nom de Robert III. Il n'en fut pas plus heureux que s'il avait continué de s'appeler John.

Il avait deux fils. L'aîné, qui était duc de Rothsay, était un beau jeune homme, frivole d'esprit, emporté de sens, ardent à tous les plaisirs. Albany, son oncle, profitant de la faiblesse du vieux roi, régna en son nom, et donna à son frère le conseil de marier Rothsay, comme le seul moyen qui pût ramener quelque régularité dans sa conduite. Ce conseil fut suivi, et le duc de Rothsay épousa la fille de Douglas, qui déjà lui-même avait épousé la fille du roi, et qui de cette façon se trouva toucher doublement au trône d'Écosse, sur les marches duquel ses aïeux et ses descendants mirent souvent le pied, sans jamais parvenir à s'y asseoir.

Rothsay continua de mener la même vie. Douglas

se plaignit de son gendre à Albany. Albany, qui succédait au trône si Robert mourait sans enfant, était tout disposé à se débarrasser d'un de ses neveux, quitte ensuite à voir ce qu'il y aurait à faire de l'autre. Il alla trouver le vieux roi, lui exagéra les torts de son fils, parla même d'une conspiration qui n'avait jamais existé, obtint contre Rothsay un décret de prise de corps, et chargea un misérable, nommé Ramorny, de l'exécuter.

Le prince, sans défiance, voyageait dans le comté de Fife. Au détour d'un chemin, Ramorny et sir Williams Lindsay, se jetèrent à l'improviste sur lui, le renversèrent de son cheval, et lui lièrent les mains sans qu'il eût même eu le temps de tirer son épée; puis il le mirent sur un cheval de bât pour le conduire au château de Falkland, qui appartenait à Albany. Au bout d'une lieue, un orage les prit; mais, malgré la pluie qui tombait par torrents, Rothsay ne put même obtenir de se mettre à l'abri, et la seule grâce que lui accordèrent ses gardiens fut de lui jeter un manteau de paysan sur ses épaules.

Arrivé au château, Rothsay fut enfermé dans un cachot uniquement éclairé par une espèce de soupirail grillé, et qui, à sept pieds de hauteur, s'ouvrait à fleur de terre sur une cour déserte, pleine d'herbes et de ronces. Au bout d'une semaine, on cessa de lui apporter à manger.

Rothsay crut d'abord que c'était un oubli, et attendit tout un jour avec patience. Le second jour, il appela, et toute sa journée s'usa dans les cris. Enfin, le troisième jour, les forces lui manquaient, et il ne pouvait plus que se plaindre et gémir. Lorsque la nuit fut venue, il lui sembla qu'on s'approchait du soupirail; alors il rassembla toutes ses forces pour se traîner jusqu'au-dessous de l'ouverture. Il ne se trompait pas : une femme avait entendu ses cris de la veille, et ses gémissements du jour. Se doutant qu'il y avait là quelque victime à secourir, sinon à sauver, elle avait profité de la nuit pour venir lui demander qui il était, et ce qu'il avait.

Rothsay répondit qu'il était le fils du roi, et qu'il mourait de faim.

La femme courut chez elle, et, revenant au bout d'un instant, elle lui glissa à travers les barreaux une petite galette d'orge, lui en promettant une pareille toutes les nuits. C'était tout ce qu'elle pouvait lui donner; car elle était pauvre. Il y avait juste de quoi ne pas mourir de faim. Mais, comme elle tint parole, Rothsay du moins continua de vivre.

Au bout de cinq jours, le prisonnier entendit des pas qui s'approchaient de sa porte. Il devina qu'on venait pour écouter s'il était mort. Il poussa quelques gémissements. Les pas s'éloignèrent.

Le lendemain, les pas revinrent encore. Rothsay se plaignit plus bas. Les pas s'éloignèrent de nouveau.

Il en fut ainsi pendant toute une semaine.

Le soir du huitième jour, la galette d'orge manqua. Les geôliers avaient compris que le prince ne pouvait vivre si longtemps sans être secouru; ils avaient placé un homme en sentinelle dans la cour. Celui-ci avait vu la femme s'approcher du soupirail, jeter quelque chose à travers les barreaux, et s'éloigner. Il avait fait son rapport, et la femme avait été arrêtée.

Deux jours se passèrent au milieu des tourments de la faim. Le soir du troisième jour, Rothsay entendit de nouveau du bruit au soupirail. La femme avait eu le temps de prévenir une de ses amies, plus pauvre encore qu'elle. Celle-ci n'avait pas même une galette d'orge à donner au prisonnier! Mais, comme elle nourrissait un jeune enfant, elle venait lui offrir la moitié de son lait.

Rothsay vécu neuf jours ainsi. Le soir du dixième jour, la femme ne vint pas. Elle avait été découverte et arrêtée comme la première. Rothsay l'attendit vainement cinq jours. Le soir du sixième, comme on n'entendait plus ni plaintes ni gémissements, on entra dans le cachot. Rothsay était mort, après s'être dévoré une partie du bras.

En apprenant cette nouvelle, le vieux roi se souvint qu'il ne lui restait plus qu'un fils de onze ans, nommé Jacques, dont Albany pouvait se défaire comme du premier. Il résolut donc de l'envoyer en France, sous le prétexte qu'il y recevrait une meilleure éducation qu'en Écosse. Mais le vaisseau qui le conduisait fut pris par les Anglais, et le jeune prince fut ramené à Londres. Robert écrivit aussitôt au roi d'Angleterre pour le réclamer; mais Henri IV, qui avait conservé ses prétentions sur l'Écosse, ne fut pas fâché d'en retenir sous sa main le prince héréditaire. Il fit donc répondre à Robert que son fils serait tout aussi bien élevé à sa cour qu'à la cour de France; et, en conséquence de ce raisonnement, il l'envoya en prison, où, conformément à sa promesse, il reçut à ses frais une excellente éducation.

Le vieux roi, qui se trouvait dès lors à la merci

des Anglais, mourut dans les six mois de chagrin et de honte, laissant la régence à Albany.

Celui-ci, comme on le pense bien, ne se donna point grand'peine pour obtenir la délivrance de son neveu Jacques. Aussi Jacques resta-t-il en Angleterre, complétant son éducation à l'école de la captivité et de l'exil. En 1419, Albany mourut à son tour.

Son fils Murdac lui succéda. Autant Albany était rusé, actif et soupçonneux, défauts qui en gouvernement deviennent souvent des qualités, autant Murdac était mou, simple et indolent. Au contraire de lui, ses deux fils étaient fiers et hautains, ne respectant rien au monde, ni Dieu ni leur père. Or, il advint un jour que l'aîné, qu'on appelait Walter Steward, chassant au faucon avec le régent, lui demanda le faucon qu'il portait sur le poing. C'était un oiseau d'excellente race, parfaitement dressé, et auquel Murdac tenait beaucoup. Aussi, quoique Walter lui eût déjà souvent fait la même demande, il le lui avait toujours refusé. Il en fut de cette fois comme des autres. Mais Walter, probablement plus mal disposé ce jour-là que d'habitude, arracha le faucon du poing de son père et lui tordit le cou.

Celui-ci le regarda faire avec son apathie habituelle; puis, secouant la tête :

— Ah! ah! c'est comme cela? dit-il. Bien! puisque tu ne me veux accorder ni respect ni obéissance, je ferai venir quelqu'un auquel il faudra bien que nous obéissions tous.

En effet, à compter de ce jour, il traita de la délivrance du prisonnier, paya à l'Angleterre une rançon considérable, et Jacques rentra en Écosse, et prit possession du trône à l'âge de vingt-neuf ans, après une captivité de dix-huit.

Jacques Ier était bien l'homme qu'il fallait pour succéder au despotique Albany et au faible Murdac. Il avait toutes les qualités qui plaisent à la multitude. Sa figure était agréable, son corps robuste, son esprit orné et son cœur ferme. Son premier soin fut de s'enquérir de quelle manière le régent avait usé du pouvoir pendant sa captivité. L'examen n'ayant point été en faveur de Murdac, il le remit, lui et ses deux fils, entre les mains d'une cour de justice, qui les condamna tous trois à avoir la tête tranchée. Ils furent décapités sur une petite éminence en face du château de Doune, résidence véritablement royale, qu'ils avaient fait bâtir avec l'argent du peuple. Ainsi s'accomplit la prédiction que Murdac avait faite le jour où il promit à ses fils de faire venir quelqu'un qui les maîtriserait tous.

Le roi donna bientôt une autre preuve de sa sévérité. Un chef d'Highlanders, du comté de Ross, nommé Mac Donald, ayant cruellement pillé une pauvre veuve, celle-ci s'écria qu'elle aurait justice.

— Et de qui la réclameras-tu? demanda en riant Mac Donald.

— Du roi, répondit la veuve, dussé-je aller à pied à Édimbourg pour la lui demander.

— En ce cas, comme c'est un long voyage, ma bonne mère, dit Mac Donald, il faut que je vous fasse ferrer, pour que vous l'accomplissiez plus commodément.

En effet, il fit venir un forgeron, et lui ordonna de clouer les souliers de la veuve à ses pieds, comme on fait des fers d'un cheval; puis il la laissa ainsi préparée pour le voyage qu'elle projetait.

Mais la veuve était femme de parole. A peine remise de ses blessures, elle partit à pied comme elle l'avait dit, et, parvenue enfin jusqu'à Édimbourg, elle se jeta aux genoux du roi, et lui raconta ce qu'elle avait souffert. Jacques, indigné, fit saisir Mac Donald, et avec lui douze de ses plus déterminés compagnons; puis, les ayant fait ferrer à leur tour, il les exposa trois jours sur la place publique, et leur fit trancher la tête le quatrième.

Les nobles avaient applaudi à ces deux exécutions, qui frappaient plus haut et plus bas qu'eux. Mais bientôt leur tour vint. Il y avait en Écosse autant de rois qu'il y avait de grands seigneurs, et chacun y rendait sur ses terres justice à sa manière. Jacques déclara qu'il n'y avait plus qu'un roi et qu'une justice, et qu'il fallait que tout le monde s'y soumît. Quelques-uns des plus grands se révoltèrent. Il les mit en jugement, et confisqua leurs biens. Parmi ceux-ci se trouvait sir Robert Graham.

C'était un seigneur hardi, ambitieux et plein de haine, qui, ayant subi un assez long emprisonnement, en voulait profondément au roi. En conséquence, il résolut de se venger, et attira à son parti le comte d'Athol, et son fils, Robert Steward, auquel il promit le trône d'Écosse; puis, lorsqu'il fut sûr d'avoir des complices près du roi lui-même, il se retira dans les Highlands, et, de là, abjurant son serment d'allégeance, il envoya défier le roi. Le roi mit à prix la tête de Graham; puis il ne s'occupa plus de ce rebelle, qu'il regardait comme un fou.

Le jour de Noël approchait, et Jacques avait choisi ce jour pour donner une grande fête dans la cité de Perth. En conséquence, il se mit en route pour cette ville, avec force ménestrels et jongleurs, qu'il avait placés sous la direction d'un chevalier nommé sir Alexandre, très-versé dans le gai savoir, et que, pour cette raison, il appelait le roi d'amour. En arrivant à la rivière d'Earn, et au moment où il allait mettre le pied dans un bac pour la traverser, une vieille femme, qui était debout sur l'autre rive, lui cria :

— Milord roi, si vous passez cette rivière, vous ne reviendrez jamais vivant.

Jacques s'arrêta un instant à ces paroles ; puis, se retournant vers son favori, le roi d'amour :

— Eh bien, sir Alexandre, lui dit-il, entendez-vous ce que nous promet cette femme?

— Oui, sire, répondit le chevalier, et, à votre place, je retournerais en arrière ; car il y a une prophétie qui annonce qu'un roi sera tué en Écosse en cette année 1437.

— Bah! dit Jacques, la prophétie vous regarde aussi bien que moi : ne sommes-nous pas rois tous deux! Ainsi donc, comme je n'ai pas envie de retourner en arrière pour vous, je vous invite à ne pas retourner en arrière pour moi.

Et, à ces mots, le roi, sautant dans le bac, donna l'ordre au batelier de le passer à l'autre bord, et, le même soir, étant arrivé à Perth, il se logea dans l'abbaye des moines noirs ; quant à ses gardes, comme il n'y avait pas place pour eux dans le monastère, ils se dispersèrent chez les habitants.

Les fêtes de Noël se passèrent sans accident, et, comme le roi se plaisait fort à Perth, il résolut d'y prolonger son séjour. Le temps s'y passait en chasses, en cavalcades et en jeux; le roi surtout excellait à la paume, et une grande cour sablée lui offrait un emplacement merveilleux pour cet exercice; seulement, à l'une des extrémités de cette cour, il y avait le soupirail d'un caveau dans lequel, au grand ennui du roi, et comme par fatalité, la balle entrait toujours, ce qui donnait grand'peine pour l'aller rechercher. Il en résulta qu'un beau jour, le roi, impatienté de cet accident, renouvelé sans cesse, fit venir des maçons et boucher le soupirail.

Le surlendemain de ce jour, qui était le 20 février 1437, le roi, après avoir fait dans l'après-midi sa partie de paume ordinaire, avait passé la soirée avec les dames et les seigneurs de sa cour à chanter, à faire de la musique et à jouer aux échecs. Peu à peu les hommes qui logeaient hors de l'abbaye s'étaient retirés; le comte d'Athol et son fils, Robert Steward, à qui Graham avait promis le trône d'Écosse, venaient de sortir les derniers. Jacques, demeuré avec les femmes, était debout devant la cheminée, causant gaiement et disant mille folies, lorsqu'un valet entra, annonçant que la femme de la rivière d'Earn demandait à lui parler. Jacques lui fit dire qu'il était trop tard pour ce soir-là, et qu'elle repassât le lendemain matin.

Le valet allait lui reporter cette réponse, lorsque tout à coup on entendit un grand bruit et comme un cliquetis d'épées dans le cloître; en même temps, des jets de lumière se réfléchirent contre les fenêtres. Le roi y courut, et vit une troupe d'hommes armés portant des torches à la main. Tout à coup le roi songea qu'il était dans le voisinage des Highlands, et s'écria :

— Je suis perdu, c'est Graham !

Il n'y avait pas moyen de sortir par la porte; c'était aller au-devant des assassins. Le roi voulut sortir par les fenêtres, elles étaient grillées en dehors. Il se rappela alors qu'en marchant sur le parquet de la chambre, il avait souvent entendu sonner le vide sous ses pas; et, tandis que les femmes fermaient la porte et que Catherine Douglas passait son bras en travers des anneaux, à la place de la barre qui avait été soustraite, Jacques, à l'aide des pincettes, parvint à soulever une des planches et se laissa glisser dans un caveau qu'il reconnut bientôt pour celui où roulaient sans cesse les balles, et dont il avait fait boucher le soupirail deux jours auparavant. Si le soupirail était resté ouvert, Jacques était sauvé.

A peine la reine avait-elle rajusté les planches, que les conspirateurs heurtèrent à la porte. Comme la serrure et les verrous avaient été enlevés, le bras seul de Catherine Douglas la tenait fermée; mais c'était une trop faible résistance, le bras de cette noble jeune fille fut bientôt cassé, et les conjurés se précipitèrent dans la chambre, armés de poignards et d'épées, renversant et blessant tout ce qui s'opposait à leur passage. L'un des assassins allait frapper la reine, lorsqu'un fils de sir Graham lui arrêta le bras en lui disant :

— Ce n'est point à la reine que nous avons affaire; cherchons le roi !

En effet, ils se mirent à visiter tous les coins et recoins de la chambre, mais inutilement, et ils allaient en sortir pour continuer leurs recherches dans le reste de l'abbaye, lorsque le pied d'un des conjurés, nommé Hall, tourna sur la planche mal assujettie; il se baissa alors, et, l'ayant soulevée, il découvrit l'ouverture du caveau. Aussitôt il y introduisit une torche, et, ayant à sa lumière aperçu le roi qui se tenait debout contre le mur :

— Eh! messieurs, cria-t-il, j'ai trouvé la mariée!

A ces mots, il s'élança dans le caveau, suivi de son frère. Tous deux se jetèrent sur le roi, le poignard à la main; mais Jacques était vigoureux, et, quoique sans armes, il les terrassa tour à tour, se mutilant affreusement les mains en essayant de leur arracher leurs poignards. Déjà il avait désarmé l'un d'eux, et probablement il allait en faire autant de l'autre, lorsque Robert Graham, qui était accouru à l'appel de Hall, sauta à son tour dans le caveau, l'épée à la main. Se voyant en face de son ennemi mortel, et sentant que toute résistance était inutile, Jacques demanda qu'on lui fît grâce, ou qu'il lui fût au moins accordé le temps de se confesser.

— Tu n'as point fait grâce, répondit Graham, grâce ne te sera point faite; quant à un confesseur, tu n'en auras point d'autre que cette épée.

A ces mots, il la lui passa au travers du corps, et, comme, malgré cette blessure terrible, Jacques s'était relevé sur son genou, les deux frères Hall l'achevèrent de seize coups de poignard.

Les assassins se réfugièrent dans les montagnes; mais la reine les y fit poursuivre avec un tel acharnement, que la plupart furent pris et expirèrent au milieu des plus cruelles tortures. La chair de Graham lui fut arrachée du corps avec des tenailles, et l'on interrompit ce supplice pour décapiter son fils sous ses yeux; puis on le reprit et on continua à le déchiqueter lambeau par lambeau, jusqu'à ce que, les os étant à découvert, il expirât enfin.

Robert Steward, à qui le trône avait été promis, subit le même supplice que Graham, et mourut comme lui, après un jour tout entier d'agonie.

Quant au comte d'Athol, on eut pitié de son âge, et on se contenta de le décapiter.

II

Jacques II, fils de Jacques I*er*, atteignit l'âge d'homme au milieu des guerres civiles. C'était un homme de belle taille, mais qui avait une grande tache rouge sur la joue gauche; ce qui le fit surnommer Jacques *à la figure de feu*. Au commencement de sa majorité, il avait nommé Archibald Douglas lieutenant général du royaume; mais bientôt, jugeant une pareille charge dangereuse entre les mains d'un homme aussi hautain et aussi déterminé que l'était Archibald, il la lui retira; c'était là un de ces affronts que ne pardonnait jamais un Douglas. Archibald se retira dans son château, et fit un appel à ses parents et à ses amis pour marcher avec lui contre le roi. Beaucoup y répondirent; mais quelques-uns, malgré ses menaces, lui déclarèrent qu'ils resteraient fidèles au roi : de ce nombre était Mac Lellan du Galloway.

Douglas, irrité de ce refus, commença sa rébellion contre le roi en attaquant le château de celui qui voulait lui rester fidèle; et, comme il l'avait investi à l'improviste, il l'emporta à la première attaque; il s'en était emparé sans peine, avait fait Mac Lellan prisonnier, et l'avait emmené dans le château fort de Thriève, sur la rivière de la Dee. A cette nouvelle, Patrick Gray, commandant de la garde royale écossaise, qui était l'oncle maternel de Mac Lellan, et qui connaissait Archibald pour un homme implacable, alla se jeter aux pieds du roi, qui l'aimait entre tous ses serviteurs, le suppliant d'employer son autorité pour empêcher que son neveu ne partageât le sort de Colville et d'Herries, que Douglas avait déjà fait décapiter. Comme tout le crime de Mac Lellan consistait dans sa fidélité, Jacques prit sa délivrance à grand cœur, et donna à Patrick Gray une lettre pour le comte de Douglas, lettre par laquelle il priait ce dernier de remettre Mac Lellan entre les mains de sir Patrick Gray.

Celui-ci partit sans perdre un instant pour le château de Thriève, et arriva chez Douglas au moment où celui-ci sortait de table. L'envoyé, inquiet malgré la bonne réception que lui fit Archibald, voulait lui expliquer à l'instant même le motif de son message; mais Douglas ne voulut rien entendre avant que son hôte eût dîné lui-même, disant que les affaires ne pouvaient se traiter entre un estomac vide et un estomac plein. Comme cette réception amicale ne présageait rien de bien terrible, Patrick Gray céda, et fit, grâce à la magnificence de Douglas, un excellent dîner.

Le repas fini, Gray présenta à Douglas la lettre du roi : celui-ci parut y avoir les plus grands égards, remercia sir Patrick de lui avoir apporté une lettre si gracieuse de son souverain au moment où il croyait avoir eu le malheur d'encourir sa disgrâce. Puis, en même temps, prenant sir Patrick par la main :

— Venez, lui dit-il ; vos désirs et ceux du roi seront remplis, et Mac Lellan va vous être remis à l'instant même.

A ces mots, Douglas conduisit sir Patrick dans la cour, et, s'arrêtant devant une masse informe recouverte d'un drap ensanglanté, il leva le drap, et, lui montrant un cadavre tout fraîchement décapité :

— Sir Patrick, dit-il, vous êtes venu malheureusement un peu tard. Voici le fils de votre sœur : il lui manque la tête, c'est vrai ; mais le corps est tout à votre service.

— Milord, dit Gray, pâle et les cheveux hérissés, puisque vous avez pris la tête, vous pouvez aussi disposer du corps.

Puis, s'élançant sur son cheval, qui était resté dans la cour tout sellé et tout bridé :

— Milord, continua-t-il avec l'accent de la plus profonde menace, si je vis, je vous jure que vous payerez cher cette action.

A ces mots, il s'élança au galop par la porte qui était ouverte, et disparut en un instant.

— A cheval, et qu'on le ramène ! s'écria Douglas ; ce serait péché que de laisser un si bon oncle séparé de son neveu !

Les serviteurs de Douglas obéirent, et, montant à cheval, poursuivirent sir Patrick pendant près de soixante milles; mais, comme celui-ci, se doutant qu'il pourrait y avoir recours, s'était muni d'un excellent cheval, malgré la course qu'il avait déjà faite pour venir, il parvint à leur échapper.

Dès lors, Douglas ne garda point de mesure, et forma avec les comtes de Crawford et de Ross, qui exerçaient une autorité presque royale, une ligue qui avait pour but de se soutenir en toute occasion contre tout ennemi qui les attaquerait, cet ennemi fût-il même le roi Jacques II.

Quand le roi connut ce traité, il comprit que, s'il laissait subsister cette ligue, et que les trois comtes, toujours en bonne intelligence, parvinssent un jour à rassembler leurs clans, l'armée qu'ils lèveraient, réunis ainsi, serait plus forte que celle de la couronne. Il résolut donc de détacher Douglas de la ligue, et, à cet effet, il lui fit dire qu'il désirait avoir avec lui une entrevue amicale en son château de Stirling. Douglas, qui venait d'apprendre la disgrâce du chancelier Crichton, son ennemi personnel, crut que l'avance que lui faisait le roi tenait à cette circonstance, et accepta l'entrevue, à la condition que Jacques lui enverrait un sauf-conduit écrit de sa main et scellé du grand sceau. Douglas reçut la garantie qu'il demandait par le retour de son propre courrier.

Ainsi protégé, à ce qu'il croyait, contre tout danger, Douglas, vers la fin de février 1452, arriva à Stirling avec une suite de cinq cents hommes, qui logea dans la ville. Quant à lui, comme c'était au château que devait avoir lieu son entrevue avec le roi, il monta la rampe rapide et étroite qui y conduit, accompagné du seul James Hamilton de Kadyow, chef de la grande maison d'Hamilton, qui était son frère d'armes et son ami. En arrivant à la porte, Douglas passa le premier, et Hamilton voulut le suivre; mais Livingston, qui gardait cette porte, et qui était parent d'Hamilton, le repoussa rudement en le frappant au visage de son gantelet de fer; cette manière de recevoir un parent étonna tellement Hamilton, qu'il fit un pas en arrière pour tirer son épée; mais Livingston profita de ce moment pour faire fermer la porte, et Hamilton fut forcé de demeurer dehors. Au bruit, Douglas se retourna et vit la porte fermée; mais, confiant néanmoins dans le sauf-conduit du roi, il ne continua pas moins sa route, et, aussitôt annoncé, fut introduit près du roi.

Jacques reçut le comte d'un visage ouvert et cordial, qui lui eût ôté tous ses soupçons, s'il en avait eu; et, comme la conférence s'était prolongée et qu'on approchait de l'heure du souper, il invita le comte à rester à souper avec lui. A sept heures, le repas fut servi, et, pendant tout le temps qu'il dura, le roi et Douglas discutèrent cordialement leurs intérêts divers, le roi voulant lui faire rompre la ligue, le comte répondant qu'il ne pouvait faire autrement que de la maintenir. Après le souper, le roi entraîna Douglas dans l'embrasure d'une fenêtre et renouvela ses sollicitations et le comte ses refus. Enfin Jacques, passant du ton d'égal à celui de roi, dit au comte que, cette ligue étant contraire à la fidélité qu'il lui devait et à la tranquillité du royaume, il lui ordonnait de la rompre. Douglas répondit fièrement que sa parole était donnée, et qu'un Douglas ne manquait jamais à sa parole. Le roi insista encore d'une façon plus impérieuse. Le comte répondit de nouveau par un refus plus hautain. Alors le roi, qu'on appelait Jacques *à la figure de feu*, et que, grâce à ses emportements, on eût pu appeler aussi Jacques *au cœur de feu*, tira son poignard, et, l'enfonçant jusqu'à la garde dans la poitrine de Douglas :

— De par le ciel, milord, lui dit-il, si vous ne rompez pas la ligue, voici qui la rompra pour vous !

Douglas tomba d'abord renversé par la violence du coup plus encore que par la blessure, et se releva sur un genoux en criant : « Trahison ! » et en essayant de tirer son épée ; mais, au même instant, sir Patrick Gray, qui avait comme on s'en souvient, juré de se venger du comte, si Dieu lui laissait vie, lui fendit la tête jusqu'aux épaules avec une hache d'armes. Le corps de Douglas, tout habillé comme il était, fut aussitôt jeté dans une fosse placée dans le jardin, sous la fenêtre même de la chambre où il avait été assassiné, et que quelques-uns disent avoir été creusée d'avance ; mais d'autres soutiennent, au contraire, que ce meurtre fut un effet spontané de la colère du roi, et non un meurtre prémédité : les opinions sont restées incertaines. Quant à nous, le coup de poing si à propos appliqué par Livingston à son parent, et dont son parent le remercia ensuite au lieu de chercher à s'en venger, nous paraît donner tant soit peu raison aux premiers.

Douglas avait quatre frères dans la ville : en apprenant le meurtre de leur aîné, ils proclamèrent aussitôt le second, qui se nommait Jacques, chef de la famille. Puis, comme ils n'avaient que quatre cents hommes avec eux ils se hâtèrent de se rendre dans le comté dont ils étaient les seigneurs, pour y rassembler leurs troupes et y faire un appel à leurs alliés. Mais, n'ayant point la patience d'attendre que toutes leurs forces fussent rassemblées, ils revinrent avec douze ou quinze cents hommes à peu près, traînant en signe de mépris à la queue du cheval d'un de leurs valets le sauf-conduit qui avait été accordé à Archibald par le roi. Ce cheval, qui était monté par le plus vil de leurs domestiques, était précédé par cinq cents cors et trompettes, sonnant à grand bruit, et dans l'intervalle desquels un héraut aux armes des Douglas proclamait Jacques II, roi lâche et parjure; puis, cette proclamation faite, ils pillèrent la ville de Stirling, et essayèrent de la brûler. Mais, la garnison du château étant sortie et ayant rallié les habitants, ils échouèrent dans cette dernière tentative, et se retirèrent de nouveau dans leur montagne en promettant de revenir.

Tant de puissants barons étaient alliés aux Douglas et aux comtes de Crawford et de Ross, que Jacques balança un instant s'il n'abandonnerait pas le trône d'Écosse, qui était le but caché de toutes ces ligues, pour se réfugier en France. Mais son cousin germain, Kennedy, archevêque de Saint-André, un des hommes les plus sages de cette époque, l'arrêta avec la fable du *Faisceau de flèches*. En conséquence, le roi prit la résolution de briser la ligue, baron par baron, comme l'archevêque avait rompu le faisceau flèche par flèche.

Jacques, qui s'entendait moins à la politique qu'à la guerre, chargea l'archevêque de ces négociations, et le digne prélat y réussit si bien, qu'il amena au parti du roi, non-seulement la grande famille des

Gordon, dont Huntly était le chef, mais encore le comte d'Angus, qui était de la branche cadette des Douglas, et qu'à cause de sa chevelure, on appelait Douglas le Roux, tandis qu'on appelait Jacques, toujours par la même cause, Douglas le Noir. Or, il y avait une vieille prédiction qui disait que la branche aînée des Douglas ne pourrait finir que lorsque la branche cadette elle-même marcherait contre elle, et qu'il n'y avait que Douglas le Roux qui pût étouffer Douglas le Noir. La prédiction était claire, et, à compter de cette heure, on regarda comme perdue la cause des grands Douglas.

Après ces seigneurs, le comte de Crawford vint offrir à son tour sa soumission. Mais, quelque plaisir que fît à Jacques ce retour, comme il avait juré, dans un moment de colère, qu'il n'aurait de repos que lorsque la plus haute pierre du château de Finhaven, qui était la résidence ordinaire des comtes de Crawford, en serait devenue la plus basse, voulant dire par là qu'il le raserait jusqu'en ses fondements, il se trouva fort embarrassé entre son serment et la crainte d'irriter le comte en mettant comme une condition de ses bonnes grâces la démolition de sa meilleure forteresse. Ce fut encore l'archevêque de Saint-André, son bon cousin, qui le tira de cet embarras, en lui donnant un conseil que Jacques se hâta de suivre.

Le roi annonça à Crawford sa prochaine visite en son château, et, confiant en sa bonne foi, pour ne point l'effrayer, se contenta de se faire accompagner d'une douzaine d'hommes d'armes seulement. Crawford, ignorant la cause de cette visite, le reçut à tout hasard, comme il devait recevoir son roi, c'est-à-dire avec une magnifique hospitalité. Mais, avant de vouloir rien accepter chez son vassal, Jacques monta sur la plus haute tour, et, trouvant au faîte d'un créneau une petite pierre qui s'en était détachée, il la prit et la jeta dans les fossés; de sorte que la plus haute pierre du château en devint la plus basse. Son serment ainsi accompli, ce qui, à tout prendre devait être plus agréable à Dieu que s'il l'eût tenu dans toute sa rigueur, il descendit avec lord Crawford, qui l'avait suivi avec étonnement, sans savoir ce que signifiait cette opération, et s'assit dès lors sans scrupule au splendide festin qui lui avait été préparé.

Malgré ces défections, Jacques Douglas ne s'en préparait pas moins à combattre ; car il lui restait encore de puissants alliés, et, parmi ceux-ci, James Hamilton, le même qui avait reçu à Stirling, de la main de Livingston, ce bienheureux coup de poing qui lui avait sauvé la vie. Il rassembla donc une armée d'une quarantaine de mille hommes, et s'avança pour secourir le château d'Abercorn, qui tenait pour lui, et qu'assiégeaient, au nom du roi, les comtes d'Orkney et d'Angus. Le roi, de son côté, marcha à sa rencontre avec une armée à peu près égale en nombre, et, voyant les troupes de Douglas campées sur un des bords de la rivière de Carron, il s'arrêta sur l'autre ; de sorte qu'un torrent séparait seul les deux fortunes opposées, et que chacun regardait comme inévitable une bataille, qui déciderait enfin lesquels, des Stuarts ou des Douglas, porteraient la couronne d'Écosse, qui déjà tant de fois avait failli passer d'une maison dans l'autre.

Mais le bon conseiller du roi ne l'avait point abandonné en cette circonstance. A peine les deux armées furent-elles en présence, que, sans leur donner le temps d'en venir aux mains, il envoya des messages secrets aux principaux chefs qui tenaient pour Douglas, et surtout à Hamilton, le plus puissant de tous, leur promettant amnistie entière s'ils voulaient abandonner la cause rebelle pour revenir à lui. Mais, quelque envie qu'eussent les chefs de se rendre à cette invitation, ils étaient tellement engagés d'honneur vis-à-vis de Douglas, qu'ils n'osèrent l'abandonner ainsi, et l'excitèrent même à donner le plus tôt possible la bataille.

Le lendemain au matin, comme Douglas s'apprêtait à suivre le conseil de ses confédérés, le roi envoya un héraut au camp de Douglas, lui ordonnant de disperser son armée, sous peine d'être déclaré traître, lui et ses complices. Le comte n'en fit pas moins sonner ses trompettes, disposa ses troupes, et marcha au-devant du roi. Mais, comme dans le trajet il crut remarquer chez les seigneurs quelques marques d'hésitation, irrésolu qu'il était lui-même de son caractère, il donna l'ordre de faire halte, et presque aussitôt ramena ses troupes au camp. Cette retraite, qu'il avait ordonnée dans le but de donner le temps aux soldats de reprendre confiance, produisit un effet tout contraire ; car Douglas ne fut pas plus tôt rentré sous sa tente, que James Hamilton se présenta devant lui, le sommant de dire s'il avait ou non l'intention de livrer bataille, lui affirmant que chaque jour de délai serait pour lui un jour fatal. Mais Douglas, au lieu de lui savoir gré de cette démarche, lui répondit que, s'il avait peur, il était libre de se retirer. Une pareille réponse était une trop grave insuite pour ne point irriter un homme comme Hamilton ; aussi fit-il à l'instant sonner les trompettes, et, quittant son camp avec ceux qu'il commandait, se rendit-il immédiatement au camp du roi. Cet exemple fut si religieusement imité par les autres chefs dans la nuit qui suivit, qu'au point du jour, Douglas se trouva réduit à ses propres vassaux. Il se retira aussitôt avec ses frères à Annandale, où ils furent complétement battus par sir David Scott de Buccleuch. Un des frères du comte fut tué dans la bataille, un autre fait prisonnier et exécuté ensuite ; enfin, le troisième se réfugia en Angleterre, où le comte le rejoignit bientôt, après avoir vainement essayé de reprendre quelque puissance en Écosse. Ce fut ainsi qu'après avoir touché le trône de plus près qu'aucun de ses ancêtres, Jacques de Douglas, en moins de huit jours, s'en trouva plus éloigné que jamais.

Délivré de Douglas par la défaite d'Arkinholme, et de l'Angleterre par les guerres de la maison d'York et de Lancastre, le roi Jacques gouverna l'Écosse avec assez de tranquillité jusqu'en 1450.

A cette époque, les Anglais continuant de se déchirer intérieurement, Jacques résolut de profiter de leurs querelles pour reprendre le château fort de Roxburgh, qui, depuis la bataille de Durham, était resté au pouvoir des Anglais, et convoqua toutes les forces de l'Écosse pour l'aider à exécuter ce grand projet. Tous les seigneurs auxquels il s'adressa répondirent avec empressement, et il n'y eut pas jusqu'à Donald des Iles qui n'offrit de prendre, avec ses vassaux à demi sauvages, l'avant-garde de l'armée pour recevoir partout le premier choc. Jacques se mit donc en marche avec une armée magnifique, et, arrivant au confluent de la Twed et du Teviot, où le château était situé, il se prépara à l'emporter par un siége en règle, le château étant trop fort pour être enlevé par un coup de main.

En conséquence, le roi fit établir sur la rive septentrionale de la Tweed une batterie de gros canons, afin de pratiquer dans les murs une brèche par laquelle on pût monter à l'assaut. Comme il n'avait d'espoir que dans l'effet de l'artillerie, il la dirigeait lui-même, sachant que c'était sur elle que reposait le succès de l'entreprise; or, il arriva qu'une fois, comme il était proche des pièces pour mieux juger de l'effet qu'elles produisaient, une d'elles creva, et l'un de ses éclats alla tuer Jacques II, tandis que l'autre blessait dangereusement le comte d'Angus.

Jacques II avait alors vingt-neuf ans seulement, et, pendant un règne de vingt-quatre, n'avait guère eu à se reprocher, ce qui était rare à cette époque, qu'un seul assassinat, celui d'Archibald.

Les seigneurs, découragés par la mort de leur roi et par la blessure d'Angus, qui devait naturellement lui succéder dans le commandement, s'apprêtaient à lever le siége, lorsque tout à coup la reine Marguerite parut au milieu d'eux, conduisant par la main son fils âgé de huit ans; et, comme elle devina la résolution qu'ils avaient prise :

—Fi! mes nobles lords, leur dit-elle, d'abandonner une entreprise qui vous a déjà coûté plus que vous ne pouvez perdre jamais! Mais sachez que, si vous vous en allez, c'est moi et mon fils qui continuerons le siége avec ceux de nos soldats, si petit que soit leur nombre, qui voudront bien nous rester fidèles.

A ces paroles, les nobles eurent honte de se laisser surpasser en courage par une femme et un enfant, et, poussant de grands cris, ils proclamèrent d'enthousiasme Jacques III, roi d'Écosse.

Trois mois après, la garnison du château de Roxburgh, pressée par la faim et ne recevant aucun secours, fut obligée de se rendre. Les Écossais, craignant qu'il ne leur fût repris un jour et ne devînt ainsi une arme contre eux, le rasèrent de fond en comble, et, n'ayant pas laissé pierre sur pierre à l'endroit où était la forteresse, retournèrent triomphants chez eux.

III

Tout marcha assez bien pendant la minorité du jeune roi et sous les régences successives du bon archevêque de Saint-André, qui donnait de si judicieux conseils, et de Gilbert Kennedy, son frère, qui lui succéda. Mais à peine Jacques III fut-il arrivé au trône, et gouverna-t-il par lui-même, que l'on put reconnaître en lui toutes les imperfections de son caractère : il était craintif, grand défaut dans un siècle où la guerre décidait de tout, et avare, grand crime dans une époque où souvent il fallait acheter ses amis et même ses ennemis ; aimant, au reste, passionnément les beaux-arts ; ce qui eût été un goût heureux et qui eût pu jeter quelque lustre sur son règne, s'il avait su donner aux artistes, entre ses nobles et son peuple, la place qui leur convenait. Mais, au contraire des rois ses prédécesseurs, qui choisissaient les favoris parmi la noblesse et le clergé, lui ne s'inspirait que de ceux que les hautains barons appelaient des maçons et des ménétriers, et Cochran l'architecte, Roger le musicien, Léonard le forgeron, Hommel le tailleur, et Torpichen le maître d'armes, étaient ses amis et ses conseillers.

Jacques III avait deux frères, jeunes gens au cœur véritablement royal, et dont la bonne grâce décelait l'origine, si difficile à reconnaître chez le roi : l'un se nommait le duc d'Albany, et l'autre le comte de Mar. Le duc d'Albany, dit un ancien chroniqueur, était de haute taille, bien fait de sa personne, d'une figure avenante, c'est-à-dire qu'il avait les yeux grands, les joues larges, le nez rouge et les oreilles longues; de plus, il savait prendre une physionomie redoutable et sombre lorsqu'il lui *plaisait* de parler à quelqu'un qui lui avait déplu. Le comte de Mar, dit Walter Scott, était d'un caractère moins sévère, et s'attirait l'affection de tous ceux qui l'approchaient, par la douceur et l'aménité de ses manières. Au reste, habiles tous deux à l'équitation, à la chasse et au tir, talents que, par timidité ou par antipathie, le roi n'avait jamais exercés, au grand étonnement de sa noblesse, qui les regardait comme formant l'éducation indispensable de tout homme de haute naissance. Nous verrons, en effet, comment Jacques III mourut faute d'avoir été bon écuyer.

Les deux jeunes princes, comme on le comprendra facilement, exécraient les favoris du roi, qui, pour s'emparer de tout le pouvoir, les avaient éloignés de lui. De leur côté, les favoris le leur rendaient de toute leur âme et ne manquaient jamais une occasion de les noircir dans l'esprit du roi. Enfin, voyant celui-ci disposé à tout écouter et à tout croire, ils lui racontèrent que le comte de Mar avait consulté des sorcières, pour savoir quand et comment le roi mourrait; ce à quoi les sorcières avaient répondu que ce serait avant la fin de l'année, et de la main de ses plus proches parents.

Effrayé par cette prédiction, le roi à son tour fit venir un astrologue en grande réputation dans les Highlands. Cet homme, gagné par Cochran, ne voulut rien répondre autre chose au roi, sinon qu'il voyait dans le mouvement des astres qu'il y aurait incessamment en Écosse un lion dévoré par des lionceaux. Cette réponse, jointe aux calomnies de Cochran, ne laissa aucun doute dans l'esprit du roi; de sorte qu'il fit à l'instant même arrêter ses frères. Albany fut enfermé dans le château d'Édimbourg; mais le sort du comte de Mar, qui, d'après les prédictions des sorcières, paraissait devoir être le plus coupable, fut décidé sur-le-champ. Le malheureux jeune homme fut mis dans un bain et saigné des quatre membres.

Heureusement pour Albany que, tout décidé qu'était le roi à le faire mourir, il différa l'exécution, croyant n'avoir rien à craindre de lui, puisqu'il le tenait en prison sous sûre garde. Il en résulta que les amis du jeune prince profitèrent de ce sursis pour lui venir en aide. Un jour, un petit sloop entra dans la rade de Leith, chargé de vin de Gascogne, dont deux feuillettes étaient destinées en présent au duc d'Albany. Le capitaine des gardes, s'étant assuré, en le goûtant, que c'était bien du vin que renfermaient les tonneaux, les fit porter dans la chambre du prince, qui se douta aussitôt qu'ils renfermaient quelque autre chose que la liqueur indiquée par leur étiquette, et chercha si bien, qu'il trouva au fond de l'un d'eux une longue corde, un poignard et une boule de cire. La boule de cire contenait une lettre dans laquelle on lui disait qu'il était condamné à mort par le roi, et devait être exécuté le lendemain s'il ne se sauvait pas dans la nuit du château. Le poignard et la corde étaient destinés à faciliter cette évasion. Il montra cet avis à son chambellan, serviteur fidèle qui partageait sa prison, et tous deux résolurent, puisqu'il leur restait si peu de temps, de le mettre au moins à profit le mieux qu'ils pourraient.

En conséquence, Albany, qui savait que le capitaine des gardes avait goûté le vin et l'avait trouvé bon, invita cet officier à souper avec lui; ce que celui-ci accepta, à la condition que trois soldats demeureraient avec lui pendant ce temps dans la même chambre. C'était une précaution qui lui paraissait nécessaire, mais suffisante, contre deux hommes désarmés.

A l'heure dite, le capitaine et ses soldats entrèrent dans la chambre du duc. Deux tables étaient dressées, une pour Albany, le capitaine et le chambellan, l'autre pour les gardes : sur chacune d'elles était une des feuillettes de vin. Grâce à ces dispositions, le souper fut de part et d'autre copieusement arrosé. Après le repas, le duc offrit au capitaine de faire une partie de trictrac (échecs) en continuant de vider les feuillettes.

— Car, lui dit-il en citant un axiome fort en usage

à cette époque, ce qui fait la supériorité du vin sur le rosbif, c'est qu'on ne peut pas toujours manger, tandis que l'on peut toujours boire.

Le capitaine applaudit à la maxime, et continua de tendre son verre au chambellan, qui continua de verser.

A la troisième partie, le prince vit, à la manière dont son partenaire faisait marcher ses pièces, qu'il était temps d'agir. En conséquence, indiquant par un signe au chambellan que le moment était venu, il tira de sa poche le poignard et le planta au milieu de la poitrine du capitaine. En même temps, et tandis que le chambellan étranglait un des soldats avec une serviette, Albany poignardait les deux autres. Cette expédition terminée, le prince prit les clefs dans la poche du capitaine et la corde entre les matelas du lit, et, de peur qu'il ne prît envie à quelqu'un des cadavres de revenir, ils les mirent tous les quatre en travers de l'immense cheminée qui chauffait la chambre, et jetèrent par-dessus tout ce qu'ils avaient de bois. Puis aussitôt, montant sur les murs, ils choisirent un endroit retiré loin de la vue des sentinelles, afin d'effectuer leur dangereuse descente.

Comme la nuit était très-obscure, et que l'on ne pouvait voir si la corde allait jusqu'à terre, le chambellan voulut l'essayer le premier, afin que, s'il arrivait un accident, il en fût victime, et non le prince. En effet, arrivé au bout de la corde, il chercha en vain le sol; mais, comme c'était un homme de grand courage, il se laissa aller au hasard, tomba de vingt-cinq pieds, et se cassa la cuisse. Aussitôt il cria à son maître ce qui venait de lui arriver, et le prévint

2.

qu'il eût à allonger la corde. Albany, sans se laisser intimider par ce contre-temps, retourna dans sa chambre, prit les draps de son lit, puis, revenant au rempart, les attacha bout à bout à l'extrémité de la corde, et commença à descendre à son tour. La corde, allongée ainsi, se trouva suffisante, et il se trouva bientôt sain et sauf au pied des murailles. Aussitôt il chargea son chambellan sur ses épaules et le porta dans un lieu sûr, où, quelles que fussent les instances du blessé, il ne voulut point le quitter qu'il ne fût guéri. Alors seulement, il fit au sloop le signal convenu. Le bâtiment envoya sa chaloupe. Deux heures après, le prince et le chambellan étaient à bord du sloop, et, huit jours plus tard, le sloop était en France.

La mort du duc de Mar et la fuite d'Albany ne firent qu'augmenter l'insolence des favoris du roi. Robert Cochran, entre autres, devint si puissant à force de s'être vendu à tout le monde, qu'il se trouva enfin assez riche pour acheter le roi. Alors, comme Jacques, ainsi que nous l'avons dit, était très-avare, l'ancien architecte obtint de lui, à prix d'argent, le comté de Mar, ainsi que les terres et les revenus du prince assassiné.

Cette audace du favori et cette faiblesse du roi soulevèrent contre tous deux une grande indignation en Écosse. Mais Cochran, au lieu d'essayer de la calmer, l'alimenta encore en mêlant à l'argent monnayé un sixième de cuivre et un sixième de plomb, en même temps qu'une ordonnance royale maintenait cette monnaie au même taux que lorsqu'elle était d'argent pur. Cependant, malgré cette ordonnance, beaucoup refusèrent de cette monnaie, ce qui amena de grands troubles. Ce que voyant un ami de Cochran, il lui conseilla de les supprimer ; mais Cochran répondit :

— Le jour où je serai pendu, bien ; mais pas auparavant.

Cochran, sans s'en douter, venait de se tirer un horoscope plus sûr que celui des sorcières et de l'astrologue.

Sur ces entrefaites, Édouard IV faisait des préparatifs pour reprendre Berwick. Suivant alors l'exemple de ses prédécesseurs, qui avaient toujours excité une guerre civile en Écosse au moment où ils lui portaient la guerre étrangère, il fit venir Albany de France, et lui promit le trône d'Écosse s'il voulait se joindre à lui. Le jeune prince, ébloui par cette offre magnifique, accepta ; et, prenant un commandement dans l'armée d'Édouard, il se prépara à marcher contre son pays.

Il fallut bien alors que Jacques eût recours à sa noblesse, qu'il avait si longtemps abandonnée. Il la rassembla en toute hâte, et il faut lui rendre cette justice qu'elle répondit à son appel. Le rendez-vous était au Borough-Moor d'Édimbourg.

Cependant, arrivés là, les grands vassaux, se trouvant au nombre de cinquante mille, pensèrent qu'il était au moins aussi urgent de redresser les abus de l'administration du roi Jacques que de marcher contre les Anglais, qui étaient encore loin, et, comme après la première marche ils se trouvaient rassemblés entre la rivière de Lauder et la cité du même nom, ils résolurent de se réunir le même soir en conseil secret dans l'église de la ville.

La plus grande partie de la noblesse d'Écosse se trouvait à ce rendez-vous. Et les nobles, tous tant qu'ils étaient, unanimement courroucés de l'audace de ces favoris, exhalaient leur colère en menaces et en imprécations contre eux. Alors, ennuyé de ce bruit qui ne menait à rien, lord Gray leur demanda la permission de leur raconter une fable. L'ayant obtenue, il monta dans la chaire pour mieux être entendu de tous, et, chacun ayant fait silence, il commença en ces termes :

— Il y avait, dit-il, dans une ferme une grande quantité de rats, qui y vivaient fort heureux, lorsque le fermier, ayant vu, chez un paysan qui était à son service, un gros chat, le prit et l'amena à la ferme. De ce jour, grande désolation parmi les premiers hôtes, que le chat croquait cruellement chaque fois qu'il pouvait mettre la dent sur eux ; enfin, la désolation devint si grande, qu'ils résolurent de prendre un parti, et ordonnèrent au plus sage et au plus vieux, qui était un rat tout blanc, de donner le premier son opinion. Celui-ci, après s'être recueilli un instant, proposa d'attacher un grelot au cou du chat, afin que chacun, prévenu de son arrivée, eût le temps de regagner son trou. Cette proposition fut adoptée à l'unanimité et avec des acclamations d'enthousiasme. On alla acheter le grelot et la ficelle; puis, lorsqu'on eut ces deux objets de première nécessité, on demanda qui se chargerait de la commission. Mais, à cette demande, pas une voix ne répondit; car pas un rat n'avait le courage d'attacher le grelot.

— Milord, dit alors, en fendant la foule et en se plaçant devant l'orateur, Archibald, comte d'Angus et chef de la branche cadette des Douglas, votre apologue n'a pas le sens commun, car les rats sont des rats, et nous sommes des hommes. J'attacherai le grelot.

Des applaudissements unanimes accueillirent cette réponse, chacun sachant bien que le comte d'Angus ne s'avançait point ainsi pour reculer; car c'était un chevalier aussi brave que robuste. Chacun l'entoura donc en le félicitant; et Gray, descendant de sa chaire, vint lui donner la main, en le saluant du nom de *Douglas Attache-Grelot*, qui lui resta jusqu'à sa mort.

En ce moment, un coup vigoureusement frappé à la porte de l'église annonça l'arrivée d'un personnage d'importance. Comme les nobles étaient tous réunis, et qu'en regardant autour de soi chacun vit que personne ne manquait qui eût le droit de frapper ainsi, excepté le roi, sir Robert Douglas de Lochleven, qui était chargé de la garde de la porte, demanda qui était là; une voix impérieuse répondit :

— Le comte de Mar.

En effet, c'était Cochran, qui, suivi d'une garde de trois cents hommes portant sa livrée blanche avec des parements noirs, ayant appris que les nobles étaient rassemblés dans l'église, avait voulu voir par lui-même ce qu'ils y faisaient. Les nobles se regardaient en hésitant, lorsque le comte d'Angus commanda d'ouvrir; l'ordre fut à l'instant exécuté, et Cochran, vêtu d'un magnifique costume de velours noir, portant une chaîne d'or au cou et un cor d'ivoire au côté, entra fièrement, précédé d'un écuyer qui portait son casque.

— Milords, dit Cochran étonné de voir dans une

église une pareille assemblée à une pareille heure, puis-je, sans être indiscret, vous demander la cause de cette réunion?

— Oui, sans doute, répondit Douglas, qui tenait à mériter son surnom; car nous nous occupions de toi.

— Et comment cela, milord, s'il vous plaît? reprit Cochran.

— Nous nous demandions de quelle mort devait mourir un lâche et un misérable comme toi ; et nous étions tous d'avis que c'était par la corde.

A ces mots, Archibald Douglas s'approcha de lui, et lui arracha du cou sa chaîne d'or, tandis que Robert Douglas en faisait autant de son cor d'ivoire. Ils le firent ainsi prisonnier, sans que les trois cents soldats qui l'accompagnaient opposassent la moindre résistance. Cette capture faite, une partie des nobles se rendit à la tente du roi, tandis que l'autre s'emparait de Léonard, d'Hommel et de Torpichen, dont elle se saisissait comme de Cochran. Un seul échappa, ce fut le jeune Ramsay de Balman, le seul parmi tous les favoris qui fût de bonne famille; il s'élança avec la rapidité d'un daim, parvint jusqu'au roi, et s'accrocha à sa ceinture de telle façon, que les nobles, ne pouvant l'en arracher sans faire violence à leur souverain, lui accordèrent la vie, mais en signifiant en même temps au roi que les autres étaient condamnés. Le roi, n'étant pas le plus fort, fut contraint, non pas de ratifier la sentence, mais de la laisser s'accomplir.

Dès que le bruit se répandit que les favoris allaient être exécutés, ce fut une grande joie dans l'armée; et les soldats, détachant aussitôt les licous et les sangles de leurs colliers, vinrent les offrir pour l'exécution. Cochran, qui était un spadassin fort brave, conserva, au reste, dans cette occasion, la réputation d'audace et d'insolence qu'il avait acquise, demandant pour toute faveur d'être étranglé avec une des cordes de sa tente qui était de soie cramoisie. Mais ses bourreaux ne lui voulurent pas même accorder cette faveur, et, le conduisant sur le pont de Lauder, ils le pendirent au milieu de ses compagnons avec un licou de crin, comme étant plus ignominieux encore qu'une corde de chanvre.

A compter de ce jour, comme le favori l'avait prédit, la monnaie altérée cessa d'avoir cours; de sorte que l'Écosse tout entière sentit au même instant les bienfaits de cette exécution.

Le même soir, les nobles, au lieu de marcher contre Édouard IV, retournèrent à Édimbourg, et, laissant les Anglais s'emparer de Berwick, dont ils s'inquiétaient fort peu, ils consignèrent le roi dans le château de Stirling, sous une surveillance sévère mais respectueuse; puis alors, ayant mis ordre à leurs affaires intérieures, ils se retournèrent vers les Anglais, qu'ils rencontrèrent près de Haddington.

Les deux armées se préparaient à la bataille, lorsque tout à coup deux parlementaires se présentèrent aux nobles confédérés. C'étaient le duc d'Albany et le duc de Glocester, qui fut depuis Richard III; ils venaient, non-seulement faire des propositions entre l'Angleterre et l'Écosse, mais encore s'offrir comme médiateurs entre le roi et sa noblesse. Après qu'Albany eut exposé la cause qui les amenait, Glocester voulut parler à son tour; mais, aux premiers mots, Douglas Attache-Grelot l'interrompit en disant :

— Vous êtes Anglais, milord; mêlez-vous des affaires de l'Angleterre.

Puis, s'adressant à Albany :

— Que désirez-vous? lui demanda-t-il avec la plus grande déférence. Parlez, nous vous écoutons.

— D'abord, répondit Albany, je désire que le roi mon frère soit mis en liberté.

— Milord, reprit Archibald, ce que vous demandez va être fait, et cela parce que c'est vous qui le demandez; mais, quant à la personne qui vous accompagne, nous ne la connaissons pas. Quand nous en serons aux affaires entre l'Écosse et l'Angleterre, à la bonne heure; alors nous la laisserons parler, et nous l'écouterons, pourvu que les choses qu'elle nous proposera ne soient point contre notre honneur.

Les choses s'arrangèrent à merveille des deux côtés, Albany et Glocester n'ayant proposé que des choses honorables et dans l'intérêt des deux nations. Glocester retourna en Angleterre, où il devint roi en empoisonnant Édouard et en étouffant ses deux fils; et Jacques, remis en liberté, se réconcilia si parfaitement avec le duc d'Albany, que les deux frères n'eurent plus qu'une même chambre, qu'une même table et qu'un même lit. Tout s'en trouva bien; car, tandis que Jacques, conservant son goût pour les beaux-arts, faisait bâtir des cathédrales, Albany administrait les affaires du royaume.

Malheureusement, cet état de tranquillité ne dura point longtemps, et bientôt les soupçons de Jacques à l'égard de son frère se renouvelèrent avec une telle force, que celui-ci fut forcé de s'enfuir une seconde fois. Ses liaisons antérieures avec Richard III l'amenèrent en Angleterre, et, quelque temps après son départ, les hostilités ayant recommencé entre les deux royaumes, il se mit à la tête d'une petite troupe dans laquelle était aussi ce vieux Douglas qui avait été proscrit vingt ans auparavant par Jacques II, à propos de la vengeance qu'il avait voulu tirer de la mort d'Archibald ; et il entra sur les frontières d'Annandale, où il fut défait par la première troupe qu'il rencontra.

Grâce à la rapidité de sa monture, Albany regagna les frontières anglaises ; mais, le cheval du vieux Douglas ayant été tué, celui-ci fut pris par un nommé Kirk-Patrick, lequel, étant son vassal et ayant servi autrefois sous ses ordres, le reconnut. A cette vue, cet homme, qui savait quel sort attendait son ancien maître, ne put s'empêcher de pleurer, et lui offrit, au risque de se perdre lui-même, de lui rendre la liberté. Mais Douglas, secouant tristement la tête :

— Non, non, lui dit-il, ce n'est point la peine ; puisque le roi a promis une récompense à celui qui me livrerait mort ou vif, mieux vaut que ce soit toi, mon vieil ami, qui gagnes cet argent qu'un autre ; livre-moi donc, et que tout soit fini.

Kirk-Patrick ne voulut point entendre de pareilles propositions, et, faisant cacher Douglas dans une retraite sûre, il partit pour Édimbourg, et fit tant, qu'il obtint du roi la liberté de son ancien maître ; nouvelle qu'il revint lui apprendre avec la plus grande joie, l'invitant à partir à l'instant même pour Édimbourg. Mais Douglas refusa en disant :

— Merci, mon ami ; je suis trop vieux maintenant ; j'aime mieux suivre le conseil que me donne le proverbe : « Celui qui ne peut faire mieux doit se faire moine. »

En conséquence, Douglas se retira dans le couvent de Bindores, où nous le retrouverons encore une fois, et où il mourut au bout de quatre ans, laissant éteindre avec lui et en lui la branche aînée des Douglas.

Débarrassé de la tutelle de son frère, qui était la véritable cause de ses soupçons, Jacques III retomba dans les défauts qui lui étaient naturels, la peur et l'avarice. Par crainte de conspiration, il défendit qu'aucun de ses sujets se présentât jamais armé devant lui, et se fit une garde de deux cents hommes qu'il plaça sous le commandement de Ramsay de Balman, le seul des favoris épargné par les nobles, lors de la conjuration de Lauder ; puis, un peu plus tranquille sur sa vie, il commença, par toute sorte d'extorsions, à accumuler trésors sur trésors, enfermant le tout dans un grand coffre qui débordait d'or et d'argent, et que le peuple appelait la *caisse noire*. Bientôt le mécontentement fut si grand par tout le royaume, qu'une nouvelle insurrection couva sourdement, n'attendant plus qu'une occasion favorable pour éclater.

Cette occasion, Jacques se chargea bientôt de la fournir lui-même à ses ennemis.

Le roi avait fait bâtir dans son château de Stirling une magnifique chapelle, et y avait attaché deux bandes de musiciens et de choristes ; mais, comme il ne voulait pas, pour leur entretien, qui était fort dispendieux, entamer en rien la caisse noire, il affecta à cette dépense les revenus du prieuré de Coldingham.

Or, ce prieuré était situé près des possessions de deux puissantes familles du comté de Berwick, les Homes et les Hepburns, qui avaient obtenu, d'abord par tolérance, ensuite par coutume, de nommer eux-mêmes un prieur à cette abbaye, ce qu'ils regardaient maintenant comme un droit. Ils trouvèrent donc mauvais que le roi leur enlevât ce privilége, et ils commencèrent, dans le but de les amener à une révolte à main armée, à entretenir une correspondance avec les mécontents, dont le nombre était grand, et particulièrement avec les lords qui avaient figuré dans l'affaire du pont de Lauder, au nombre desquels était Angus.

Les mesures des Homes et des Hepburns étaient si bien prises, que la révolte, sans éclater, grandit sourdement; de sorte que, lorsque le roi en apprit la première nouvelle, tous les confédérés étaient déjà en armes.

Comme il n'y avait, après lui, que deux choses que le roi aimât au monde, son fils et son trésor, qu'on appelait la caisse noire, il songea d'abord à la sûreté de tous les deux. Le jeune prince fut enfermé dans le château de Stirling, qui, à moins de trahison, était imprenable, et la caisse noire enterrée dans les caves du château d'Édimbourg. Ces deux objets hors de toute atteinte, le roi se retira promptement vers le Nord, où il fit un appel à sa noblesse. Comme il y avait toujours eu rivalité et même haine entre les comtés du Nord et ceux du Midi, les partisans ne lui manquèrent point, et bientôt il eut autour de lui les lords Lindsay de Bires, de Graham et de Menteith, et les comtes de Crawford, de Huntly, d'Athol et d'Erskine, avec près de trente mille hommes.

La vue de cette belle armée rassura un peu Jacques, qui, cédant alors aux encouragements de lord Lindsay de Bires, se décida à marcher à l'ennemi. Sur la route et en passant par Fife, le roi s'arrêta pour aller rendre visite au vieux comte de Douglas, qui s'était fait moine dans l'abbaye de Lindores. Il lui offrit alors de lui rendre non-seulement son rang et ses titres, mais encore son amitié, s'il voulait se mettre à la tête de son armée, et faire, en employant le prestige de son nom, un appel à ses vassaux, qui se trouvaient presque tous dans les rangs des rebelles. Mais les pensées du vieux comte avaient déjà doucement passé des choses de la terre aux choses du ciel; alors, secouant la tête comme c'était son habitude :

— Ah! sire, dit-il, Votre Grâce nous a tenus si longtemps sous clef, sa caisse noire et moi, que nous ne pouvons lui être, ni l'un ni l'autre, bons à rien.

Le roi redoubla ses instances; mais tout fut inutile, et force lui fut de continuer sa route sans ce renfort sur lequel il avait compté. Enfin, à deux lieues du champ de bataille de Bannock-Burn, où son ancêtre maternel, Robert Bruce, avait si glorieusement vaincu les Anglais, le roi rejoignit l'ennemi. A la première vue, il fut facile à Jacques de s'assurer que son armée était d'un tiers supérieure à celle des rebelles, ce qui augmenta encore sa confiance; si bien qu'il donna pour le lendemain l'ordre d'engager la bataille.

Le lendemain, au point du jour, toutes les dispositions furent prises, et l'armée fut divisée en trois grands corps ; dix mille montagnards, sous le commandement de Huntly et d'Athol, s'avancèrent à l'avant-garde ; dix mille soldats des comtés de l'Ouest formèrent le centre sous les ordres d'Erskine, de Graham et de Menteith ; enfin, le roi se rangea au milieu de l'arrière-garde, tandis que lord David Lindsay soutenait la droite et Graham la gauche.

Au moment où ces dispositions venaient d'être prises, lord Lindsay s'avança vers le roi, conduisant par la bride un superbe cheval gris, et, s'agenouillant devant son souverain :

— Sire, lui dit-il, prenez ce noble animal comme un don de l'un de vos plus fidèles serviteurs ; car, pourvu que vous puissiez vous tenir en selle, soit que vous le poussiez à l'ennemi, soit que vous soyez forcé de battre en retraite, il devancera tout autre coursier d'Écosse ou d'Angleterre.

Le roi, tout en regrettant d'être si mauvais écuyer, remercia Lindsay du précieux don qu'il lui faisait, et, descendant de son poney, monta sur le beau cheval dont on lui avait vanté la vitesse : il en profita aussitôt pour aller observer du haut d'une éminence les dispositions de l'ennemi ; il y arriva comme les Anglais se mettaient en mouvement.

Alors son étonnement fut extrême ; car il vit que les ennemis s'avançaient avec sa propre bannière. Il se retourna, regardant autour de lui et croyant qu'il faisait un rêve ; mais, tout à coup, une idée terrible lui traversa l'esprit : son fils marchait avec les rebelles.

En effet, Homes, Angus et Bothwell s'étaient présentés devant Stirling, et avaient sommé le gouverneur de leur remettre le prince héréditaire. Celui-ci, qui leur était secrètement dévoué, l'avait fait sans résistance : ils s'avançaient donc, lionceau contre lion, fils contre père.

A cette vue, le pauvre père sentit le peu de courage qu'il avait repris l'abandonner tout à fait : il se rappela la prédiction des sorcières du comte de Mar, qui portait que le roi mourrait de la main de son plus proche parent, et la prophétie de l'astrologue à lui-même, qui disait que le lion d'Écosse serait étranglé par le lionceau. Alors, comme ceux qui l'accompagnaient le virent pâlir affreusement à cette pensée, sentant bien que le roi serait pour eux une gêne bien plutôt qu'une aide, ils l'invitèrent à se retirer, et le roi retourna à l'arrière-garde.

En ce moment, la bataille s'engagea.

Ce furent les Homes et les Hepburns qui portèrent les premiers coups. Ils chargèrent l'avant-garde royale, qui, composée entièrement de montagnards, les reçut à coups de flèche. Les assaillants reculèrent à cette nuée de traits qui tombaient sur eux plus pressés qu'une grêle d'orage ; mais en même temps les clans de Liddesdale et d'Annandale, qui avaient des lances plus longues qu'aucuns des autres soldats écossais, chargèrent avec des cris furieux et culbutèrent les troupes qui leur étaient opposées.

En entendant ces cris et en voyant ce désordre, le roi perdit la tête, et, sans savoir ce qu'il faisait, instinctivement, par un mouvement machinal bien plutôt que raisonné, il tourna le dos à l'ennemi, et enfonça les éperons dans le ventre de son cheval : le noble coursier bondit comme un cerf; s'élançant prompt comme l'éclair, il emporta son maître du côté de Stirling, et, prenant le mors aux dents quelques efforts que fît Jacques pour modérer sa fuite, il descendit ventre à terre dans un petit hameau où se trouvait un moulin appelé *Beaton's-Mill*. Une femme en sortait une cruche à la main pour puiser de l'eau; mais, voyant un homme couvert d'une armure complète s'avancer avec une telle rapidité, qu'il semblait que le cheval eût des ailes, elle posa la cruche à terre et se sauva au moulin. Cette cruche effraya le cheval, qui, au moment de sauter le ruisseau, l'aperçut et fit un écart terrible. A cette secousse inattendue, le roi vida les arçons, et le cheval, débarrassé de son cavalier, continua sa route et traversa le village, rapide comme une vision.

On courut au cavalier, qui, meurtri de la violence du coup, s'était évanoui dans son armure, et on le transporta dans le moulin; on le coucha dans un lit après lui avoir ôté son casque et sa cuirasse. Au bout de quelques instants, Jacques revint à lui, et demanda un prêtre. Voulant savoir à qui elle avait affaire, la femme du meunier demanda au blessé qui il était.

—Hélas! répondit celui-ci, ce matin, j'étais encore votre roi; mais, à cette heure, je ne sais plus ce que je suis.

A ces mots, la pauvre femme perdit la tête à son tour, et, s'élançant hors de la maison :

— Un prêtre pour le roi! s'écria-t-elle, un prêtre pour le roi!

— Je suis prêtre, répondit un inconnu qui passait; conduisez-moi près de lui.

La femme, enchantée d'avoir trouvé si vite celui qu'elle cherchait, ramena avec empressement l'inconnu dans la chambre, et, lui montrant le roi gisant sur le lit, elle se retira dans un coin pour ne pas entendre la confession. L'inconnu alors s'approcha lentement de Jacques, s'agenouilla avec humilité à son chevet; puis, dans cette posture, il lui demanda s'il croyait être blessé dangereusement.

— Hélas! dit le roi, je ne crois pas mes blessures mortelles, et je pense qu'avec des soins j'en pourrais revenir. Mais ce dont j'ai besoin, c'est d'un ecclésiastique qui me donne l'absolution de mes péchés.

— Eh bien, reçois-la donc, répondit l'inconnu en se relevant et en enfonçant un poignard dans le cœur du roi, qui n'eut que le temps de dire : « Jésus, mon Dieu! » et qui expira aussitôt.

Alors l'assassin prit le cadavre sur ses épaules, et, sortant de la maison, puis du village, avant que personne s'y opposât, il disparut sans que nul sût jamais qui il était, ni ce qu'il fit du corps.

Cet événement eut lieu le 18 juin 1488, au moment même où l'armée royale perdait la bataille, et comme Jacques III venait d'entrer dans sa trente-sixième année.

Son fils lui succéda sous le nom de Jacques IV.

IV

Si jeune que fût le roi à l'époque de la mort de son père, il n'en comprit pas moins que l'action qu'on lui avait fait commettre en marchant contre lui était une action coupable ; aussi, dès qu'il eut atteint sa majorité, fit-il non-seulement cesser à l'instant les poursuites que les nobles confédérés avaient intentées aux chefs de l'armée royale, et sous lesquelles le brave Lindsay de Bires — le même qui avait donné à Jacques III, dans une meilleure intention, le cheval qui lui avait été si fatal — avait pensé succomber, mais encore les rappela-t-il à la cour, et partagea-t-il son affection entre ceux qui l'avaient servi et ceux qui avaient servi son père. Puis, voulant faire lui-même pénitence de la faute qu'on l'avait forcé de commettre, il se fit fabriquer une ceinture de fer qu'il porta toujours sur sa peau, ajoutant chaque année un chaînon à ce gage expiatoire, pour prouver que, loin de perdre le souvenir du malheur qui lui était arrivé, ce souvenir s'affermissait chaque jour davantage dans sa mémoire et dans son esprit.

Le nouveau roi était non-seulement brave, adroit, fort, mais encore aussi généreux que son père était avare. Il résulta de cette dernière qualité un grand bien pour son règne ; car, ayant trouvé dans les caves du château d'Édimbourg la fameuse caisse noire, et avec elle une grande quantité de vaisselle d'or et d'argent, il distribua toutes ces richesses aux nobles qui l'entouraient, et qui s'étaient ruinés tant pour lui que contre lui, et cela sans faire d'autre différence que celle du mérite, ce qui lui valut une grande affection parmi les seigneurs et une grande popularité dans la nation.

Le seul goût dont Jacques IV eût hérité de son père était le goût de la marine ; aussi avait-il une prédilection toute particulière pour un brave gentilhomme nommé André Wood, qui, ayant fait son état de combattre sur mer, y avait acquis une aussi grande réputation qu'avait pu en mériter sur terre les gentilshommes les plus fiers de leur nom. Une des causes qui avaient encore attaché Jacques à sir André Wood, c'est que ce digne capitaine était constamment resté fidèle à son roi, et que, le jour de la bataille de Sauchie, il était venu se mettre en rade dans le Forth, entre Bannock et Ninian, et, là, avait recueilli beaucoup de blessés de l'armée royale qu'il avait fait panser avec le plus grand soin et le plus noble désintéressement. On avait même cru pendant quelque temps et jusqu'au moment où la femme du moulin de Beaton's-Mill avait raconté ce qui lui était arrivé, que le roi avait gagné les bâtiments d'André Wood et était parvenu à se sauver.

Deux ans après, une escadre de cinq bâtiments anglais étant entrée dans le Forth et ayant pillé quelques bâtiments écossais, sir André leur courut sus avec ses deux navires, — car jamais il n'en eut davantage, — les prit tous les cinq, et un beau jour, tandis que le roi était à Leith, lui amena à son lever les cinq capitaines prisonniers. Le roi Jacques les envoya aussitôt à Henri VII, en les chargeant de lui dire que les Écossais savaient se battre aussi bien sur mer que sur terre. Henri, furieux de ce message dérisoire, fit venir de Portsmouth, où il était alors, son plus vaillant capitaine de marine, qui se nommait Stephen Bull, afin qu'il eût à se mettre immédiatement en mer et à punir André Wood de son insolence. Stephen obéit et joignit son rival dans le Forth. Aussitôt le combat commença avec un tel acharnement des deux côtés, que les commandants, ne faisant point attention à leurs vaisseaux, les laissèrent entraîner par la marée du Frith et du Forth jusque dans le golfe de Tay. Après douze heures d'abordage, les trois vaisseaux anglais furent pris, et sir André Wood, selon son habitude, amena au roi ses prisonniers. Alors il renvoya à Londres l'amiral et ses deux compagnons, le chargeant de dire au roi d'Angleterre que, comme il n'avait reçu aucune réponse de lui, il désirait savoir si ses premiers messagers s'étaient acquittés de leur commission. A compter de ce jour, Henri renonça à se venger du terrible André Wood, et, le roi ayant ordonné la construction de plusieurs vaisseaux, l'Écosse commença de prendre quelque importance maritime.

Vers ce temps, il se passa une chose étrange, et qui, de nos jours encore, est demeurée un mystère. En 1496, un beau jeune homme à l'air noble, âgé de vingt à vingt-deux ans, se présenta, à la tête d'une petite armée de quinze cents hommes à peu près, à la cour du roi Jacques IV, s'annonçant comme le second fils d'Édouard, qui aurait échappé aux assassins qui avaient étouffé son frère. Il donnait de tels détails sur sa fuite et sur la manière dont il avait été accueilli par la duchesse de Bourgogne, dont les lettres, au reste, confirmaient son récit, que le roi d'Écosse demeura convaincu qu'il lui disait la vérité; et, comme il lui faisait des offres magnifiques, s'il parvenait à remonter sur le trône, Jacques n'hésita point à embrasser sa cause. En conséquence, il le reçut avec tous les honneurs dus à son rang, et, comme il était devenu amoureux de la fille du comte de Huntly, qui passait pour la plus belle femme d'Écosse, et que celle-ci paraissait répondre à son amour, il la demanda au comte pour le futur roi, ne voulant point qu'aucun autre que lui se chargeât de la dot.

Ce mariage conclu, le prétendu duc d'York rappela à Jacques la promesse qu'il lui avait faite de l'aider à reconquérir son royaume, prétendant qu'à peine entrerait-il en Angleterre, tous les anciens partisans de son père se lèveraient pour lui. Jacques pénétra donc avec lui dans le Northumberland; mais, au grand désappointement du roi d'Écosse et de son protégé, les proclamations qu'ils répandirent avec profusion ne produisirent pas le moindre effet. Ce fut une leçon pour Jacques, qui, jugeant une plus lointaine expédition inutile et même dangereuse, invita le prétendant à se retirer avec lui et à venir vivre tranquillement en Écosse, où il lui offrait à sa cour une position convenable. Confiant comme on l'est à son âge, le jeune homme refusa, et, s'étant rendu en Cornouailles, tenta une nouvelle excursion dans laquelle il fut pris, conduit à Londres et jugé. Il parut ressortir du procès, que le prétendu fils d'Édouard n'était qu'un aventurier flamand, nommé Perkin Warbeck, qui avait été dressé par la duchesse de Bourgogne à jouer le rôle de prétendant. Condamné à mort, il fut exécuté à Tyburn. Mais, malgré cette explication et le supplice qui l'avait suivie, beaucoup continuèrent de penser que ce malheureux jeune homme était bien réellement le duc d'York.

Quant à Catherine Gordon, sa femme, à qui sa beauté avait fait donner en Angleterre le nom de la

Rose Blanche d'Écosse, Henri VII lui accorda une pension, et la plaça sous la protection spéciale de la reine.

Cependant Henri VII, montant sur un trône ensanglanté, régnant sur un peuple tout ému encore des guerres civiles, avait besoin de tranquillité ; il sollicita de Jacques IV une trêve de sept ans, qui lui fut accordée. Ces premières négociations en amenèrent d'autres plus importantes encore. Le roi d'Écosse étant à marier, Henri VII, qui avait une fille charmante, qu'on appelait la princesse Marguerite, fit comprendre à Jacques qu'il désirait non pas une trêve momentanée, mais une paix durable, non pas un pacte de voisins, mais une alliance de famille. L'offre était trop avantageuse pour que Jacques la refusât. Cette union fut arrêtée, et le comte de Sussex fut chargé de conduire la princesse Marguerite à son futur époux.

Ce fut grâce à ce mariage que, cent ans après, Jacques VI d'Écosse devint Jacques Ier d'Angleterre, et réunit sur son front la couronne de Marie Stuart et celle d'Élisabeth.

Le roi alla au-devant de sa fiancée jusqu'à l'abbaye de Newcastle, située à deux lieues à peu près d'Édimbourg ; il était à cheval, magnifiquement vêtu d'un pourpoint de velours cramoisi brodé d'or ; et, comme il était excellent écuyer, ne se servant jamais de l'étrier pour se mettre en selle, et plein de grâce lorsqu'il y était, dès le premier coup d'œil il plut beaucoup à la jeune princesse, qui, de son côté, fit sur lui une profonde impression. Arrivé à la porte d'Édimbourg, Jacques, pour donner à son peuple une idée de l'union qui devait régner entre lui et sa femme, résolut de faire son entrée avec elle tous deux montés sur le même cheval ; mais, comme son coursier était peu habitué à porter double charge, il fit monter un gentilhomme de sa suite derrière lui, afin d'essayer comment cela se passerait. Cela se passa fort mal pour le gentilhomme, qui, au bout d'un instant, n'osant se retenir au roi, fut renversé et se démit l'épaule en tombant. Quant à Jacques, il se félicita fort d'avoir employé ce moyen de s'assurer de la docilité de son cheval, et, voyant qu'il n'y avait pas moyen de risquer avec une femme ce qu'il n'avait pu exécuter avec un homme, il monta sur la haquenée de Marguerite, et il fit son entrée à Édimbourg comme il le désirait, et sans aucun accident ; ce qui fut regardé comme d'un excellent augure.

En effet, tout se passa à merveille tant que vécut le roi Henri VII, et Jacques profita de cet intervalle pour essayer de faire disparaître toutes les traces des vieilles guerres intestines qui durant longues années avaient désolé l'Écosse ; mais, son beau-père étant mort, Henri VIII monta sur le trône, et son premier acte, par lequel il refusait de payer à Jacques IV un legs que le père de Marguerite avait fait en mourant à sa fille, prouva que les relations ne demeureraient pas longtemps bonnes entre les deux beaux-frères.

Louis XII, dont la politique était intéressée à une rupture entre l'Écosse et l'Angleterre, n'eut pas plus tôt appris les causes naissantes de discorde entre les deux royaumes, qu'il s'empressa de répandre l'or parmi les conseillers et les favoris de Jacques, lui faisant comprendre qu'au moment où Henri VIII menaçait la France d'une nouvelle invasion, il achèterait sans marchander, et au prix qui serait fixé par Jacques lui-même, l'alliance de l'Écosse. Jacques ne s'engagea à rien; mais il ne put s'empêcher de comparer la différence des procédés, et la comparaison ne fut pas en faveur de son beau-frère.

Sur ces entrefaites, une nouvelle source de démêlés survint entre les deux voisins. Jacques, comme nous l'avons dit, avait donné une grande extension à sa marine, qui se composait de seize bâtiments de guerre, outre *le Grand-Michel*, qui était, disait-on, le plus beau vaisseau de guerre qui eût été construit. Or, il arriva que, malgré cette force imposante, le roi de Portugal refusa de faire satisfaction à un brave marin écossais dont le bâtiment avait été, en 1476, pillé par des Portugais; mais, comme ce marin avait trois fils, tous trois gens de cœur et de résolution, ils vinrent demander au roi, pour toute indemnité, des lettres de représailles qui les autorisassent à courir sus à tous les bâtiments portugais qu'ils pourraient rencontrer. Jacques leur accorda cette permission; et, équipant deux vaisseaux, dont l'un s'appelait *le Lion*, et l'autre *la Jenny-Pirven*, ils commencèrent à croiser dans la Manche sous le commandement de leur frère aîné, que l'on nommait André Barton, et qui était un des corsaires les plus déterminés de l'époque.

Les vaisseaux portugais étaient rares dans la Manche, où leurs affaires les appelaient peu souvent; de sorte qu'André Barton n'aurait pas fait ses frais si, de temps en temps, il ne se fût retiré sur les vaisseaux de Sa Grâce le roi de la Grande-Bretagne; infraction sur laquelle Jacques fermait paternellement les yeux. Mais il n'en était pas de même de Henri VIII; et, comme il pensa que toute plainte à son beau-frère serait probablement inutile, il résolut de se faire justice lui-même. En conséquence, il fit équiper ses deux plus forts vaisseaux de guerre, leur choisit un équipage d'élite, leur donna pour capitaines les deux fils du comte de Sussex, que l'on appelait l'un lord Thomas, et l'autre sir Édouard Howard, et les lâcha à la poursuite de Barton, en leur ordonnant de le lui amener mort ou vif. Les deux jeunes gens, enchantés de cette occasion de faire leurs preuves, prirent pour guide le capitaine d'un bâtiment marchand que Barton avait pillé la veille, et qui les conduisit sur les dunes, où ils l'aperçurent de loin croisant avec ses deux vaisseaux. Alors, afin de tromper Barton par une apparence pacifique, ils hissèrent une branche de saule à leurs mâts, ainsi qu'avaient l'habitude de le faire les vaisseaux marchands. C'étaient là de ces pavillons comme les aimait Barton, quoiqu'il eût prouvé vingt fois qu'il ne redoutait aucunement de rencontrer les autres; aussi, dès qu'il les eut aperçus, fit-il force de rames sur eux, leur criant d'amener dès qu'il fut à portée d'être entendu. Mais alors les deux vaisseaux dépouillèrent tout à coup leurs apparences pacifiques; au lieu de la branche de saule, apparut le pavillon royal de la Grande-Bretagne, avec ses léopards et ses fleurs de lis, et une décharge de toute l'artillerie des deux vaisseaux répondit par des messages de mort à l'insolente invitation qui leur avait été faite.

Barton reconnut alors qu'il avait affaire à un tout

autre gibier qu'il n'avait cru d'abord, et qu'en comptant faire lever un daim, il avait réveillé un lion; mais il était trop bon chasseur pour s'inquiéter d'une pareille méprise, et, s'élançant sur le gaillard d'arrière, il commença à donner ses ordres et à encourager ses gens comme il avait l'habitude de le faire, non-seulement par les paroles, mais encore par les actions, s'exposant de près comme de loin à tous les coups des ennemis, à qui il était facile de le reconnaître, grâce à sa belle cuirasse de Milan et au sifflet d'or qui pendait à son cou.

Le combat fut terrible : Anglais et Écossais savaient qu'ils combattaient pour la vie, qu'ils n'avaient pas de quartier à attendre les uns des autres; aussi des deux parts se maintenaient-ils avec un courage égal, quoique, grâce à une machine de son invention, qui se composait d'une poutre qui retombait de la hauteur de ses vergues sur le pont ennemi chaque fois que les Anglais tentaient l'abordage, et qui se mettait en œuvre par un seul homme monté sur le grand mât, Barton eut un réel avantage sur ses adversaires. Bientôt cette machine fatale causa un si grand tort au vaisseau que montait lord Thomas Howard, qu'appelant près de lui un nommé Hustler, du comté d'York, qui passait pour un des meilleurs archers de son temps, il lui ordonna d'abattre à coups de flèche non-seulement l'homme qui faisait pour le moment mouvoir la machine, mais encore tous ceux qui essayeraient de le faire après lui.

Hustler soutint sa réputation; au premier coup, l'homme placé au sommet du mât, atteint au milieu de la poitrine, étendit les bras, et, se renversant en arrière, tomba la tête la première sur le pont. Deux autres lui succédèrent, et eurent le même sort; puis, comme personne n'osait plus se hasarder à ce poste périlleux, André Barton s'élança lui-même pour mettre la machine en mouvement.

— Hustler, cria lord Thomas à l'archer, voilà l'heure de viser juste, ou jamais. Plein ta toque de pièces d'or, ou la corde; c'est à choisir.

— Milord, répondit l'archer, l'homme ne peut faire que de son mieux, et, malheureusement, je n'ai plus que deux flèches. Je n'en essayerai pas moins de faire ce que vous me demandez, par obéissance pour Votre Seigneurie.

A peine avait-il achevé ces paroles, que la première flèche, rapide comme l'éclair, partait en sifflant et allait s'émousser sur la cuirasse d'André Barton, qui ne fit pas plus d'attention à ce coup que si une guêpe avait essayé de le piquer, et continua de monter vers la machine fatale, qui, mise de nouveau en mouvement par une main forte et habile, renversa du premier coup cinq ou six hommes à bord du bâtiment de lord Thomas.

— Misérable! s'écria lord Thomas; vois ce que ta maladresse nous vaut.

— Ce n'est pas ma maladresse, milord, répondit Hustler : Votre Seigneurie a pu voir la flèche rebondir sur sa cuirasse; si c'eût été une cotte de mailles ou une jaque, il eût été traversé de part en part. Mais, comme dit le proverbe, un bon archer ne doit désespérer de rien tant qu'il lui reste une flèche, et nous allons voir à tirer le meilleur parti possible de celle-ci.

Alors Hustler, sachant quel jeu il jouait, prit toutes ses précautions pour gagner, posa sa flèche sur son arc, en s'assurant qu'elle était bien au milieu de la corde; puis, s'affermissant sur ses pieds, il demeura immobile comme une statue de bronze, tirant à lui la corde d'un mouvement lent et égal jusqu'à ce qu'elle fût ramenée derrière sa tête; alors, profitant du moment où Barton levait le bras, il lâcha la corde. La flèche partit si rapide, qu'à peine put-on la suivre, et elle alla s'enfoncer jusqu'à l'empennure, sous l'aisselle du corsaire.

— Continuez de vous battre, enfants! cria Barton; je suis blessé, mais je ne suis pas mort : je vais boire un verre de gin, et je remonte. Si je tardais, faites-vous tuer plutôt que de vous rendre.

Le combat continua des deux côtés avec une rage égale; de temps en temps, on entendait de l'intérieur du navire le sifflet d'or d'André Barton, et, à chaque fois qu'il entendait ce bruit, qui lui indiquait que son capitaine vivait encore, l'équipage poussait de grands cris et reprenait courage. Enfin, le sifflet ne se fit plus entendre qu'en s'affaiblissant et à de longs intervalles; puis il cessa tout à fait, et les Écossais comprirent qu'ils n'avaient plus de chef.

En effet, les Anglais, ayant, après un combat de dix heures, fini par prendre *le Lyon* à l'abordage, trouvèrent André Barton, étendu dans sa cabine, mort et le sifflet entre les lèvres, afin que son dernier soupir ne fût pas perdu.

Jacques, qui aimait tout ce qui était brave, conçut un si vif ressentiment de cette mort, qu'il en envoya demander satisfaction à Henri VIII. Mais Henri VIII répondit qu'André Barton étant tout simplement un pirate, il s'étonnait que son cousin Jacques s'enquît de lui comme il pourrait faire d'un capitaine de sa marine royale. Il n'y avait rien à dire à cela, car c'était la vérité. Jacques fit donc semblant de se contenter de cette réponse, attendant une meilleure occasion pour éclater. Cette occasion ne se fit pas attendre.

Sous le règne de Henri VII, un officier de la maison de Jacques, qui se nommait sir Robert Ker de Fairnyherst, avait été envoyé par le roi, dont il était le favori, comme lord gardien dans les marches du Centre. La sévérité qu'il déploya, aussitôt après sa nomination, parut odieuse à la population demi-sauvage sur laquelle elle s'exerçait, et trois hommes des comtés limitrophes de l'Angleterre résolurent de l'assassiner. Ce projet fut exécuté pendant une trêve; de sorte qu'aucune excuse ne pouvant être admise, Jacques exigea du roi Henri VII que les trois meurtriers, qui se nommaient, l'un Héron le Bâtard, parce qu'il était frère naturel de sir Héron de Ford, l'autre Starhed, et le troisième Lilburn, lui fussent livrés pour qu'il fît d'eux à sa volonté. Henri donna aussitôt l'ordre aux commandants des marches anglaises de s'emparer des trois assassins et de les conduire à Édimbourg. Mais Lilburn seul put être pris; Starhed se réfugia en Angleterre, où le fils de Robert, qui avait été assassiné, et deux de ses partisans, le suivirent, et, l'ayant joint, le poignardèrent, lui coupèrent la tête, que le mieux monté des trois attacha à l'arçon de sa selle, et qu'ils rapportèrent ainsi à Édimbourg, où elle fut exposée pendant près d'un an au bout d'une pique. Quant à Héron le Bâtard, poursuivi de près par des soldats, il entra dans une église où un mort était exposé. Comme il n'y avait personne pour garder le cadavre, il le porta dans la sacristie, le cacha dans une armoire derrière des ornements sacerdotaux, et, se recouvrant du drap mortuaire, il prit sa place dans le cercueil. Les soldats entrèrent dans l'église; mais ils ne trouvèrent ni le mort ni le vivant. L'heure de l'enterrement arrivée, les parents du mort se rassemblèrent, le curé vint dire sa messe, que Héron le Bâtard écouta sans souffler, et les porteurs, le chargeant sur leurs épaules, traversèrent avec lui, précédés des prêtres et des enfants de chœur et suivis de tous les amis du défunt, le village d'un bout jusqu'à l'autre. Enfin, arrivé près de la fosse, et au moment où on levait le drap mortuaire pour clouer le couvercle du cercueil, Héron se dressa tout à coup sur ses pieds, sauta par-dessus la fosse, culbuta ceux qui l'entouraient, enjamba le mur qui fermait le cimetière, traversa une petite rivière à la nage, et, sautant sur un cheval qui paissait dans une prairie, il gagna les montagnes, où il disparut.

Henri VII, qui tenait à conserver ses bonnes relations avec Jacques, prit Héron de Ford à la place de Héron le Bâtard, et l'envoya à Jacques IV, qui le fit enfermer dans une prison où il resta près de six ans, expiant des torts qui n'étaient pas les siens.

A l'avénement au trône de Henri VIII, la femme de Héron de Ford, qui était une des plus belles femmes de l'Angleterre, alla se jeter aux pieds du roi, et lui demanda d'intercéder auprès de son beau-frère pour en obtenir la liberté de son mari. Henri VIII écrivit; mais Jacques ne fit d'autre réponse que celle-ci : « Troc pour troc; » voulant dire par là qu'on n'avait qu'à lui envoyer Héron le Bâtard, et qu'alors il renverrait, lui, Héron de Ford. Mais il n'était pas au pouvoir de Henri lui-même d'accomplir ce que demandait Jacques : Héron le Bâtard, quoique faisant de temps en temps des excursions en Écosse, se retirait aussitôt dans les montagnes, où nul ne se souciait de l'aller chercher.

Les choses en étaient arrivés à ce point entre les deux rois voisins, lorsque Jacques IV reçut un message de France. Louis XII avait appris que Henri VIII préparait une descente à Calais, et il rappelait à Jacques la sainte et antique alliance qui avait toujours uni les deux royaumes. De son côté, Anne de Bretagne, qui était une des plus belles princesses que l'on pût voir, écrivait de sa propre main à Jacques IV, lui envoyant une bague magnifique, l'autorisant à prendre le titre de son chevalier, et le conjurant de faire, pour l'amour d'elle, trois milles sur le territoire anglais.

Jacques était aventureux comme un pair du roi Arthur. Le message le détermina à une guerre à laquelle il songeait déjà, sans doute depuis longtemps, et, profitant du moment où le roi Henri était en France, où il faisait le siége de Thérouanne, il lui fit dénoncer les hostilités par son premier héraut, et, malgré les avis de ses plus sages conseillers, il se résolut d'envahir lui-même l'Angleterre.

Cette guerre parut à tout le monde, non-seulement une faute, mais encore une folie. Le parlement lui-même s'y opposa d'abord; mais, comme Jacques insista, et qu'il était fort aimé, le parlement céda, et le roi ordonna à tous les barons de son royaume de se trouver, le 5 août suivant, dans la plaine de Borough-Moor, rendez-vous ordinaire des armements écossais.

Jamais guerre n'avait été entreprise sous de plus funestes auspices; mais Jacques n'prisa les présages comme il avait méprisé les conseils : ils étaient cependant clairs et terribles. Pendant plusieurs nuits, on entendit une voix qui partait de la croix d'Édimbourg, quoiqu'on ne vît personne, et qui sommait le roi et les principaux seigneurs, par leurs noms et par leurs titres, de comparaître dans quarante jours au tribunal de Dieu. Ne voulant pas croire ce qu'on lui rapportait à ce sujet, le roi lui-même dit qu'il voulait s'approcher pendant la nuit de cette croix, afin d'entendre l'étrange citation de ses propres oreilles. Mais on lui dit que c'était inutile, et qu'il n'avait, à l'heure de minuit, quand tout était calme dans la ville, qu'à ouvrir les fenêtres de son palais, et qu'il entendrait ce qu'il désirait entendre. En effet, le même soir, à l'heure dite, Jacques ouvrit la fenêtre, et, quoiqu'il y eût un quart de lieue du château à la croix d'Édimbourg, le roi ne perdit pas, tant la voix était forte et surnaturelle, une parole de la menace qui lui était faite.

Mais ce ne fut pas tout encore : un jour qu'il écoutait la messe dans l'église de Linlithgow, un vieillard à la taille majestueuse, vêtu d'une longue robe bleue, nouée par une ceinture, ayant des sandales aux pieds et de longs cheveux dorés qui lui retombaient sur les épaules, parut tout à coup derrière l'autel, et, s'avançant d'un pas lent et solennel vers le roi :

— Jacques, lui dit-il, je suis l'évangéliste saint Jean, et je viens au nom de la vierge Marie, qui a pour toi une affection toute particulière, te défendre d'entreprendre la guerre que tu médites, attendu que ni toi ni aucun des seigneurs de ta suite n'en reviendront. Elle m'a chargé de te dire encore que tu avais un trop grand amour pour la société des femmes, et que de là viendraient ta honte et ta confusion.

Puis à peine eut-il prononcé ces mots, qu'il s'échappa si subitement, que beaucoup soutinrent qu'il s'était évanoui comme une fumée, et que c'était véritablement une vision céleste.

De son côté, la reine Marguerite fit auprès de son mari tout ce qu'il était humainement possible de faire pour qu'il renonçât à son fatal projet. Mais un des principaux traits du caractère des Stuarts est l'entêtement, et Jacques possédait ce défaut dans sa plus grande étendue. Il en résulta que, son armée rassemblée au jour dit, il se mit en marche à la tête de trente mille hommes à peu près, et, le 22 août 1513, franchit la frontière d'Angleterre auprès du château de Twisell.

Ses premiers pas semblèrent démentir les présages : il prit sans coup férir les places de Norham et de Wark, ainsi que le château de Ford. Mais là l'attendait, à défaut d'ennemis, une ennemie sur laquelle il n'avait point compté : c'était la femme de Héron de Ford.

Elle vint au-devant de Jacques, lui présentant les clefs de son château, et, sans lui parler autrement de son mari, qui était toujours prisonnier en Écosse, elle l'invita à s'arrêter chez elle, afin qu'elle eût l'honneur, disait-elle, d'avoir reçu sous son toit le roi le plus chevaleresque de l'époque. La comtesse était belle, sa voix douce et séduisante, son invitation pleine de tendres promesses. Jacques oublia la recommandation de saint Jean, et, au lieu de continuer sa course et de s'enfoncer au cœur de l'Angleterre, il s'arrêta près de la nouvelle Armide. Pendant ce temps, le comte de Surrey, dont l'enchanteresse suivait les instructions d'accord avec son propre désir de vengeance, levait une armée, et s'approchait en grande hâte, accompagné de son fils, lord Thomas Howard, le grand amiral, le même qui avait pris le vaisseau de Barton. Jacques, ayant appris sa venue, marcha au-devant de lui, et s'arrêta sur la colline de Flodden, qui lui parut une bonne position de guerre.

Le comte de Surrey, qui, de son côté, était un brave chevalier, ne craignait qu'une chose : c'est que les Écossais ne lui échappassent. Lorsqu'il eut atteint Wooler, il n'y avait plus que cinq ou six milles de distance entre les deux armées. Il fit alors chercher de tous côtés un guide qui, moyennant une bonne récompense, pût conduire l'armée anglaise dans les montagnes, de manière qu'en tournant l'armée de Jacques, elle pût prendre position entre les Écossais et leur pays. Une heure après cette demande faite, un guide se présenta.

C'était un guerrier monté sur un beau cheval, couvert d'une armure complète, et dont la visière était baissée. Il se présenta devant le comte de Surrey, et, mettant pied à terre, il fléchit un genou, et offrit de lui servir de guide dans ces montagnes, qui lui étaient familières, si, de son côté, le comte voulait bien s'engager à lui accorder le pardon d'un crime dont il s'était rendu coupable. Le comte de Surrey répondit que, pourvu qu'il ne s'agît ni de haute trahison envers le roi d'Angleterre, ni d'offense envers une dame, crimes qu'en sa qualité de serviteur fidèle et de chevalier courtois il ne pardonnerait point, le chevalier inconnu pouvait compter sur sa parole.

— A Dieu ne plaise! répondit l'inconnu. J'ai seulement aidé à tuer un Écossais.

— Si ce n'est que cela, répondit Surrey, lève ton casque; car, avec l'aide Dieu, avant qu'il soit trois jours, j'espère que chacun de nous aura plus d'un crime du même genre à se reprocher.

Alors le chevalier leva sa visière, et l'on reconnut Héron le Bâtard.

C'était une bonne fortune en un pareil moment. Héron, qui, depuis dix ans, habitait en proscrit cette chaîne de montagnes, en connaissait jusqu'aux moindres détours; aussi, le même soir, guida-t-il l'armée anglaise par des chemins sûrs et inconnus; de sorte que, le lendemain, qui était le 9 septembre 1513, Jacques IV vit rangée en bataille derrière lui l'armée qu'il attendait en face.

Le roi comprit à l'instant, d'après la marche sa-

vante opérée pendant la nuit, qu'il avait affaire à un
adversaire qui savait mieux que lui le chemin du pays
dans lequel il s'était engagé, et qui, grâce à cette
science, pouvait gagner deux ou trois jours de marche sur son armée, le précéder en Écosse, et y mettre tout à feu et à sang. Il donna donc l'ordre de
marcher aux Anglais, quoique ce mouvement, en lui
faisant quitter une position sûre, lui donnât du désavantage.

A peine l'ordre de livrer bataille fut-il entendu, que
les Écossais, ainsi qu'ils en avaient l'habitude, mirent le feu à leurs logis, de sorte qu'il s'éleva
tout à coup une grande flamme, et que, grâce
à la direction du vent, la fumée couvrit aussitôt
tout l'espace qui séparait les deux armées. Alors
l'idée vint au roi Jacques de profiter de cette
fumée pour surprendre les Anglais au moment
où ils s'en douteraient le moins, et il ordonna à
lord Home, qui commandait l'aile gauche, de se
mettre aussitôt en marche et d'attaquer : or, par un
hasard étrange, la même idée était venue à lord Surrey, lequel avait donné l'ordre à son fils Edmond
Howard, qui commandait l'aile droite, de marcher
aux Écossais ; si bien que, ne se voyant pas venir,
les deux armées se heurtèrent tout à coup comme
des murailles de fer. Le choc fut terrible : lord
Home et ses montagnards enfoncèrent les premiers
rangs des troupes anglaises, et, lorsque la fumée se
dissipa, l'étendard de sir Edmond était déjà pris, et
lui-même, abattu de son cheval et couvert de sa
lourde armure, dans laquelle il pouvait à peine se
mouvoir, courait le plus grand danger, si Héron le

Bâtard n'était venu à son aide avec sa troupe de proscrits. A cette vue, Dacre, qui commandait la cavalerie, fit sur les vainqueurs une charge si heureuse, qu'ayant pénétré jusqu'au milieu de leurs rangs, ce furent eux, à leur tour, qui, attaqués d'un côté par les proscrits, de l'autre par Dacre, et en face repoussés par Edmond, qui avait un premier échec à venger, furent obligés de battre en retraite.

En même temps, lord Thomas Surrey, qui formait le second corps de l'aile droite des Anglais, s'élança sur la seconde colonne écossaise commandée par Crawford et Montrose, et, par un bonheur inouï, tua du premier choc ces deux capitaines; les soldats, se trouvant ainsi sans chefs, se mirent en désordre et commencèrent une retraite qui, au bout de quelques pas, se changea en déroute.

Pendant que ces choses se passaient à l'extrême gauche et au centre, un corps de montagnards commandé par les comtes de Lennox et d'Argyle, se trouvèrent tellement assaillis par les flèches que lançaient de loin les archers anglais, qu'ils résolurent de les débusquer de leur position, et, aimant mieux aller au-devant du danger que de l'attendre, se précipitèrent du haut en bas de la colline, malgré les cris de l'ambassadeur français de la Mothe, qui était à pied dans leurs rangs, l'épée à la main, et qui, voyant enfin qu'il ne pouvait les retenir, suivit leur mouvement. Mais à peine furent-ils au bas de la colline, qu'attaqués en flanc par les soldats du comte de Lancastre, ils furent taillés en pièces, et disparurent presque entièrement.

Restait la colonne du centre gauche, où était le

roi, qui, descendu de cheval et entouré des meilleurs chevaliers, à pied comme lui, et tous couverts d'armures si parfaites, que les flèches semblaient ne pas faire dessus plus d'impression que la grêle sur un toit, marchait en avant, renversant tout ce qui se trouvait devant lui ; si bien qu'arrivé au pied de la colline, il heurta le corps du comte de Surrey et y pénétra comme un coin de fer jusqu'à la distance de deux longueurs de lance de sa bannière. Comme alors Bothwell amenait la réserve, le roi croyait déjà la bataille gagnée, lorsque Stanley, qui venait d'anéantir les montagnards, s'aperçut qu'il n'avait fait que la moitié de la besogne, et s'élança aussitôt sur la colonne du roi, qu'il attaqua par un flanc, tandis que lord Thomas, qui venait de mettre en fuite la colonne de Crawford et de Montrose, l'attaquait par l'autre. En ce moment, on courut dire à lord Home, qui tenait de son mieux, attaqué aussi de trois côtés, le danger du roi et le besoin de secours ; à quoi il répondit que chacun avait bien assez de se battre pour son propre compte ce jour-là sans s'occuper des autres.

Ce fut alors que Bothwell donna avec la réserve ; mais elle était trop peu considérable pour dégager le roi, et tout ce qu'elle put faire fut, en se rangeant autour de lui, d'augmenter le nombre de ses défenseurs. Une lutte terrible se concentra sur le point où était Jacques et sa noblesse, qui, formant un cercle, présentaient de tous côtés leurs lances, ne faisant point un seul pas ni ayant ni un arrière, mais combattant sur place avec un courage et un acharnement merveilleux. Enfin le comte de Surrey, voyant

4.

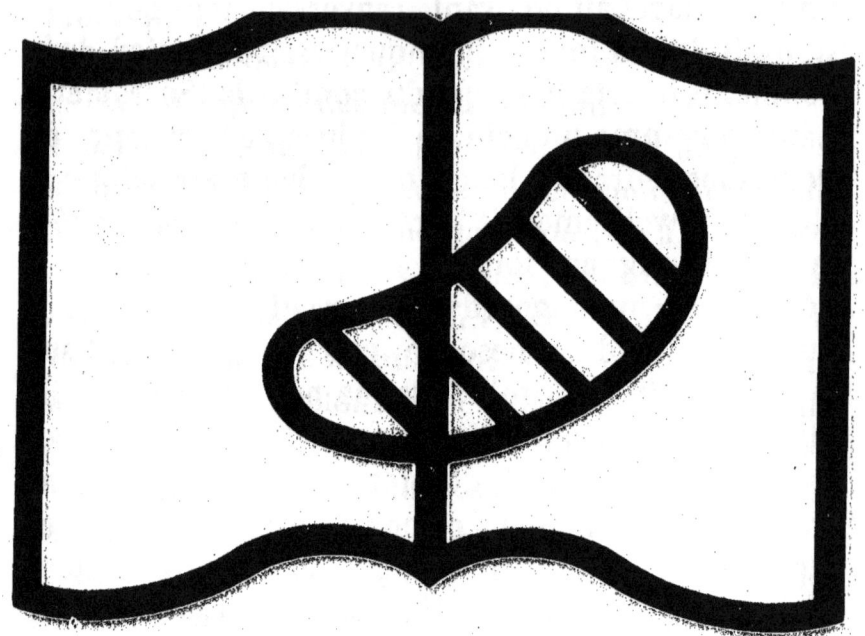

Original illisible

qu'il ne pouvait attaquer ce bataillon sacré, fit approcher un corps d'Anglais armés de hallebardes dont les manches étaient plus longs que ceux des lances ; de sorte que, comme les Écossais ne pouvaient plus se servir de leurs armes et de leurs flèches, leurs ennemis les atteignaient sans être atteints. Ce fut ainsi qu'ils décimèrent lentement, peu à peu et par d'horribles blessures, ce corps de gentilshommes, qui périt presque entièrement plutôt que de se rendre ou d'abandonner son roi. Jacques lui-même, atteint de deux flèches, fut enfin renversé d'un coup de hallebarde qui l'étendit roide mort ; et comme cela arriva au moment où la nuit approchait, personne ne le vit tomber, et l'on continua de combattre, jusqu'à ce que, se voyant réduits à quelques centaines d'hommes seulement, les Écossais profitassent de l'obscurité pour se retirer, laissant sur le champ de bataille le roi, deux évêques, deux abbés mitrés, douze comtes, treize lords et cinq fils aînés de pairs. Quant au nombre des simples gentilshommes qui périrent, il est incalculable.

La manière dont le roi Jacques était mort fit que les Écossais nièrent longtemps qu'il eût péri dans le combat : les uns dirent qu'il avait quitté son royaume et entrepris un long pèlerinage qu'il avait fait vœu de faire depuis sa jeunesse. D'autres assurèrent qu'au moment où la nuit tombait, quatre cavaliers de haute taille, montés sur des chevaux noirs, revêtus d'armures noires, et ayant au bout de leurs lances des bouchons de paille, afin qu'en les élevant ils se pussent reconnaître dans la mêlée, avaient tout à coup paru sur le champ de bataille, et, ayant fait monter le roi sur un cinquième cheval noir, que l'un d'eux conduisait en bride, l'avaient emmené avec eux, et qu'on les avait perdus de vue au delà de la Tweed, qu'ils avaient traversée à gué ; si bien que, pendant plus de vingt ans, on attendit en Écosse le retour du roi Jacques, qui ne revint pas.

« Le fait est, dit Walter Scott, que le corps fut trouvé sur le champ de bataille par lord Dacre, qui le transporta à Berwick, où il le présenta au comte de Surrey, et que tous deux le connaissaient trop bien pour pouvoir s'y méprendre. D'ailleurs, il fut pareillement reconnu par sir William Scott et sir John Fordman, qui fondirent en larmes en le voyant.

» Ces tristes restes, ajoute l'illustre romancier, eurent un sort aussi bizarre que révoltant : non-seulement ils ne furent pas déposés en terre sainte, mais ils ne furent pas même inhumés, parce que le pape, qui, à cette époque avait fait alliance avec l'Angleterre contre le roi de France, avait lancé contre Jacques une sentence d'excommunication, de sorte que ni prêtres ni abbés n'osèrent lui rendre les derniers devoirs ; le cadavre de celui qui avait été un des plus puissants rois de la chrétienté fut donc embaumé et envoyé au monastère de Shenn, dans le comté de Surrey, et il y resta jusqu'à la réformation, époque à laquelle ce comté passa dans les mains du duc de Suffolk. A partir de ce moment, le cercueil de plomb qui le renfermait fut relégué de chambre en chambre, comme on fait d'un vieux meuble embarrassant ; si bien que l'historien Stowe le vit, en 1580, perdu dans un grenier, au milieu de charpentes pourries et d'un tas d'immondices. Alors, rapporte-t-il, quelques ouvriers désœuvrés s'amusèrent à lui scier la tête; et un nommé Lancelot Young, maître vitrier de la reine Élisabeth, trouvant sans doute que, grâce aux parfums qui avaient servi à l'embaumer, elle exhalait une odeur agréable, l'emporta chez lui, où il la garda six mois; au bout de ce temps, il la donna au sacristain de Saint-Michel dans Wood-street, qui, s'en dégoûtant à son tour, finit par la jeter dans le charnier commun. »

Ainsi finit Jacques IV, au milieu du deuil et du désespoir de toute l'Écosse; car, depuis le bon Robert Bruce, aucun souverain n'avait joui d'une pareille popularité.

Il laissait un fils âgé de deux ans.

Quand la nouvelle de la défaite de Flodden parvint à Édimbourg, et que les présidents nommés en remplacement du prévôt, des baillis et des autres magistrats qui, ayant suivi le roi à l'armée, avaient presque tous péri, en eurent appris les désastreux détails, ils résolurent à l'instant même de mettre la capitale en état de défense, certains qu'ils étaient par expérience, que les provinces sauraient bien se défendre elles-mêmes. En conséquence, ils publièrent une proclamation antique de simplicité et de résolution. La voici :

« Attendu que nous venons de recevoir la nouvelle encore incertaine, il est vrai, des malheurs arrivés au roi et à son armée, nous recommandons au besoin ordonnons strictement à tous les habitants de préparer leurs armes et de se tenir prêts à se rassembler au premier coup de cloche pour repousser tout ennemi qui tenterait d'entrer dans la ville. Nous défendons en même temps, et par ces présentes, aux femmes du peuple et aux vagabonds de toute espèce, de se répandre dans les rues en faisant des lamentations et en poussant des cris ; en même temps que, par ces mêmes présentes, nous invitons les femmes honnêtes à se rendre dans les églises, afin d'y prier Dieu pour le roi, et pour tous nos parents, amis et compatriotes qui sont dans l'armée du roi. »

La nouvelle des préparatifs que l'on faisait pour le recevoir parvint au comte de Surrey ; et, comme c'était un général prudent, instruit à l'expérience du passé, et qui avait toujours vu entrer en Écosse de grandes armées et ne ressortir que de petites troupes, il s'arrêta, au lieu de poursuivre ses avantages, et, contre toute attente, se montra disposé à traiter avec les vaincus. Il est, au reste, probable que Marguerite, veuve de Jacques et sœur du roi Henri VIII, fut pour beaucoup dans cette mansuétude. Quoi qu'il en soit, et de quelque part qu'il fût appelé, l'ange de la paix n'en descendit pas moins du ciel, et les deux nations voisines redevinrent alliées comme avant la bataille.

Marguerite fut instituée régente et tutrice du jeune roi, qui, ainsi que nous l'avons dit, n'avait que deux ans. Mais à peine maîtresse de ses actions, elle compromit par ses fautes cette tranquillité si précieuse, qu'elle avait obtenue par ses prières. Jeune et belle, elle se prit d'amour pour un jeune et beau chevalier, et l'épousa avec une précipitation qui fut aussi fatale d'abord à sa renommée, qu'elle devait l'être ensuite à l'Écosse. Ce jeune privilégié était le comte d'Angus, petit-fils du vieux Douglas Attache-Grelot, dont les deux fils avaient été tués à Flodden, et qui, étant mort lui-même peu de temps après cette désastreuse bataille, avait laissé à son descendant son nom, le plus grand, et sa fortune, la plus considérable de toute l'Écosse.

Ce choix excita la jalousie de tous les autres seigneurs, et principalement du comte d'Arran, chef de la grande famille des Hamilton. Comme il arrivait toujours en ces circonstances, tout ce qui restait de nobles en Écosse adopta l'un ou l'autre parti, les uns se rangeant sous la bannière des Hamilton, les autres sous celle des Douglas. Trois ou quatre années, qui s'écoulèrent avec des vicissitudes différentes dans les deux maisons, et pendant lesquelles la reine Marguerite céda et reprit la régence, se retira en Angleterre et revint en Écosse, ne firent qu'augmenter cette haine, qui devint tellement mortelle, que, le 30 avril 1520, les deux familles s'étant trouvées réunies à Édimbourg pour l'ouverture du parlement, chacun demeura convaincu que cette réunion amènerait une collision sanglante. En effet, le même jour, les deux factions se rencontrèrent les armes à la main, et les Hamilton furent tellement écrasés par leurs ennemis, qu'ils disparurent presque entièrement de la ville, et qu'on appela cette affaire le balayage des rues.

Cependant le mariage de la reine avec Angus n'était point heureux; et, comme, à force de sollicitations, elle avait obtenu du pape une bulle qui autorisait son divorce, elle la fit signifier à son mari, qui perdit ainsi tous ses droits à la régence, devenant étranger en quelque sorte à la reine. Elle reprit donc le pouvoir, et son premier acte fut de se rapprocher des Hamilton, que l'on crut alors sur le point de reconquérir toute leur faveur, lorsqu'une seconde faute rejeta Marguerite dans les mêmes embarras dont elle venait de sortir, en la couvrant d'une nouvelle déconsidération. Marguerite épousa en troisièmes noces, Henri Stuart, second fils de lord Évandale, jeune homme sans influence et sans position. Angus profita de cet avantage, et, s'emparant de nouveau de la régence que personne ne lui contesta, il enleva le jeune roi à la reine sa mère, et se chargea de sa tutelle et de son éducation.

Jacques V, séparé de sa mère à dix ans, c'est-à-dire dans un âge où il avait déjà assez de connaissance pour conserver ses premières affections et ses premiers souvenirs, détestait Angus, et se trouva fort malheureux de son changement de position. A mesure qu'il grandit, ces sentiments prirent une nouvelle force; de sorte qu'à l'âge de quatorze ans cette surveillance, qui était presque une captivité, lui était devenue insupportable. Au reste, Angus avait fait du roi un cavalier aussi accompli qu'aucun jeune homme qui fût en Écosse; il ne manquait pas d'instruction, et excellait dans tous les exercices du corps, pour lesquels il était passionné; était adroit au tir et à l'escrime, ardent à la chasse, et aussi habile écuyer que le roi son père, qui jamais ne se servait d'étrier pour se mettre en selle, et ne connaissait pas d'autre allure que le galop.

Comme on savait les dispositions du jeune roi à l'égard des Douglas, deux tentatives furent faites par leurs ennemis pour arracher Jacques de leurs mains : l'une par lord Buccleuch, qui fut déclaré coupable de haute trahison, et l'autre par Lennox, qui y perdit la vie; de sorte qu'après ces deux victoires le pouvoir du comte d'Angus parut si bien consolidé, que personne n'osa plus lutter contre lui. Le jeune roi resta donc seul et abandonné à lui-même; mais, comme il était d'un caractère aventureux et plein de résolution, il ne désespéra point, trouvant qu'il était d'âge à s'aider lui-même. En effet, il venait d'entrer dans sa quinzième année. Il arrêta donc son plan dans son esprit, et commença à l'instant même les préparatifs de son exécution.

En conséquence, à la première visite que lui fit sa mère, visites qui se renouvelaient deux fois par an, il la pria, sans lui rien dire autre chose, de lui abandonner le château de Stirling, qui lui appartenait à titre de douaire, en y mettant un capitaine de confiance, de la fidélité et du courage duquel elle fût sûre, afin qu'à quelque heure du jour ou de la nuit qu'il s'y présentât, la porte lui fût ouverte. Marguerite, qui était plus intéressée que personne à ce que Jacques reprît sa liberté, lui promit tout ce qu'il voulut, et, de retour à Édimbourg, elle fit aussitôt ce qu'elle lui avait promis.

Cependant Jacques, qui connaissait pour l'avoir éprouvée depuis cinq ans la surveillance des Douglas, commença peu à peu à se rapprocher du comte d'Angus, leur chef, comme si, ayant enfin pris son parti, il eût mieux aimé vivre en bonne intelligence qu'en désaccord avec ses gardiens. Cependant ceux-ci, tout aises qu'ils étaient de voir ce retour, ne se relâchèrent en rien de leur circonspection habituelle; et, au contraire, craignant que cette amitié ne cachât quelque ruse, ils établirent un de leurs fidèles, dont ils devaient être d'autant plus sûrs qu'il était de leur famille et qu'il se nommait Parkhead Douglas, avec une garde de cent hommes, qui, sous prétexte de lui faire honneur, mais effectivement pour le surveiller, ne devaient jamais quitter le jeune roi, ni en voyage, ni au château. Outre cette garde, Angus, son frère et son oncle, ne s'éloignaient jamais ensemble de Falkland, résidence royale située au milieu de bois et de marais giboyeux, et où Jacques pouvait prendre à loisir la récréation de la chasse au tir et au faucon, toujours, bien entendu, sous la garde de l'un des deux frères, ou de l'oncle d'abord, puis ensuite de Parkhead et de ses cent hommes.

Or, il arriva, par un concours de circonstances qui ne s'était jamais présenté, que, le comte d'Angus ayant quitté la cour pour se rendre dans le Lothian, afin d'y terminer une affaire qui ne souffrait pas de remise, qu'Archibald Douglas étant allé à Dundée voir une dame pour laquelle il avait grand amour, et que George Douglas étant parti pour Saint-André, dans le but d'y lever une contribution, le jeune roi se trouva seul au château de Falkland avec son gardien Parkhead.

Jacques jugea l'occasion favorable; et, ayant fait venir son gardien, il l'invita à se tenir prêt le lendemain pour faire une grande chasse à courre. Parkhead, qui ne se doutait de rien, donna les ordres en conséquence, et, étant venu prendre, vers les neuf heures du soir, les ordres du jeune roi, qu'il trouva couché, celui-ci le pria de le faire réveiller au point du jour, ce que promit Parkhead; après quoi, il se retira.

A peine la porte était-elle fermée, que Jacques, tout en écoutant le bruit des pas qui s'éloignaient, appela à voix basse John, son page de confiance, qui, couchant dans la chambre voisine, et croyant que le roi s'était couché pour dormir, entra à moitié déshabillé.

— John, lui dit le prince, m'aimes-tu?

— Plus que rien que je connaisse au monde, pas même mes frères, pas même ma mère.

— Bien; veux-tu me servir?

— Au risque de ma vie.

— Écoute.

John s'approcha.

— Descends aux écuries, dis au palefrenier Dick de te remettre le paquet qu'il a pour moi, et ordonne-lui d'aller nous attendre à l'*Épine noire* avec trois chevaux sellés et bridés; et surtout recommande-lui de laisser, en sortant, les portes de l'écurie ouvertes.

John comprit aussitôt ce dont il était question, et, se jetant aux genoux du prince, dont il baisa la main, il descendit en hâte par l'escalier de service, et se rendit aux écuries. Dick, qui était gagné depuis près d'un mois, et à qui Jacques avait donné le mot dans la journée, remit à John deux costumes de livrée complets, et, sellant aussitôt trois chevaux, il monta sur l'un d'eux, causa un instant avec la sentinelle, lui dit qu'il allait placer un relais à trois lieues de là, afin que les chevaux ne fussent point fatigués le lendemain, et le pria d'indiquer à deux de ses camarades, qui allaient le suivre, le chemin qu'il avait pris.

Pendant ce temps, le prince et John revêtirent leur costume, grâce auquel ils purent descendre par l'escalier de service, sans que personne fît attention à eux. Quand ils se présentèrent à la porte, la sentinelle, au lieu de leur fermer le passage, leur indiqua elle-même, ainsi qu'elle l'avait promis à Dick, la route qu'ils devaient suivre pour le rejoindre, et les deux jeunes gens passèrent sans accident.

A un quart de lieue du château, ils trouvèrent Dick qui les attendait. Ils sautèrent aussitôt en selle, et, comme ils avaient les trois meilleurs chevaux de toute l'écurie, ils firent près de trente milles en trois heures ; de sorte qu'au point du jour, ils arrivèrent au pont de Stirling. Aussitôt qu'il l'eut dépassé, Jacques se fit reconnaître, et ordonna de fermer les portes derrière lui. Il arriva enfin au château, où le gouverneur le reçut avec une grande joie. Jacques, écrasé de fatigue, se coucha aussitôt : cependant, si fatigué qu'il fût, il ne s'endormit que lorsqu'il eut sous son chevet toutes les clefs de la forteresse, tant l'épouvantait l'idée de retomber entre les mains de Douglas.

Une heure après le départ du roi, George Douglas était revenu de Saint-André, et avait demandé s'. ne s'était rien passé de nouveau en son absence.

Comme tout le monde ignorait la fuite de Jacques, on lui répondit que le roi était couché et dormait sans doute, attendu qu'il devait partir de grand matin pour la chasse. Douglas, tranquille, se retira dans sa chambre et se mit au lit, où, fatigué de sa course de la journée, il ne tarda pas à s'endormir.

Il n'était pas encore réveillé, lorsque, le lendemain, il entendit frapper à sa porte.

— Qui êtes-vous ? demanda Douglas.

— Peter Cramichael, bailli d'Albernethy, répondit celui qui frappait.

— Que voulez-vous ?

— Savez-vous où est le roi, à cette heure ?

— Dans sa chambre, où il dort, sans doute.

— Vous vous trompez ; car je l'ai rencontré cette nuit sur la route de Stirling, où je l'ai reconnu à la clarté de la lune.

George Douglas bondit hors de son lit, et courut, nu comme il était, à la chambre du roi ; mais il eut beau appeler et frapper, personne ne répondit ; enfin, perdant patience, il enfonça la porte d'un coup de pied. Le lit était vide et la chambre déserte.

Douglas descendit en criant :

— Trahison ! trahison ! le roi est parti.

Et aussitôt, envoyant un courrier au comte d'Angus, il monta à cheval avec tout ce qu'il put rassembler d'hommes d'armes, et se mit à la poursuite du roi. Mais Douglas et ses partisans trouvèrent sur la route de Stirling un héraut qui les attendait, et qui, en les apercevant, leur cria à son de trompe que quiconque du nom de Douglas approcherait de douze milles du château de Stirling serait considéré comme coupable de haute trahison et traité en conséquence. George Douglas était sur le point de forcer le passage malgré cette proclamation; mais, en ce moment, le comte d'Angus arrivait, qui, prenant, en sa qualité de chef de la famille, le commandement de la troupe, se retira à Linlithgow.

Pour justifier le parti qu'il avait pris, le roi, après avoir appelé autour de lui tous les ennemis des Douglas et avoir donné à chacun d'eux la position dont ils étaient privés depuis si longtemps, ouvrit le parlement et accusa ses gardiens de trahison, disant que, tout le temps qu'il avait été en leur pouvoir, il n'avait jamais cru sa vie en sûreté. En conséquence, le comte d'Angus fut déclaré coupable de haute trahison, lui et sa famille, et exilé avec tous ses parents et amis. Le roi n'excepta pas même de cette proscription, tant le nom de Douglas lui était odieux, Archibald Douglas de Kilspendie, pour lequel cependant, durant tout le temps de sa captivité, il paraissait avoir une grande affection, et qu'à cause de sa force, de son courage et de son adresse, il appelait toujours son Graysteil, du nom du héros d'une vieille ballade, qui possédait toutes ces qualités.

Archibald fut donc exilé, ainsi que les autres; mais, comme, au bout de quelques années passées en Angleterre, le mal du pays le prit, il résolut, quelque chose qui pût lui arriver, de retourner en Écosse, et de se présenter au roi, espérant que Jacques se rappellerait son ancienne amitié. En conséquence, il traversa les frontières déguisé; mais, étant arrivé près d'Édimbourg, il reprit le costume qu'il était accoutumé de porter, et sous lequel le roi avait l'habitude de le voir, en y ajoutant seulement, entre la chemise et l'habit, une cotte de mailles à l'épreuve du poignard ; car il craignait, avant de voir Jacques, d'être rencontré par quelque ennemi, qui, le reconnaissant et sachant qu'il était hors la loi, ne se ferait aucun scrupule de l'assassiner. En conséquence, un jour que le roi était allé chasser dans le parc de Stirling, il s'assit sur la route par laquelle la chasse devait passer et attendit.

Vers le soir, Jacques revint, et, du plus loin qu'il aperçut le vieillard :

— Ah ! ah ! dit-il, voilà mon Graysteil Archibald de Kilspendie.

Mais ce fut tout le souvenir qu'en obtint le pauvre proscrit. En le voyant venir, Douglas s'était levé. Jacques, à ce mouvement, mit son cheval au galop. Archibald, qui, malgré son grand âge, était encore plus vigoureux que beaucoup de gens, suivit le roi à la course, de sorte qu'il arriva en même temps que lui à la porte du château, où il tomba épuisé sur le seuil. Jacques fit sauter son cheval par-dessus le corps du vieillard, et continua son chemin jusqu'au perron, sans paraître aucunement faire attention à lui. Alors Douglas, qui était arrivé au bout de ses forces, demanda quelques gouttes de vin, que personne n'osa lui donner, tant on connaissait la haine du roi pour tous ceux qui portaient ce nom.

Un an après, le vieux guerrier mourut de douleur d'avoir retrouvé son pays sans avoir retrouvé son roi.

Jacques portait cette sévérité de caractère jusqu'à la cruauté. Ce fut surtout à l'égard des maraudeurs des frontières qu'il se montra sans miséricorde ; les lords et les comtes furent emprisonnés, les principaux chefs pendus, et les frontières, pour la première fois, ramenées d'un état de brigandage continuel à une sécurité si grande, que l'on disait que, depuis la tournée du roi Jacques dans les marches du royaume, les buissons suffisaient pour garder les vaches.

VI

Ces exécutions accomplies, Jacques put alors se livrer à une de ses fantaisies les plus habituelles, qui était de courir le pays déguisé, comme le fit depuis Henri IV, celui de nos rois avec lequel il eut le plus de ressemblance. Aussi les chroniques écossaises fourmillent-elles d'anecdotes plus ou moins apocryphes, ressortant presque toutes de cet amour de l'incognito, et parmi lesquelles, chose bizarre, celle du paysan arrivant au rendez-vous de chasse en croupe derrière le Béarnais se trouve reproduite avec des détails si analogues, que l'on y trouve jusqu'à la réponse du bonhomme : « Ma foi, il faut que ce soit vous ou moi qui soyons le roi, car il n'y a que nous deux qui ayons notre toque sur la tête. »

Jacques V avait l'habitude, dans ses excursions, de prendre un nom de guerre qui n'était connu que de ses familiers, et se faisait alors appeler le fermier de Ballengiech (1). Un jour qu'il avait été à la chasse au tir, et que lui et sa suite avaient tué une assez grande quantité de sangliers, de cerfs et de daims,

(1) Ballengiech est un chemin fort étroit et fort roide qui descend du château de Stirling dans la plaine.

sur laquelle, en véritables chasseurs, ils comptaient pour leur propre souper, ils revinrent vers les trois heures à Stirling, donnant ordre aux valets de service d'amener le plus tôt possible le produit de la chasse dans les cuisines du château. Malheureusement, les chariots qui ramassaient les morts étaient obligés de revenir par les terres de Buchanan, qui, ayant reçu la visite de plusieurs de ses amis, était encore bien plus embarrassé que le roi Jacques pour savoir ce qu'il donnerait à manger à ses convives. En voyant cette belle venaison passer sous ses fenêtres, Buchanan jugea que c'était le ciel qui lui envoyait cette bonne aubaine pour le tirer d'embarras, et, descendant avec ses hôtes, il barra le chemin aux piqueurs. Les pauvres gens eurent beau lui dire que ce gibier appartenait au roi Jacques, Buchanan répondit que, si Jacques était roi en Écosse, lui, Buchanan, était roi dans le Kippen. Comme le Kippen était le district où s'élevait son château, il n'y avait pas à répondre à cela. Aussi les convoyeurs, jugeant que toute réponse serait inutile, se résignèrent-ils à abandonner le gibier, et revinrent-ils au grand galop à Stirling annoncer au roi l'événement inattendu qui le privait de son souper.

Jacques, qui, par malheur, avait ce jour-là un grand appétit, et qui vit que, grâce à la suppression de la partie la plus succulente de son repas, il souperait fort mal chez lui s'il restait à Stirling, se fit amener son cheval, et, montant dessus, il invita les convives à manger le souper tel qu'il était, et, les laissant à Stirling, il piqua droit au château de Buchanan, où il arriva comme on venait de se mettre à table. Mais, comme Buchanan n'aimait pas à être dérangé aux heures de ses repas, Jacques trouva à la porte un montagnard à l'air rébarbatif et la hache sur l'épaule, qui refusa de le laisser entrer. Jacques le pria, non point de se relâcher de sa consigne en l'introduisant, mais seulement d'aller dire au laird que c'était le fermier de Ballengiech qui venait demander à souper au roi du Kippen. Buchanan, qui ne connaissait aucun fermier de ce nom, se leva aussitôt en promettant à ses convives d'étriller si bien le drôle qui se présentait dans un moment si inopportun, que les chiens du château en hurleraient. En conséquence, il prit son fouet de chasse et descendit pour accomplir cette promesse, à laquelle on le savait, en pareille circonstance, on ne peut plus religieux. Mais, à la moitié de l'escalier, il s'arrêta stupéfait; il avait reconnu le roi, debout et attendant sur le seuil de la porte. Alors, laissant tomber son fouet, il se précipita aux pieds de Jacques, lui demandant pardon de son insolence et se mettant à sa merci pour tel châtiment qu'il lui plairait de lui imposer.

Jacques le releva en riant et en disant qu'entre rois une pareille humilité n'était pas convenable; que, se trouvant privé de souper par la perte de sa venaison, il venait lui demander sans façon une part du sien. Buchanan, qui connaissait la sévérité dont Jacques s'était fait un devoir en mille circonstances, n'était qu'à demi rassuré par l'air bienveillant de son confrère en royauté. Cependant il le conduisit dans la salle du festin, chapeau bas et une torche à la main; puis, arrivé là, il lui donna la place d'honneur, et voulut rester debout derrière lui pour le servir; mais le roi exigea qu'il se mît à table, et, donnant lui-même l'exemple de la gaieté et de l'appétit, il rit et mangea, dit-il lui-même au dessert, comme cela ne lui était pas arrivé depuis longtemps.

Buchanan en fut quitte pour la peur, et, depuis ce jour, on ne l'appela plus que le roi du Kippen.

Jacques avait entendu dire que, dans certaines parties de l'Écosse, et particulièrement dans le Clydesdale, on avait remarqué que plusieurs rivières charriaient des parcelles d'or; il en conclut qu'il y avait des mines dans les environs; et, faisant venir des ingénieurs d'Allemagne, il leur fit explorer le terrain, où ils trouvèrent, en effet, un filon assez considérable d'or parfaitement pur, dont Jacques fit faire une monnaie à son effigie, que l'on appela *pièces à toque*, parce que le roi y était représenté avec une toque sur la tête. Or, comme ces mines étaient en pleine exploitation, Jacques invita un jour les ministres de France, d'Espagne et de Portugal à une grande partie de chasse dans la partie du Clydesdale où étaient situées ces mines, mais les prévenant d'avance qu'il faudrait qu'ils se contentassent pour leur dîner du gibier de ses forêts et du fruit de ses terres. Les ambassadeurs, qui connaissaient les difficultés de se procurer d'autres vivres dans une contrée si éloignée de la capitale, excusèrent d'avance le roi de cette sauvage hospitalité, et, comme la chasse était giboyeuse, acceptèrent avec grand plaisir la royale invitation. Toute la journée, les illustres convives chassèrent, guidés par le roi, et virent avec plaisir que la partie importante du dîner, c'est-à-dire le gibier, ne manquerait pas; mais, en pensant à la disposition du terrain, qui ne se composait que de forêts, de bruyères et de marais, ils se demandaient, quels fruits pourraient pousser sur un pareil sol. Cette incertitude dura tout le temps du dîner, qui fut servi tout en gibier, ainsi que l'avait promis le roi; puis, le moment du dessert venu, on apporta devant chaque convive un plat couvert; tous se regardaient avec étonnement, lorsque le roi les invita à découvrir les plats. Ils obéirent à cette invitation, et les trouvèrent pleins de *pièces à toque*. Alors le roi s'excusa sur la stérilité de la terre, qui ne lui permettait pas d'offrir autre chose que les fruits de ses mines à ses illustres invités. Ce dessert, si peu varié qu'il fût, n'en parut pas moins très-apprécié de ceux à qui il était offert.

Cette fastueuse hospitalité était un des caractères de l'époque. Quelque temps après avoir donné ce repas, Jacques fut invité à son tour, par le comte d'Athol, à venir passer, avec le légat du pape, trois jours sur ses terres. Le roi accepta, et se rendit à l'invitation qui lui était faite, accompagné de l'envoyé du saint-siége. Ils s'acheminaient ensemble vers le château du comte, lorsque des valets placés sur la route s'avancèrent vers le roi, et l'invitèrent respectueusement à les suivre, le comte d'Athol ayant momentanément changé le lieu de sa résidence. Le roi, qui se doutait de quelque surprise, ne fit aucune difficulté, et bientôt, au milieu d'une verte prairie, derrière laquelle s'étendait un bois assez considérable, il vit s'élever un château dont il n'avait aucune connaissance. Ce palais improvisé était flanqué de tours, et composé de cent chambres, toutes ornées des fleurs les plus belles et les plus inconnues. Il était, en outre, entouré d'une eau vive, dans laquelle nageaient les plus beaux poissons des lacs, tandis que le bois qui y attenait, fermé par un treillis, contenait un nombre incalculable de daims, de chevreuils et de cerfs. Trois jours, la fête dura avec une somptuosité digne d'un prince des *Mille et une Nuits*; puis, le soir du troisième jour, comme Jacques, enchanté de la réception qu'on lui avait faite, remontait à cheval avec le légat pour retourner à Stirling, le comte d'Athol prit une torche, et, pour éclairer la route du roi, mit le feu au château, qui fut brûlé avec tous les meubles qu'il contenait.

La vie de Jacques s'écoulait donc ainsi au milieu d'aventures étranges et de fêtes somptueuses, et son règne, commencé sous de tristes auspices, promettait une fin heureuse, lorsque la parole d'un homme né dans une autre partie du monde changea tout à coup la face de l'Europe : Luther parut, et la Réformation, née en Allemagne, franchit la mer et passa d'Angleterre en Écosse.

Un des premiers princes qui l'adoptèrent fut le roi Henri VIII. Ne pouvant obtenir du pape, qui craignait de se faire un ennemi de Charles-Quint, la rupture de son mariage avec Catherine d'Aragon, il avait saisi avec empressement cette occasion d'échapper à la censure pontificale. Mais ce n'était pas encore assez : comme tous les convertis à une foi nouvelle, il avait la manie de faire des prosélytes. En conséquence, il offrit à son neveu Jacques V la main de sa fille Marie, et le titre de duc d'York, s'il voulait adopter la religion réformée, et en faire en Écosse le culte de l'État.

Jacques balança un instant, à ce qu'on assure, entre son ancienne religion et la foi nouvelle; mais bientôt, réfléchissant que toute la haute instruction était renfermée dans le clergé, et que le clergé lui était, pour l'administration des affaires, bien autrement secourable que cette noblesse pleine d'arrogance qu'il avait eu tant de peine à dompter, il remercia Henri de ses offres, accorda une influence encore plus grande que celle dont ils jouissaient auparavant à l'archevêque Beaton, et à son neveu David Beaton, ses conseillers les plus intimes. Puis, tournant pour un mariage ses yeux vers la France, il obtint d'abord la main de Madeleine, fille de François Ier, qui mourut après quarante jours de mariage; puis enfin, celle de Marie de Guise, fille du duc de Guise, dont la famille était connue de toute l'Europe, non-seulement par sa foi, mais encore par son fanatisme pour la religion catholique.

Cependant l'exemple du souverain n'avait point été une loi pour ses sujets. Quelques savants écossais, qui avaient étudié sur le continent, avaient adopté la réforme de Calvin; ils revinrent chez eux pleins de l'ardeur de nouveaux néophytes, et, rapportant des exemplaires de l'Écriture sainte rédigés d'après le nouveau rit, se firent publiquement prédicateurs, et commencèrent à expliquer dans leurs prêches les points de controverse qui s'étaient élevés entre les huguenots et les catholiques romains.

Alors commencèrent les querelles religieuses, et

le caractère violent et implacable du roi, qui semblait s'être endormi dans une longue paix, se réveilla avec la guerre. Jeanne Douglas, sœur du comte d'Angus, accusée de magie, fut brûlée vive, et James Hamilton de Draphane, surnommé le bâtard d'Arran, *soupçonné* de haute trahison, fut exécuté sans que le crime eût même été prouvé. Ces deux exécutions remirent toute la noblesse en émoi, jalouse qu'elle était déjà de la préférence que Jacques accordait aux prêtres pour l'administration des affaires de son royaume; et, à compter de ce moment, il n'y eut plus pour le roi ni fêtes, ni chasses, ni voyages incognito.

Pendant ce temps, Henri pressait toujours son neveu d'adopter la religion réformée, avec tant d'instances, que Jacques, sans courir le risque de rompre tout à fait avec lui, ne put refuser un rendez-vous que son oncle lui donnait dans la ville d'York, où cette question capitale devait être débattue entre les deux souverains. Mais ses conseillers, craignant pour eux les résultats d'une pareille entrevue, employèrent si habilement l'influence que la jeune reine, qui venait de lui donner deux fils, avait sur le roi, que Jacques laissa passer le jour fixé pour le rendez-vous, et demeura tranquillement à Édimbourg, tandis que son oncle l'attendait pendant une semaine tout entière à York.

Henri n'était point de caractère à supporter tranquillement une pareille insulte. Aussi envoya-t-il à l'instant même, sur les frontières, une armée qui entra en Écosse, et qui mit tout à feu et à sang. Jacques, attaqué ainsi à l'improviste, fit un appel à sa noblesse, qui, malgré les causes de mécontentement qu'elle avait, ou qu'elle croyait avoir, oublia tout, du moment qu'il s'agissait de la défense du sol ; de sorte que, le 1ᵉʳ novembre 1542, Jacques se trouva dans les marches de son royaume avec trente mille hommes, à peu près.

Là, il apprit que le général anglais avait déjà repassé la frontière ; et, se trouvant à la tête d'une si belle armée, il résolut de le poursuivre à son tour, et de reporter à Henri la guerre que celui-ci lui avait apportée. Il rassembla donc sa noblesse pour lui faire part de son intention. Mais alors chaque chef lui déclara qu'il était venu à son appel parce qu'il était du devoir de tout Écossais de chasser l'ennemi de l'Écosse ; mais que, puisque les Anglais avaient évacué le territoire, ils ne les poursuivraient pas plus loin, ayant appris, par l'expérience qu'ils avaient faite à Flodden, le danger de pareilles excursions. Jacques, furieux, insista avec de grandes menaces ; mais, dans la nuit qui suivit cette altercation, les nobles se retirèrent chacun de son côté, avec leurs troupes, et, le lendemain, le roi se trouva seul avec sir John Scott de Thirlstane, qui lui offrit de l'accompagner partout où il voudrait aller.

Jacques le récompensa en lui permettant de coudre au chef de ses armes un faisceau de lances avec cette devise : *Toujours prêt !*

Mais ce dévouement était inutile ; aussi, Jacques, humilié de l'abandon où l'avait laissé sa noblesse, revint-il à Édimbourg, où il se renferma dans son palais, en proie au plus sombre découragement.

Une nouvelle désertion qui se manifesta dans une

autre armée de dix mille hommes qu'il avait envoyée dans les marches de l'Ouest sous la conduite de son favori sir Olivier Sainclair, vint porter un dernier coup à la constance du roi ; ce découragement, qu'on avait espéré voir disparaître, se changea peu à peu en une profonde mélancolie. Sur ces entrefaites, ses deux fils moururent.

Alors la vie du roi ne fut plus qu'un désespoir continuel, auquel le sommeil ne pouvait pas même apporter une trêve ; car à peine avait-il les yeux fermés, qu'une sanglante apparition se dressait devant lui : c'était le spectre de James Hamilton, ce farouche chef de montagnards, dont, sur un simple soupçon, il avait ordonné le supplice. Il lui semblait que le fantôme s'approchait de lui, et lui coupait l'un après l'autre les deux bras, puis s'éloignait en lui disant qu'il reviendrait bientôt lui couper la tête. En proie le jour à cette tristesse, la nuit à ce délire, Jacques se sentit enfin pris d'une fièvre brûlante, qui en quelques jours l'étendit sur un lit d'agonie. Il y était couché, lorsqu'on vint lui annoncer que la reine était accouchée d'une fille, et qu'ainsi, avec la grâce de Dieu, la couronne resterait dans sa branche descendante. Mais il secoua tristement la tête en disant :

— Par fille elle est venue, par fille elle s'en ira.

Puis, tournant la tête du côté du mur, il poussa le dernier soupir.

VII

Cette fille, née sous de si tristes auspices, était Marie Stuart.

Elle avait vu le jour le 7 décembre 1542, au château de Linlithgow, petite ville située à sept lieues d'Édimbourg. En arrivant au monde, elle trouva la calomnie, qui devait s'asseoir sur sa tombe, déjà debout auprès de son berceau. Le bruit se répandit qu'elle était contrefaite, et, lorsque, quelques jours après son sacre, qui eut lieu avant qu'elle eût atteint l'âge de neuf mois, l'ambassadeur de Henri VIII vint demander sa main pour le prince de Galles, qui n'avait lui-même que six ans, comme l'ambassadeur revenait plusieurs fois sur le bruit qui s'était répandu que la jeune princesse ne pourrait vivre, sa mère, Marie de Guise, la tira de son lit, la débarrassa de ses langes, et la mit nue sur le tapis. En voyant l'enfant royal s'y rouler et s'y débattre joyeusement, l'ambassadeur, à son grand regret peut-être, n'eut plus rien à dire, et Marie fut fiancée à Édouard.

Cependant ces fiançailles ne purent rassurer la régente; elle faisait partie d'une famille qui était née, qui avait grandi et qui devait mourir au milieu des factions. Les Guise étaient les Douglas de la France. Tour à tour soutiens et ennemis du trône, ils avaient appris à se défier des rois, à qui ils devaient donner si souvent occasion de se défier d'eux. Elle fit donc transporter la petite reine à Stirling, mettant auprès d'elle, pour la distraire dans sa précoce captivité, quatre jeunes filles nées le même jour qu'elle, et portant le même prénom qu'elle; c'étaient Marie Livingston, Marie Beaton, Marie Fleming et Marie Seyton. Ainsi, Marie commençait en prison une vie qu'elle devait finir en prison.

Deux ans après, le château de Stirling ne sembla plus à la reine une retraite assez sûre, et elle fit transporter la petite Marie dans une île au milieu du lac de Menteith; et un monastère fortifié, seul édifice qui s'élevât en ce lieu, servit d'asile au noble enfant qu'il était chargé de défendre à la fois par la force de ses murailles et par la sainteté de sa destination. C'est que, pendant cet intervalle, l'Écosse s'était peu à peu brouillée avec l'Angleterre, sa vieille ennemie, et avait renoué avec la France, son ancienne alliée. Il était même déjà question d'une alliance entre le jeune dauphin François, fils aîné de Henri II, et la fiancée d'Édouard; et, comme ces bruits se répandaient, Marie de Guise ne croyait pas pouvoir prendre trop de précautions pour la sûreté de sa fille. Bientôt ces bruits prirent une telle consistance, que, Henri VIII étant mort, le lord protecteur Somerset entra en Écosse avec une armée de dix-huit mille hommes, soutenue par une flotte nombreuse, et vint réclamer à main armée l'enfant pour laquelle deux peuples allaient s'égorger avant qu'elle sût même ce que c'était que la vie ou la mort.

Cependant les Écossais, animés par les exhortations de Marie de Guise et du comte d'Arran, rassemblèrent une armée si considérable, qu'elle formait presque le double du nombre de l'armée anglaise; malheureusement, comme toujours, cette armée était composée de soldats venus les uns de la plaine et les autres de la montagne, de clans sinon ennemis, du moins rivaux, et qu'une haine plus forte encore que celle qu'ils se portaient les uns aux autres avait momentanément réunis. Cependant, à la vue, cette assemblée militaire n'en était pas moins imposante. Quand le duc de Somerset, qui commandait en personne l'armée d'invasion, fut arrivé près du village de Muselbarth, et qu'il eut vu que toute l'armée écossaise était rangée en bataille en arrière de la petite rivière d'Esk, il reconnut qu'elle ne pouvait être forcée dans une pareille position, et s'arrêta tout court, espérant que ses ennemis commettraient quelqu'une de ces imprudences qui leur avaient presque toujours fait perdre leurs plus sûres batailles. Il ne s'était pas trompé. Le comte d'Arran, voyant ce mouvement d'hésitation, crut qu'il n'avait qu'à se porter en avant pour décider les Anglais à la retraite. En conséquence, il traversa l'Esk, donnant ainsi aux Anglais, qui étaient rangés en ligne sur une éminence, l'avantage du terrain, qu'il comptait compensé, et bien au delà, par celui du nombre. Les Écossais se rangèrent en bataille selon leur habitude, c'est-à-dire se formant en immenses carrés. Chaque homme avait au côté sa claymore et à la main sa lance; cette lance était longue de dix-huit pieds. Lorsqu'ils étaient en ligne et serrés les uns contre les autres, attendant le combat, chacun tenait sa lance debout; mais, lorsque l'ennemi chargeait sur eux, le premier rang mettant un genou en terre, abaissait la pointe de ses lances qu'il dirigeait contre les assaillants. Le second rang se courbait un peu et présentait de la même façon le fer de ses lances. Enfin le troisième rang, que l'on avait le soin de composer toujours d'hommes de haute taille, pointait également ses lances par-dessus la tête de ses compagnons. Il en résultait que, défendu par ses mille dards, le carré ressemblait à un hérisson gigantesque que l'on ne savait plus de quel côté attaquer.

Les Écossais ne manquèrent point cette fois à leur habitude, et, comme de coutume, ils s'en trouvèrent bien. Lord Gray, qui commandait la cavalerie anglaise, fut celui qui entama la bataille en se précipitant sur cette forêt homicide ; mais les cavaliers furent reçus à la pointe des lances écossaises : de sorte que, comme les lances anglaises étaient plus courtes de près de quatre pieds, tout le mal fut pour les assaillants, qui venaient s'enferrer, hommes et chevaux, sans pouvoir rendre le mal qu'on leur faisait. Trois fois cependant lord Gray revint à la charge, et trois fois il fut repoussé avec une perte considérable. Alors, voyant que ses hommes succomberaient jusqu'au dernier dans cette lutte où tout le péril était pour eux, il fit, d'après le conseil du duc de Warwick, avancer un corps d'archers et de fusiliers ; de sorte que ce furent les Écossais, à leur tour, qui se trouvèrent recevoir la mort sans pouvoir la rendre. Angus et ses soldats supportèrent plusieurs décharges successives avec un courage héroïque ; mais enfin, voyant qu'ils présentaient aux traits et aux balles de leurs ennemis un point de mire trop étendu, Angus ordonna un changement de front qui devait présenter une masse plus profonde, mais plus étroite. Le mouvement fut mal interprété du reste de l'armée, qui, croyant que son avant-garde battait en retraite, se mit à fuir, saisie d'une terreur panique. Lord Somerset profita de ce moment pour lancer toute sa cavalerie, et, comme, en fuyant, les Écossais jetaient ces longues lances qui les avaient si bien protégés tant qu'ils étaient restés en carrés, les Anglais en eurent bon marché dès ce moment. Le carnage fut d'autant plus terrible, que l'Esk, qui coulait derrière eux, leur offrait un seul pont pour toute retraite; en sorte que l'armée tout entière, se pressant à cette issue trop étroite, fut complétement mise en pièces. Le carnage fut si terrible, que, pendant l'espace de cinq milles carrés, on ne pouvait faire un pas sans mettre le pied sur un cadavre ou sur des boucliers et des lances que les fugitifs avaient jetés derrière eux afin de courir plus vite.

Cependant cette grande défaite produisit sur les Écossais un effet contraire à celui qu'elle eût produit sur tout autre peuple, tant était grande la haine qu'ils portaient aux Anglais. Édimbourg tout entière se souleva, et il arriva de tous côtés des bruits si menaçants de défense, que le duc de Somerset n'osa point s'avancer plus loin. Quant à la jeune Marie, pour que dans aucun cas elle ne pût devenir l'épouse d'Édouard IV, la régente décida qu'elle serait envoyée en France pour y être élevée, et qu'aussitôt nubile elle y deviendrait la femme du dauphin. De son côté, la France arriva au secours des Écossais avec une promptitude qui prouvait le prix qu'elle attachait à leur alliance ; ils reçurent en même temps un renfort de troupes commandées par le marquis d'Essé, et avec lequel ils reprirent immédiatement trois ou quatre châteaux qui étaient tombés entre les mains des Anglais après la bataille de Pinkie, et l'avis que M. de Brézé était parti de Brest pour venir recevoir, des mains de la régente, la jeune reine au château de Dumbarton. Marie y fut donc conduite, et, le 13 août 1548, monta à bord des galères françaises mouillées à l'embouchure de la Clyde; elle avait alors cinq ans et huit mois, et avait avec elle ses quatre Marie, trois de ses frères naturels, et, parmi ceux-ci, Jacques Stuart, prieur de Saint-André, le même qui devait devenir plus tard comte de Murray et régent d'Écosse.

La petite Marie aborda heureusement à Brest, après avoir été vivement poursuivie par une flotte anglaise, et, là, elle trouva une députation royale qui la conduisit aussitôt à Saint-Germain. Henri II l'y attendait, et la reçut en fille; puis, après l'avoir comblée de caresses pendant quelques jours, la fit conduire dans un couvent de Paris où étaient élevées les héritières des plus riches maisons de France.

Marie arrivait, au reste, dans la plus belle époque de notre ère moderne, et s'épanouissait, royale fleur de poésie, aux plus purs rayons de ce soleil civilisateur qui, pour la seconde fois, se levait sur le monde. Chaque nation était alors dans l'enfantement de quelque grande chose. Colomb venait de découvrir un monde ignoré, et Gama de retrouver un monde perdu. Luther et Calvin fondaient une réforme européenne. Raphaël et Michel-Ange avaient mérité, l'un le nom de divin, et l'autre celui de grand. Machiavel, Guichardin et Paul Jove continuaient Tacite et Suétone. L'Arioste et le Tasse écrivaient, après *l'Enfer* de Dante, les deux plus grands poëmes des âges modernes. Copernic et Galilée réglaient la marche du monde. Spencer posait les règles de la langue, Ben Johnson celles de la scène; et Shakspeare, prêt à s'élancer sur les planches ignobles dont il devait se faire un piédestal sublime, gardait les chevaux des spectateurs à la porte du théâtre du *Taureau rouge*.

La France, dont les Médicis avaient ouvert les portes à Benvenuto Cellini, au Primatice et à Léonard de Vinci, n'était point restée en arrière des autres peuples dans ce grand mouvement. Les Tuileries, artistiques et intellectuelles, Fontainebleau et Saint-Germain s'élevaient; Rabelais et Marot achevaient leur carrière, Ronsard et Montaigne commençaient la leur; Amyot traduisait les chefs-d'œuvre grecs dans son langage naïf et gracieux; Brantôme écrivait sa *Vie des grands capitaines*, et son *Histoire des dames galantes*; Dubellay et Jodelle étaient nés; Corneille, Rotrou et Molière allaient naître.

Ce fut au milieu de ces hommes élus que grandit Marie Stuart. Aussi elle avait quatorze ans à peine, que déjà, savante dans les langues anciennes et dans les arts modernes, elle récitait, dans une salle du Louvre, en présence de Henri II, de Catherine de Médicis et de toute la cour, une proposition latine de sa composition, dans laquelle elle soutenait qu'il sied aux femmes de cultiver les lettres, et que le savoir est pour elles ce que le parfum est pour les fleurs. Marie Stuart fut fort applaudie dans ce discours, car elle offrait en même temps et l'exemple et le précepte.

Sa vie s'écoulait donc heureuse et brillante près du roi Henri II, ce galant et martial chevalier, qui aimait tant les femmes, que l'on fit sur lui ce quatrain, à propos de la duchesse de Valentinois :

> Sire, si vous laissez, comme Charles désire,
> Comme Diane fait, par trop vous gouverner,
> Fondre, pétrir, mollir, refondre, retourner,
> Sire, vous n'êtes plus, vous n'êtes plus que cire!

et qui aimait tant la guerre, que sur la tranchée même d'une ville qu'il assiégeait et prenait fièrement d'assaut, M. le connétable, en le repoussant en arrière et en se jetant devant lui, lui dit un jour :

— Mordieu! sire, si vous voulez continuer cette vie, il ne faut pas que nous fassions plus de fond de vous que d'un oiseau sur la branche; et il nous faudra une forge neuve pour forger tous les jours de nouveaux rois, pour peu que vos successeurs veuillent en faire autant que vous en faites.

Il résultait de ce goût belliqueux, qu'à défaut de guerres réelles, qui cependant à cette époque ne manquaient pas, Henri II prenait plaisir aux guerres simulées : et cela était si bien connu de tous, qu'à son retour de Savoie, la ville de Lyon lui donna une fête, où, au dire de Brantôme, il y avait trois singularités fort belles : la première, qui était un combat à l'antique et à outrance de douze gladiateurs, dont six étaient vêtus de satin blanc et six de satin cramoisi; la seconde, qui était une grande naumachie ou combat naval de frégates, de nefs et de barques, commandées par deux grandes galères capitanes, dont l'une était verte, et l'autre blanche, noire et rouge; et dont enfin la troisième était une belle tragi-comédie, que le grand et magnifique cardinal de Ferrare, primat de la Gaule et archevêque de Lyon, donna dans une salle qu'il avait, pour cette circonstance, fait tendre et arranger comme un théâtre.

Aussi tout était occasion de fêtes et de tournois pour la cour de France; et, lorsque, le 24 décembre 1558, Marie avait épousé le dauphin, Henri II, son père, avait pris si grand plaisir aux bals et joutes qui avaient eu lieu à cette occasion, qu'il résolut de renouveler ces solennités à propos du mariage d'Élisabeth, sa fille, avec Philippe II, et de Marguerite, sa sœur, avec le duc de Savoie.

Pour donner plus de développement à ce combat, Henri II désigna le clos des Tournelles, qui était situé dans la rue Saint-Antoine, et choisit pour tenir avec lui, contre tout venant, M. de Guise, M. de Nemours et M. de Ferrare.

Le 10 juillet 1559 arriva; c'était le jour désigné pour la joute. Le roi Henri II portait une livrée blanche et noire, laquelle, pour l'amour de la belle veuve qu'il servait, était sa livrée ordinaire.

M. de Guise avait sa livrée blanche et incarnat, qu'il ne quittait jamais et qu'il portait en l'honneur d'une fille de la cour dont il était amoureux.

M. de Nemours avait sa livrée habituelle, c'est-à-dire jaune et noire, et il avait pris ces deux couleurs, qui voulaient dire plaisir et fermeté, par la raison qu'étant l'amant d'une des plus belles dames de France, aucune ne lui pouvait donner plus de plaisir, comme aussi, de son côté, devait-il lui être ferme et fidèle, n'ayant aucune chance de rencontrer mieux ailleurs.

Enfin, M. de Ferrare avait sa livrée jaune et noire; mais, quant à lui, nul ne dit pourquoi il était vêtu ainsi, et si c'était par sentimentalité ou par caprice.

Toute la journée, le roi et ses trois partenaires tinrent contre tout venant; et cela en bons et braves chevaliers et aux grands applaudissements de toute la cour; puis, comme le soir arrivait et que le tournoi était presque fini, l'infatigable Henri voulut rompre encore une lance, et envoya dire à Gabriel de Lorges, comte de Montgomery, qu'il comparût à son tour et se mît en lice, car il voulait courir contre lui. Si grand que fût cet honneur, soit pressentiment, soit paresse, Montgomery pria le roi de l'en dispenser, n'étant point dans l'intention de combattre cette journée et ne s'étant point muni de cheval, d'armure ni de lance. Mais Henri, poussé par son mauvais destin, insista, disant que Montgomery était de la taille de M. de Nemours, et qu'il trouverait tout ce dont il aurait besoin sous la tente de ce dernier. Cependant Montgomery n'en persista pas moins dans son refus, tandis que Catherine de Médicis, de son côté, voyant que l'heure du souper approchait, fit dire au roi qu'il avait assez jouté dans la journée, et qu'elle le priait, pour l'amour d'elle, de ne plus courir. Mais le roi, au contraire, lui fit répondre que, pour l'amour d'elle, il romprait cette lance qui serait la dernière; et la reine eut beau le prier, par M. de

Savoie, qu'il lui fît le plaisir de tout quitter et de venir la rejoindre, il s'obstina à rester à cheval dans la lice, et, s'adressant de nouveau à Montgomery, il ne l'invita plus, mais lui ordonna de descendre; il n'y avait plus moyen de refuser.

Montgomery, forcé d'obéir, se rendit à la tente de M. de Nemours, prit une de ses armures, choisit la lance la plus faible qu'il trouva, afin que le combat fût aussi court que possible. Puis, étant sorti de la tente, il fit boucler sa targe, s'élança sur son cheval, tourna autour de la lice, et entra par le côté opposé à celui où l'attendait Henri II.

A peine le roi le vit-il paraître, qu'il le railla joyeusement sur le retard qu'il avait mis à descendre; mais Montgomery ne lui répondit rien autre chose que ces paroles :

— Vous l'avez ordonné, sire, il a bien fallu que j'obéisse.

Et, mettant sa lance en arrêt, il attendit le signal, et, aussitôt qu'il fut donné, les deux champions coururent l'un sur l'autre.

Arrivés au milieu de la lice, ils se rencontrèrent avec une telle force, que les deux lances se brisèrent, celle de Henri en trois morceaux, et celle de Montgomery à quelques pouces du fer; mais, par un hasard fatal, cette extrémité, qui, par la manière dont le bois avait éclaté, s'était effilée comme une lance, pénétra dans la visière du roi, et lui entra profondément dans l'œil. Henri se renversa aussitôt en arrière et tomba de cheval, lâchant le tronçon de sa lance.

Montgomery, qui vit bien que le roi était blessé, sauta à bas de son cheval, et, avec l'aide de M. de

Montmorency, qui était un des maréchaux du camp, il le souleva et détacha son casque : l'éclat de bois était resté dans la plaie, et, comme ni l'un ni l'autre n'osaient y toucher, Henri le prit et l'arracha lui-même. Ce fut alors qu'on put juger combien la plaie était dangereuse, puisqu'on voyait au sang que l'éclat avait pénétré de deux ou trois pouces.

Cependant Henri ne perdit point connaissance, et, tendant la main à Montgomery :

— Soyez tous témoins, dit-il à ceux qui l'entouraient, que, quelque chose qu'il arrive de cette blessure, je pardonne à celui qui me l'a faite ; d'ailleurs, c'est moi qui l'ai contraint à cette joute, qu'il ne voulait pas accepter.

On emporta le roi au milieu de la désolation générale, chacun implorant l'aide de Dieu et le secours des hommes ; mais prières et science, tout fut inutile, et, au bout de quelques jours, Henri mourut.

On grava ce vers sur sa tombe :

Quem Mars non rapuit, Martis imago rapit.

Lorsque Henri II mourut, c'était un triste présage pour les noces d'Élisabeth et pour le règne de Marie Stuart, et qui ne se démentit ni pour l'une ni pour l'autre.

Le 10 juin 1560, la régente d'Écosse mourut à son tour, et Marie Stuart n'avait point encore quitté le deuil de sa mère, qu'il lui fallut prendre celui de son mari. A dix-huit ans, elle se trouvait douairière de France, reine d'Écosse et prétendante au trône d'Angleterre, auquel elle avait, comme petite-fille de

Henri VII, autant et même plus de droits qu'Élisabeth, qui avait été exclue de la couronne par son père lui-même, lequel l'avait déclarée illégitime lors du procès d'Anne Boleyn, sa mère.

VIII

La mort prématurée de François II venait surprendre Marie Stuart dans toute la fleur de sa jeunesse et dans tout l'éclat de sa beauté. Elle pleura cette mort comme une femme et la chanta comme un poète. Brantôme, dans son admiration pour elle, nous a conservé la douce et tendre complainte qu'elle fit à cette occasion, et qui peut se comparer aux plus belles poésies de cette époque. La voici :

> En mon triste et doux chant,
> D'un ton fort lamentable,
> Je jette un deuil tranchant
> De perte incomparable,
> Et en souspirs cuisants
> Passe mes meilleurs ans.
>
> Fut-il un tel malheur
> De dure destinée,
> Ny si triste douleur
> De dame fortunée,
> Qui mon cœur et mon œil
> Vois en bière et cercueil?
>
> Qui en mon doux printemps
> Et fleur de ma jeunesse,
> Toutes les peines sens
> D'une extresme tristesse,
> Et en rien n'ay plaisir,
> Qu'en regret et désir?

Ce qui m'estoit plaisant
Ores m'est peine dure;
Le jour le plus luisant
M'est nuit noire et obscure,
Et n'est rien si exquis
Qui de moy soit requis.

J'ai au cœur et à l'œil
Un portraict et image
Qui figure mon deuil
En mon pasle visage,
De violette taint,
Qui est l'amoureux teinct.

Pour mon mal estranger (1),
Je ne m'arreste en place;
Mais j'ay eu beau changer,
Si ma douleur n'efface;
Car mon pis et mon mieux
Sont les plus déserts lieux.

Si en quelque séjour,
Soit en bois ou en prée,
Soit sur l'aube du jour,
Ou soit sur la vesprée,
Sans cesse mon cœur sent
Le regret d'un absent.

Si parfois vers ces lieux
Viens à dresser ma veue,
Le doux traict de ses yeux
Je vois en une nue;
Soudain je vois en l'eau,
Comme dans un tombeau.

Si je suis en repos
Sommeillant sur ma couche,

(1) Distraire.

J'oy qu'il me tient propos,
Je le sens qu'il me touche.
En labeur, en reçoy,
Tousjours est prest de moy.

Je ne vois autre object,
Pour beau qu'il se présente,
A qui que soit subject,
Oncques mon cœur consente,
Exempt de perfection,
A cette affection.

Mets, chanson, icy fin
A si triste complainte
Dont sera le refrein :
Amour vraye et non feinte,
Pour la séparation
N'aura diminution.

On comprend que de si doux vers, dits par une aussi belle bouche, devaient faire tourner la tête à tous ceux qui voyaient et entendaient Marie, soit à son luth, dont elle jouait merveilleusement, soit à son clavecin, dont elle touchait avec une mélodie à laquelle les plus grands musiciens n'eussent pu atteindre, n'ayant pas son âme. Aussi tous ceux qui la voyaient en devenaient-ils amoureux, et chacun lui paya-t-il son tribut à la cour, depuis M. de Damville, qui lui offrit sa main, jusqu'à M. de Maisonfleur, qui fit pour elle ces vers :

L'on void, sous blanc atour,
En grand deuil et tristesse,
Se pourmener mainct tour
De beauté la déesse,

Tenant le traict en main
De son fils inhumain,
Et Amour, sans fronteau,
Voleter autour d'elle,
Desguisant son bandeau
En un funèbre voile
Où sont ces mots escrits :
« Mourir ou estre pris. »

Cependant tous ces hommages dans un moment où elle était si peu disposée à les recevoir, fatiguèrent Marie, qui se retira à Reims, près de son oncle, le cardinal de Lorraine, archevêque de cette ville. Là, elle apprit tous les changements religieux qui se faisaient en Écosse, où le parti protestant prenait chaque jour une nouvelle influence. Le cardinal de Lorraine, qui était profondément zélé pour la religion catholique, pensa alors qu'il serait urgent pour le bien de l'Église que Marie, dont il connaissait la foi éclairée et constante, retournât en Écosse. En conséquence, il fit demander un sauf-conduit pour elle à Élisabeth, qui le refusa. On annonça cette nouvelle à Marie, qui répondit en souriant :

— J'ai bien échappé au frère pour venir en France, j'échapperai bien à la sœur pour retourner en Écosse.

Et, comme son oncle lui proposait de laisser ses pierreries, lui promettant de les lui faire passer par une voie sûre :

— Quand j'expose ma personne, répondit-elle, je puis bien, ce me semble, exposer quelques bijoux.

Marie disait toutes ces choses par force d'âme et par puissance de caractère; mais la vérité est qu'elle eût mieux aimé rester simple douairière de son Poitou et de sa Touraine que de retourner en son royaume d'Écosse. De son côté, le jeune roi Charles IX avait grande envie de la retenir en France ; car, tout enfant qu'il était, il en était fort amoureux, si bien qu'il passait quelquefois des heures entières les yeux fixés sur son portrait, disant que Marie était la plus belle princesse qui fût au monde, et qu'il voudrait être mort comme François, et couché à sa place dans son tombeau, après l'avoir possédée comme lui pour femme pendant un an. Comme on lui faisait observer que c'était sa belle-sœur, et qu'il avait tort de se laisser aller à de telles idées, il répondait qu'on n'avait que faire de s'inquiéter de cette parenté, que c'était une affaire à démêler entre lui et le pape, et que, lorsqu'il serait en âge de se marier, Sa Sainteté ne lui refuserait certainement pas à lui, roi, une dispense qu'elle avait accordée à M. de Love et au marquis d'Aguilar. Il en résulta que le voyage de Marie, qui avait été décidé pour le printemps, fut remis de mois en mois, si bien qu'elle ne partit de Paris que vers la fin de juillet. Au reste, ce printemps avait été si froid et si triste, que les beaux esprits avaient fait là-dessus force sonnets et madrigaux, disant qu'il n'avait voulu se parer ni de sa verdure ni de ses fleurs, pour témoigner du deuil que lui causait la perte de la reine de toutes ses roses.

Marie arriva à Calais, accompagnée de ses oncles, de M. de Nemours, de M. de Damville, de Brantôme et d'une multitude d'autres seigneurs de la cour, parmi lesquels était un jeune homme, nommé Chatelard, neveu du chevalier sans peur et sans reproche, beau chevalier et gentil poëte. Elle trouva dans le port de cette ville deux galères qui l'attendaient, l'une sous les ordres de M. de Mévillon, et l'autre sous le commandement du capitaine Albize. Marie resta six jours à Calais, tant ceux qui l'avaient accompagnée jusque-là, arrivés au terme fatal, avaient peine à se séparer d'elle. Enfin, le 15 août 1561, elle monta sur la galère de M. de Mévillon, qui était la plus belle et la meilleure, ayant près d'elle MM. d'Aumale et d'Elbeuf, M. de Damville, Brantôme, Chatelard, et plusieurs autres encore qui la voulurent accompagner jusqu'en Écosse.

Mais, de même que l'Écosse ne pouvait la consoler de la France, ceux qui venaient avec elle ne pouvaient lui faire oublier ceux qu'elle quittait; aussi était-ce ceux-là qu'elle semblait aimer le plus. Debout, à la proue de la galère, pendant que les rames l'entraînaient hors du port, elle ne cessait de saluer de son mouchoir, qu'elle tenait à la main, et dont elle essuyait ses larmes, les parents et les amis qu'elle laissait sur le rivage. Enfin elle entra en pleine mer, et, là, sa vue fut attirée malgré elle vers un bâtiment qui allait rentrer dans le port d'où elle sortait, et qu'elle suivait des yeux, enviant sa destinée, lorsque tout à coup le navire se pencha en avant, comme s'il eût reçu un choc sous-marin, et, tremblant depuis sa mâture, commença, au milieu des cris de son équipage, à s'enfoncer dans la mer; ce qui se fit si rapidement, qu'il avait disparu avant que la galère de M. de Mévillon eût pu lancer sa barque à son secours. Un instant, on vit surnager, à l'endroit où s'était abîmé le vaisseau, quelques points noirs qui se maintinrent un instant sur la surface de l'eau, puis s'enfoncèrent les uns après les autres, avant qu'on pût arriver jusqu'à eux, quoique l'on fît force de rames; si bien que la barque revint sans avoir pu sauver un seul naufragé, et que Marie Stuart s'écria :

— O mon Dieu, Seigneur ! quel augure de voyage est-ce que celui-ci ?

Pendant ce temps, le vent avait fraîchi, et la galère commençait de marcher à la voile, ce qui permettait à la chiourme de se reposer; de sorte que, voyant qu'elle s'éloignait rapidement de la terre, Marie Stuart s'appuya sur la muraille de la poupe, les yeux tournés vers le port, la vue obscurcie par de grosses larmes, et ne cessant de répéter :

— Adieu, France ! adieu, France !

Elle resta ainsi près de cinq heures, c'est-à-dire jusqu'au moment où la nuit commença de tomber; et sans doute elle n'eût point pensé à se retirer d'elle-même, si l'on ne fût venu la prévenir qu'on l'attendait pour souper. Alors, redoublant de pleurs et de sanglots :

— C'est bien à cette heure, ma chère France ! dit-elle, que je vous perds tout à fait, puisque la nuit, jalouse de mon dernier bonheur, apporte son voile noir devant mes yeux, pour me priver d'un tel bien. Adieu donc, ma chère France, je ne vous verrai jamais plus !

Puis, faisant un signe à la personne qui l'était venue chercher qu'elle allait descendre près elle, elle prit ses tablettes, en tira un crayon, s'assit sur un banc, et, aux derniers rayons du jour, écrivit ces vers si connus :

>Adieu, plaisant pays de France,
> O ma patrie
> La plus chérie,
>Qui as nourri ma jeune enfance !
>Adieu, France! adieu, mes beaux jours!
>La nef qui déjoint nos amours
>N'a eu de moi que la moitié :
>Une part te reste, elle est tienne ;
>Je la fie à ton amitié,
>Pour que de l'autre il te souvienne.

Puis alors elle descendit enfin, et, s'approchant des convives qui l'attendaient :

— J'ai fait tout le contraire de la reine de Carthage, dit-elle; car Didon, lorsque Énée s'éloigna d'elle, ne cessa de regarder les flots, tandis que, moi, je ne pouvais détacher mes yeux de la terre.

On l'invita alors à s'asseoir et à souper; mais elle ne voulut rien prendre, et se retira dans sa chambre, en recommandant au timonnier de la réveiller au jour, si l'on voyait encore la terre. De ce côté, du moins, la fortune favorisa la pauvre Marie; car, le vent étant tombé, le bâtiment ne marcha toute la nuit qu'à l'aide de rames ; de sorte que, lorsque le jour revint, on était encore en vue de la France. Le timonnier entra donc dans la chambre de la reine, ainsi qu'elle le lui avait ordonné; mais il la trouva éveillée, assise sur son lit, et regardant par la fenêtre ouverte le rivage bien-aimé qu'elle quittait avec tant de douleur.

Cependant cette dernière joie ne fut pas longue, le vent fraîchit, et bientôt l'on perdit de vue la France. Marie n'avait plus qu'un espoir : c'est qu'on apercevrait au large la flotte anglaise, et qu'on serait obligé de rebrousser chemin; mais ce dernier espoir fut bientôt perdu comme les autres : un brouillard si épais qu'on ne pouvait se voir d'un bout de la galère à l'autre s'étendit sur la mer, et cela comme par miracle; car, ainsi que nous l'avons dit, on était encore en plein été. On naviguan donc au hasard, courant le danger de faire fausse route, mais aussi ayant la chance d'échapper plus facilement à l'ennemi. En effet, le troisième jour, le brouillard se dissipa, et l'on se trouva au milieu de roches où sans aucun doute la galère se fût brisée si l'on eût fait deux encablures de plus. Le pilote alors prit hauteur, reconnut qu'il était sur les côtes d'Écosse, et, ayant tiré très-habilement le navire des récifs où il était engagé, il aborda à Leith, près d'Édimbourg. Les beaux esprits qui suivaient la reine dirent qu'on avait pris terre par le brouillard dans un pays brouillé et brouillon.

La reine n'était nullement attendue; aussi lui fallut-il, pour gagner Édimbourg, se contenter, pour elle et pour sa suite, de pauvres baudets mal harnachés, dont quelques-uns étaient sans selle, et n'avaient d'autres brides et étriers que des cordes. Marie ne put s'empêcher de comparer ces pauvres haquenées aux magnifiques palefrois de France qu'elle était habituée à voir caracoler aux chasses et aux tournois; elle versa quelques larmes de regret en comparant le pays qu'elle quittait avec celui où elle venait d'entrer. Mais bientôt, essayant de sourire à travers ses pleurs, elle dit elle-même que, puisqu'elle avait échangé son paradis contre un enfer, il lui fallait bien prendre patience.

Le soir, elle eut grand besoin de mettre ce précepte en application ; car ses nouveaux sujets, dans la bonne intention de lui donner une idée de la joie qu'ils avaient de la revoir, vinrent sous les fenêtres de l'abbaye d'Holyrood, où elle était logée, et, là, dit Brantôme, cinq ou six cents marauds de la ville lui donnèrent l'aubade avec de méchants violons et de petits rebecs dont il n'y a faute en ce pays-là, et se mirent à chanter des psaumes si mal chantés et si mal accordés, qu'on ne pouvoit rien entendre de pire.

IX

Dès le lendemain, la reine trouva tout changé autour d'elle. L'Écosse n'était plus de sa religion. Le parlement avait proscrit le culte catholique, qui était le sien; et, comme elle entendait la messe dans la chapelle du château, l'indignation du peuple en fut si vivement excitée, qu'une troupe d'hommes armés entra dans l'église pour massacrer le prêtre ; ce qui serait infailliblement arrivé si le prieur de Saint-André, saisissant une épée, ne se fût jeté entre les assaillants et le prêtre, et si celui-ci ne se fût réfugié derrière la reine, qui, se levant pleine de dignité et de force, l'abrita sous sa majesté.

— Hélas ! dit alors Marie, voilà, de la part de mon peuple, un beau commencement d'obéissance et de respect; quelle en sera la fin ? Si j'en crois mes pressentiments, elle sera triste et malheureuse.

Cependant cette espèce d'émeute eut cela de bon, qu'elle indiqua à Marie la marche qu'elle devait suivre, et que, cédant à cet avertissement, la reine appela toute sa prudence à son aide, et, se servant des moyens de séduction qu'elle avait reçus du ciel, elle captiva entièrement le peuple par son affabilité et les grands par sa déférence. Ainsi, lorsqu'elle assistait au conseil, occupée de quelque ouvrage d'aiguille, comme il convient à une femme, ce n'était point pour donner impérieusement son avis, mais pour consulter modestement les hommes d'État qui avaient l'habitude de cette foule turbulente sur laquelle il lui fallait opérer. Il en résulta que, quoique la religion de la majeure partie de ses sujets ne fût point la sienne, Marie n'entreprit rien de contraire à la religion nouvelle, se contentant, pour toute opposition, de ne point ratifier la confiscation des biens du clergé catholique, décrétée par le parlement de 1560. Cependant, au fond du cœur, la reine regardait le triomphe de la religion réformée comme un arrangement temporaire auquel elle était forcée momentanément de se soumettre, mais qu'elle n'attendait que l'occasion de changer en défaite, en rendant le dessus au parti catholique, qu'en sa qualité de Guise, elle ne pouvait, sans une douleur profonde, voir opprimer sous ses yeux.

Cependant, par un concours de circonstances bizarre, le premier coup mortel que porta Marie fut à un seigneur catholique. La reine, comme nous l'avons dit, était fort attachée au prieur de Saint-André, son frère naturel, à qui elle avait donné le titre de comte de Mar, auquel il avait quelques droits, sa mère étant une fille de cette illustre maison. Mais bientôt l'ambition naissante du futur régent ne se borna point là, et il désira le titre de comte de Murray, qui était vacant depuis la mort du célèbre Thomas Randolph. Marie, qui ne savait rien lui refuser, le lui accorda comme elle avait fait de l'autre.

Ici se présentait une grave difficulté : les grands biens qui dépendaient de ce comté septentrional étaient, depuis l'extinction de leurs premiers maîtres, redevenus domaines de la couronne; de sorte que les seigneurs voisins avaient profité des troubles de l'Écosse pour empiéter dessus, et que le comte de Huntly, entre autres, en avait fait la meilleure partie de son revenu. Ce comte de Huntly était un homme brave, jouissant d'un pouvoir très-étendu sur les comtés du Nord, et faisant partie, comme nous l'avons dit, du petit nombre de seigneurs qui étaient restés fidèles à la religion catholique; il était, de plus, après les Hamilton, le plus proche allié de la famille royale.

Mais Murray, de son côté, n'était point homme à céder à de pareilles considérations, et à se contenter d'un titre qui ne serait point accompagné de toute la puissance qui en dépendait. Il annonça donc que la reine allait faire un voyage de bon retour dans ses comtés du Nord, et, sous le prétexte de la faire accompagner d'une escorte proportionnée à son rang, il l'entoura d'une véritable armée, il s'avança avec elle, campant par les plaines ou logeant chez ses vassaux. Cette manière de présenter à ce peuple guerrier, sous le costume d'une amazone et partageant toutes les fatigues d'une marche militaire, la reine qu'on lui avait peinte comme une enfant gâtée à la cour de France, était d'une excellente politique. Marie, au reste, seconda à merveille ce dessein, emportée qu'elle était par son inclination personnelle pour les exercices violents et belliqueux, en répétant à chaque halte qu'elle regrettait fort de ne pas être un homme pour dormir à la belle étoile, porter une cotte de mailles sur la poitrine, un casque en tête, un bouclier au bras et une épée au côté.

Marie et Murray firent la route avec une telle rapidité, que Huntly fut presque surpris par eux. Son fils, sir John Gordon, qui venait d'être condamné à un emprisonnement d'un mois pour quelques abus de pouvoir, lui était une preuve que la nouvelle reine, conseillée par son frère, ne céderait rien de ses prétentions royales. Il résolut donc de se soumettre, en apparence du moins, et vint au-devant de la reine, l'invitant à accepter l'hospitalité chez lui comme chez un de ses sujets les plus dévoués. Malheureusement, comme Huntly faisait ces protestations à Marie, un de ses officiers lui refusait l'entrée du château d'Inverness, qui était cependant une résidence royale. Il est vrai que Murray, pour ne pas laisser enraciner de pareilles habitudes de rébellion, enleva le château de vive force, et fit pendre le gouverneur aux créneaux de la plus haute tour.

Huntly eut l'air d'applaudir à cette exécution; mais, ayant, le lendemain, appris que son fils s'était échappé de sa prison et avait fait un appel à ses vassaux, il craignit d'être considéré comme l'instigateur ou tout au moins le complice de ce mouvement, et s'enfuit pendant la nuit. Huit jours après, Marie et Murray apprirent que Huntly avait rassemblé une armée, et marchait sur Aberdeen, semant des proclamations, dans lesquelles il disait qu'il agissait au nom de la reine et pour la tirer de la tutelle où la tenait son frère. C'était, au reste, la tactique constamment employée, pendant les minorités ou sous les règnes de femmes, par les lords rebelles, de sorte que, comme on y était habitué, ceux-là seuls en furent dupes dont c'était l'intention de l'être.

Murray et Marie marchèrent contre Huntly, et le joignirent près de Cowicchic. La victoire fut chaudement disputée; mais enfin elle resta à Murray. Huntly, qui était très-gros et très-lourd, perdit les arçons dans sa fuite, tomba à terre, et, ne pouvant se relever, tout étourdi qu'il était de sa chute, fut écrasé sous les pieds des chevaux. John Gordon, fait prisonnier, eut la tête tranchée, et un second frère, pauvre enfant qui n'avait encore que quatorze ans et quelques mois, fut jeté en prison pour y attendre sa quinzième année. Le jour où elle fut accomplie, comme il avait atteint l'âge auquel un condamné peut mourir, il fut conduit à l'échafaud rouge encore du sang de son aîné, et, sans pitié, sans miséricorde, exécuté comme lui.

Cette expédition, dans laquelle les Écossais ne virent rien autre chose que la destruction d'une puissante famille catholique, ne contribua pas médiocrement à rétablir la popularité de Marie. Quant à la noblesse, elle y vit la résolution bien arrêtée, de la part du pouvoir, de ne point laisser empiéter sur ses droits. De sorte que, pendant quelque temps, sauf les prédications frénétiques de John Knox, qui ne cessa jamais d'appeler Marie *la nouvelle Jézabel*, tout fut assez tranquille en Écosse. C'est dans cette période de calme qu'advint l'aventure qui coûta la vie à Chatelard.

Comme nous l'avons dit, plusieurs Français avaient suivi la reine, et dans ce nombre était M. de Damville, qui, si l'on se le rappelle, n'aspirait à rien de moins que la main de Marie Stuart. Si une pareille prétention pouvait être justifiée chez un homme qui n'était point de famille royale, c'était certes chez celui qui réunissait une aussi haute naissance à un aussi grand courage, et qui voyait déjà en perspective l'épée de connétable. Aussi, lorsque, après trois mois de séjour à la cour d'Écosse, M. de Damville fut rappelé en France pour aller prendre le gouvernement du Languedoc, où force troubles de religion éclataient, il quitta Marie en conservant l'espoir de la revoir bientôt, rapproché d'elle encore par la première charge du royaume. Mais, comme il savait combien avec facilité on oublie les absents, il laissa près d'elle, pour plaider ses intérêts, un jeune homme de sa maison en qui il avait toute confiance. Ce jeune homme était Chatelard.

Le choix du duc ne pouvait être plus malheureux. Depuis trois ans, Chatelard aimait Marie, et, constamment retenu par la difficulté de la voir en particulier, il avait dissimulé son amour. Mais, devenu le confident de M. de Damville, pour lequel la reine avait quelque penchant, cette difficulté de se trouver en tête-à-tête avec la reine disparut, et, comme Chatelard, en sa double qualité de poëte et de gentilhomme, ne manquait pas de confiance en lui-même, il commença peu à peu à sacrifier les intérêts qu'il était chargé de représenter pour pousser les siens en avant. Marie Stuart, habituée au langage des courtisans, ne s'aperçut point de ce qu'il y avait de réel dans les allégories dont Chatelard enveloppait ses déclarations quotidiennes. Ce que voyant Chatelard, il substitua les vers à la prose, et, pensant qu'il serait enfin compris en parlant cette langue divine si familière à Marie, il lui remit les strophes suivantes :

    Antres, prés, monts et plaines,
    Rochers, forêts et bois,
    Ruisseaux, fleuves, fontaines,
    Où perdu je me vois,
    D'une plainte incertaine,
    De sanglots toute pleine,
      Je veux chanter
    La misérable peine
    Qui me fait lamenter.

    Mais qui pourra entendre
    Mon soupir gémissant,
    Ou qui pourra comprendre
    Mon ennui languissant?
    Sera-ce cet herbage,
    Ou l'eau de ce rivage,
      Qui, s'écoulant,
    Porte de mon visage
    Le ruisseau distillant?

    Ou ces sombres vallées,
    Où je vois mainte fois
    Les sœurs échevelées
    Sauteler sous mes doigts?
    Ou les déserts, repaires
    De ces lieux solitaires,
      Et indiscrets
    Qui sont dépositaires
    De mes piteux regrets

Mais non ! car de la plaie
Cherche en vain guérison
Qui pour secours essaie
Aux choses sans raison.
Il vaut mieux que ma plainte
Raconte son atteinte
  Amèrement,
A toi, qui as contrainte
Mon âme en ce tourment.

O déesse immortelle !
Écoute donc ma voix,
Toi qui tiens en tutelle
Mon pouvoir sous tes lois,
Afin que, si Marie
Se voit en bref carie,
  Ta cruauté
La confesse périe
Par ta seule beauté.

On voit bien que ma face
S'écoule peu à peu
Comme la froide glace
A la chaleur du feu.
Et néanmoins la flamme
Qui me brûle et m'enflamme
  De passion
N'émeut jamais ton âme
D'aucune affection.

Et cependant ces arbres
Qui sont autour de moi,
Ces rochers et ces marbres
Savent bien mon émoi.
Bref, rien dans la nature
N'ignore ma blessure,
  Hors seulement
Toi qui prends nourriture
De mon cruel tourment.

7.

> Mais, si t'est agréable,
> De me voir misérable,
>   En tourment tel,
> Mon malheur déplorable
> Soit alors immortel.

Marie prit ces vers sans leur reconnaître d'autre importance que celle que leur donnait leur mérite poétique. Sous ce rapport, elle en fit le cas qu'ils méritaient, et, le soir même, elle les montra publiquement à toutes les personnes qui composaient son cercle habituel, faisant sur eux les compliments les plus sincères à Chatelard.

Mais ce n'était point cela que désirait l'aventureux jeune homme. Cette fois, l'orgueil du poëte le cédait aux désirs de l'amant. Et ce n'était pas des louanges de Marie qu'il avait soif, c'était de son amour. Il résolut donc, repoussé qu'il était constamment par l'affectation que mettait la reine à ne le pas comprendre, de tout risquer pour tout obtenir, et, un soir, s'étant introduit dans la chambre de Marie, il se cacha sous le lit.

La reine, sans défiance, venait de rentrer chez elle avec ses femmes, et commençait à se déshabiller, lorsque son chien, qui était un petit épagneul qu'elle aimait beaucoup, et qu'elle tenait alors dans ses bras, se mit à japper avec acharnement en tournant la tête du côté de l'alcôve. Marie d'abord n'y fit point attention; mais, voyant la persistance de son chien, elle le posa à terre. Il s'élança aussitôt vers le lit, et une des femmes, s'étant baissée, aperçut Chatelard.

La reine fit au chevalier une grave et sévère remontrance; mais, ne voulant point ébruiter la chose, de peur qu'elle n'allât trop loin, elle recommanda à ses femmes de garder le silence sur cette aventure. Effectivement, contre toute apparence, elle ne transpira point. Mais il résulta de ce silence même que Chatelard demeura convaincu que, sans les femmes de la reine qui se trouvaient là, le pardon de Marie eût été plus complet encore; de sorte qu'au lieu de combattre son fol amour, il ne chercha qu'une nouvelle occasion d'en obtenir la récompense.

Cette récompense fut terrible. Un mois après l'événement que nous venons de raconter, Chatelard fut trouvé une seconde fois caché dans la chambre de la reine. Et, cette fois, Marie, craignant qu'on ne la crût complice de tant d'audace, dénonça le coupable à son frère. Chatelard, déféré à une cour de justice, fut déclaré coupable du crime de lèse-majesté et condamné à la peine de mort.

Alors Marie eut grand regret de ne point avoir agi cette fois comme la première; mais il était trop tard; son droit de grâce, appliqué en cette circonstance, pouvait être funeste à son honneur. Chatelard, condamné, marcha à la mort.

Arrivé à l'échafaud, qui était situé sur la grande place d'Édimbourg, Chatelard, qui avait refusé le secours d'un prêtre, se fit lire l'ode de Ronsard sur la mort, et, ayant écouté avec une admiration profonde et une attention soutenue, il se tourna vers les fenêtres de Marie Stuart, et, s'étant écrié : « Adieu, la plus belle et la plus cruelle princesse qui soit au monde ! » il posa sa tête sur le billot;

alors le bourreau leva sa hache et le décapita du premier coup.

Marie avait été d'autant plus contrainte à cette sévérité, qu'elle déplora amèrement, que, depuis quelque temps, le parlement la poussait à se marier, et que, le bruit qu'elle y consentait s'étant répandu, plusieurs princes des premières maisons souveraines d'Europe, parmi lesquels étaient l'archiduc Charles, troisième fils de l'empereur d'Allemagne, le duc d'Anjou, de France, et don Carlos, d'Espagne, s'étaient mis sur les rangs pour obtenir sa main. Mais, dans une circonstance aussi grave, Marie n'était pas libre de son choix, et, cédant aux conseils de son frère, elle résolut de consulter Élisabeth, qui, tout en la haïssant au fond de l'âme, ne cessait de lui écrire des lettres dans lesquelles elle l'appelait sa chère cousine, sa bonne et aimable sœur. Au reste, l'espérance de Murray était cette fois bien facile à comprendre. Comme le pouvoir lui échappait du moment où la reine avait un mari, il comptait bien qu'Élisabeth, qui ne craignait rien tant que de voir un héritier à la reine d'Écosse, le seconderait de tout son pouvoir pour faire manquer, les unes après les autres, les différentes combinaisons qui pourraient se présenter. Murray ne s'était pas trompé dans ses conjectures.

X

Élisabeth, si puissamment reine sur tous les autres points, était, à l'égard de ce qui concernait sa sœur d'Écosse, la plus faible et la plus jalouse des femmes ;

de sorte que, pendant toute sa vie, sa conduite, vis-à-vis d'elle, fut empreinte d'une dissimulation et d'une cruauté d'autant plus fatales à sa mémoire, que Marie n'y répondit jamais que par la confiance et la douceur. Sa jalousie tenait à ce que Marie était non-seulement son égale en puissance, mais encore sa rivale en talents et sa supérieure en beauté. Ce fut cette supériorité qui, torturant sans cesse l'orgueil d'Élisabeth, la fit sans miséricorde au jour où elle put se venger.

Mais, pour le moment, tout semblait aller au mieux entre les deux reines; de sorte que, lorsque Jacques Melvil se présenta devant Élisabeth, porteur du message de Marie, qui remettait le choix de son futur époux aux mains de sa sœur d'Angleterre, celle-ci parut accepter avec joie le patronage dont elle était chargée, et, après avoir paru chercher autour d'elle parmi les plus dignes, elle lui présenta Leicester, son propre favori.

Malheureusement, le parti n'était point acceptable : Leicester, bon pour être le favori d'une reine, était de trop petite naissance et de trop médiocre mérite pour devenir roi lui-même. Marie répondit donc que, comme douairière de France et reine d'Écosse, elle devait aspirer à quelque chose de mieux que la main d'un simple lord. Ce refus, qu'Élisabeth se garda bien de cacher à Leicester, fit de ce dernier un ennemi mortel à Marie Stuart.

Cependant la reine d'Écosse avait, de son côté, jeté les yeux sur un jeune lord qui lui paraissait présenter toutes les conditions requises pour assurer son bonheur comme femme et sa tranquillité comme reine. Ce jeune homme, qui, au reste, par la nièce de Henri VIII, avait des droits à la couronne d'Angleterre, était Henri Stuart, lord Darnley, fils aîné du comte de Lennox.

Il est vrai que, pour arriver jusqu'à la reine, lord Darnley avait pris le meilleur chemin : il s'était fait présenter par le secrétaire David Rizzio.

Ce Rizzio, qui prit, par sa vie et par sa mort, une si large part à la destinée de Marie, était le fils d'un pauvre musicien de Turin, auquel son père, surchargé de famille, avait fait apprendre, tout enfant, les principes de son art, de sorte que, l'ayant étudié dès sa jeunesse, il y avait acquis une suprême perfection. À l'âge de quinze ans, il avait quitté sa famille pour soulager d'autant son père, en cherchant fortune de son côté, et s'en était venu à pied à Nice, où le duc de Savoie tenait sa cour. Là, après quelques années passées dans l'exercice de son art, il était entré au service du duc de Moreto, qui, lors du retour de Marie Stuart dans ses États, avait été nommé ambassadeur à Édimbourg. David Rizzio fut alors remarqué de la reine, qui le demanda à son maître, sans y attacher plus d'importance qu'elle n'eût fait pour un autre domestique. Mais bientôt elle s'aperçut que Rizzio avait des talents plus variés que ceux que son art lui permettait de mettre au jour, et qu'outre son chant, qui était des plus doux, et son talent pour jouer de la viole et du rebec, qui était des plus remarquables, il avait encore l'esprit fin et délié, une belle et rapide écriture, et parlait, comme sa langue maternelle, trois langues : le français, l'espagnol et l'anglais. Elle l'éleva donc du grade de son domestique à celui de secrétaire de la légation française; grade qu'il occupait, et qui lui donnait les moyens d'exercer une grande influence sur la reine, lorsque lord Darnley s'adressa à lui.

Rizzio ne se dissimulait pas qu'il avait un ennemi puissant dans Murray, dont, grâce à l'empire qu'il avait pris sur la reine, il combattait quelquefois, lui, faible et caché, le pouvoir hautain et ostensible. Un roi à l'élévation duquel il aurait contribué devait donc, selon toutes les probabilités, lui venir en aide contre son ennemi, et rendre sa position plus certaine, puisqu'il serait alors appuyé des deux côtés. D'ailleurs, Darnley lui paraissait, par sa naissance et son âge, convenir parfaitement à la reine, puisque, Anglais de naissance et protestant de religion, il devait plaire, à la reine Élisabeth et au parlement d'Écosse, à l'une comme sujet, à l'autre comme coreligionnaire.

Mais Darnley se présentait avec une recommandation plus puissante aux yeux d'une femme que celle de tous les secrétaires du monde : c'étaient sa beauté et son élégance, qui en eussent fait un homme remarquable, même à la cour de France, laquelle passait à cette époque, pour donner le ton à toutes les cours de l'Europe. Aussi, à peine la reine l'eut-elle vu, que le triomphe de Darnley fut assuré sur tous ses rivaux. Rizzio n'eut donc point de peine à décider Marie à ce mariage; tous les obstacles qui eussent pu s'y opposer furent écartés avec une égale ardeur, de la part du secrétaire et de la part de la reine; de sorte qu'avec l'approbation de presque tous les Écossais et de la majeure partie de la noblesse, le mariage fut célébré à Édimbourg le 29 juillet 1565, c'est-à-dire quatre ans après le retour de la reine en Écosse.

Ce fut une nouvelle occasion pour Élisabeth de mettre au jour sa politique antimatrimoniale à l'égard de Marie. A peine eut-elle appris que cette union était décidée, qu'elle adressa de vives remontrances au comte de Lennox et à son fils, leur ordonnant de revenir à l'instant même en Angleterre. Mais sa lettre était arrivée deux jours avant la cérémonie seulement, de sorte que ceux à qui elle était adressée se gardèrent bien d'y obtempérer, et laissèrent aller les choses. Il en résulta que, pour toute réponse, Élisabeth apprit la célébration du mariage. A cette nouvelle, elle entra dans une si furieuse colère, qu'elle fit arrêter la comtesse de Lennox, la seule qui fût restée en Angleterre, et la fit conduire à la Tour de Londres. Mais, comme une vengeance inutile était loin de satisfaire sa haine, elle n'en demeura point là, et commença de pousser à l'insurrection les nobles mécontents. A la tête de ces mécontents était Murray, à qui, ainsi que nous l'avons dit, le mariage faisait perdre tout son pouvoir.

Élisabeth n'eut point de peine à réussir auprès d'eux ; rien ne prend feu plus spontanément que l'ambition déçue ou l'orgueil humilié. Aussi les lords mécontents, excités par celui-là même que la reine d'Angleterre avait envoyé à Marie pour la féliciter sur son retour, formèrent-ils une confédération dans le but d'enlever Marie, de la jeter dans une prison d'État, et de tuer Darnley. Bientôt Élisabeth apprit que ses affaires allaient au mieux, par deux lettres que son envoyé Randolph écrivait au ministre Cecil, la première en date du 3 juin, et la seconde du 2 juillet, et dont voici des extraits :

« Les Écossais ne sont point contents de leur nouveau maître : ils ne voient pas de milieu entre sa mort prochaine et une vie malheureuse pour eux-mêmes. La haine qu'il leur porte les met dans le plus grand péril ; mais ils aiment à espérer qu'ils verront bientôt retomber sur lui le mal qu'il médite contre les autres...

« Je me suis abouché dernièrement avec milord Murray, et je l'ai trouvé extrêmement affligé des folies de sa souveraine. Il déplore la situation de sa patrie, qui est sur le penchant de sa ruine ; il craint que la noblesse ne soit forcée de s'assembler autant pour prévenir la chute de l'État que pour rendre à ses maîtres les hommages qu'elle lui doit. Le duc et le comte d'Argyle, et Murray lui-même, ont sur cela les mêmes vues, et plusieurs autres les adoptent : il est donc facile de prévoir ce qui arrivera. »

En effet, ce fut au retour de cette assemblée de la noblesse, qui se tenait à Perth, qu'une tentative fut faite *pour que,* comme le dit Randolph, *le mal que Darnley méditait contre les autres retombât sur lui.* Un corps de cavalerie fut placé dans un défilé, nommé le Puits-du-Perroquet, avec ordre de tuer Darnley et de s'emparer de Marie. Mais le roi et la reine, ayant été prévenus à temps, au lieu de s'arrêter le soir, comme ils comptaient le faire, continuèrent leur route pendant la nuit, et traversèrent le chemin creux avant que l'embuscade fût dressée.

A peine les conjurés eurent-ils appris, par la précaution à l'aide de laquelle la reine leur avait échappé, qu'elle était prévenue de tout, qu'ils ne gardèrent plus aucune mesure, et se révoltèrent ouvertement. Alors Marie fit un appel à ses sujets restés fidèles, et, comme, à cette époque, on n'avait encore eu ni le temps ni l'adresse de la dépopulariser comme on le fit depuis, une des plus belles armées qu'eût encore vues l'Écosse se réunit autour d'elle. Murray et ses complices étaient prêts pour un coup de main, et non pour une rébellion sérieuse. Après quelques marches et contre-marches, pendant lesquelles la reine les poursuivait de sa personne, ils se retirèrent donc en Angleterre, où, comme toujours, les ennemis de Marie Stuart étaient sûrs de trouver un asile. Voici ce que l'espion d'Élisabeth écrivait, à cette occasion, au ministre Cecil, le 3 septembre 1565 :

« Les seigneurs ont été forcés d'abandonner Édimbourg. Morton est suspect à la reine, et n'a point cependant le courage de la quitter. Cette princesse était armée d'un pistolet sur le champ de bataille, et de tous ceux qui combattaient pour elle, son mari seul portait des armes défensives. *Quelques-uns du parti contraire sont chargés de tuer Darnley, au péril de leur propre vie. Ils attendent du secours d'Angleterre : on leur en a promis beaucoup; mais il leur en vient peu. Si Sa Majesté veut leur en faire passer, ils ne doutent point qu'il n'y ait bientôt deux reines d'Écosse.* »

Ainsi Marie Stuart était enveloppée par un triumvirat de traîtres, Murray, Morton et Maitland; mais tous trois ne s'étaient point risqués ensemble, et l'on a vu que Morton, quoique devenu suspect à la reine, n'était cependant point assez compromis pour être forcé de quitter l'Écosse. Par lui, les exilés conservèrent donc toutes leurs relations avec Édimbourg, et furent informés de tous les événements qui s'y passaient. Maitland, de son côté, n'avait paru tremper en rien dans ce complot, et avait, sans être soupçonné, conservé de son côté toute son influence. Morton et lui purent donc préparer les événements qui vont suivre et qui devaient amener le retour de Murray.

XI

Dès les premiers jours de son mariage, la reine avait pu juger à quel homme frivole et inconsidéré elle avait, sur des apparences trompeuses, confié le bonheur de toute sa vie. Darnley était pire que méchant : il était faible, irrésolu et emporté ; de sorte que, manquant de la persistance et de la dissimulation nécessaires pour arriver à son but, il voulait y parvenir par des brutalités ou des surprises. Pour le moment, celui qu'il ambitionnait était d'obtenir la couronne matrimoniale que Marie avait accordée à François II ; car, tant qu'il n'était pas revêtu de cette dignité, que Marie seule lui pouvait accorder, il n'était pas le roi, il était seulement le mari de la reine ; or, après l'épreuve qu'elle avait déjà faite de son caractère, Marie était résolue de ne céder à ses désirs sous aucun prétexte.

Darnley, qui, dans sa mobilité éternelle, ne pouvait comprendre chez les autres une résolution ferme et arrêtée, chercha, non point dans Marie elle-même, mais dans les personnes qui l'entouraient, la cause de ses refus : il lui parut alors que l'homme le plus intéressé à ce qu'il n'obtînt pas cette couronne matrimoniale, objet de tous ses désirs, était Rizzio, qui, ayant vu tomber autour de lui toutes les influences et ayant conservé la sienne, devait naturellement craindre encore plus celle d'un mari que celle d'un demi-frère. Il considéra donc dès ce moment Rizzio comme le seul obstacle qui s'opposât à ce qu'il fût véritablement roi, et résolut de s'en défaire.

Il ne fut pas difficile à Darnley, en cette occasion, de trouver une meurtrière sympathie dans ceux-là mêmes qui entouraient le trône. Les nobles n'avaient pas vu sans une profonde jalousie un simple serviteur comme l'était Rizzio arriver à la place de secrétaire intime de la reine. Ils n'avaient pas compris, ou avaient fait semblant de ne pas comprendre les causes réelles de cette faveur, qui d'abord était la supériorité incontestable de Rizzio sur eux-mêmes, supériorité qui était si grande, que Marie eût été forcée, pour trouver l'équivalent de ce qu'il lui offrait, de chercher parmi les hommes les plus lettrés du clergé catholique; ce qui n'eût pas manqué de soulever contre elle tous ceux de la religion réformée, qui eussent vu dans ce choix de la reine une nouvelle preuve de son antipathie pour le culte nouveau. Tous regardaient donc Rizzio comme un parvenu, et non pas comme un homme de mérite déplacé par une erreur de naissance et remis dans la position qui lui convenait, par une espèce de remords de la fortune. D'ailleurs, on voulait perdre la reine, et, tant que Rizzio existait, la chose, grâce aux bons conseils qu'elle recevait de lui, devenait à peu près impossible. La mort du secrétaire fut donc résolue.

Les deux principaux complices de toute cette affaire furent, après Darnley, son premier instigateur, James Douglas, comte de Morton, grand chancelier du royaume, dont nous avons déjà parlé, non-seulement comme d'un ami, mais encore comme d'une créature de Murray, et lord Ruthwen, oncle du roi par les femmes, seigneur issu d'une des plus nobles familles d'Écosse, mais énervé par la débauche, et déjà pâle et fiévreux de la maladie mortelle qui devait le tuer dix-huit mois après l'époque où nous sommes arrivés, c'est-à-dire aux derniers jours de février 1566.

Morton et Ruthwen ne tardèrent pas à rassembler un nombre suffisant de complices; ces complices étaient le bâtard de Douglas, André Karrew et Lindsay; ils s'adjoignirent, en outre, mais sans leur dire dans quel but, cent cinquante soldats, qui eurent ordre de se tenir prêts tous les soirs de sept à huit heures.

Vers le même temps, Rizzio reçut plusieurs avis, par lesquels on lui disait de se tenir sur ses gardes, sa vie étant menacée, et surtout de se défier d'un certain bâtard. Rizzio répondit que, depuis longtemps, il avait fait le sacrifice de sa vie à sa position, et qu'il savait bien qu'un homme né dans une aussi basse condition qu'était la sienne ne s'élevait pas impunément au point où il en était arrivé; que, quant au bâtard dont on lui parlait, et qu'il croyait être le comte de Murray, il saurait, tant qu'il vivrait, le tenir si loin de lui et de la reine, qu'il ne croyait pas que ni l'un ni l'autre eussent quelque chose à en craindre.

Rizzio demeura donc, sinon dans la sécurité, du moins dans l'indifférence, et cela tandis que ses ennemis, déjà d'accord sur son assassinat, ne discutaient plus que sur la manière dont il devait être mis à mort : Morton, fidèle aux traditions de son ancêtre, Douglas Attache-Grelot, voulait que, comme les favoris de Jacques III au pont de Lauder, Rizzio fut arrêté, jugé et pendu, ce qu'en sa qualité de grand chancelier du royaume il assurait ne devoir souffrir aucun retard; mais Darnley, qui, outre les autres reproches qu'il croyait avoir à adresser à Rizzio, le soupçonnait encore, et fort injustement, selon toutes les probabilités, d'un commerce adultère avec la reine, insista pour qu'il fût assassiné sous les yeux de Marie, s'inquiétant peu des accidents qui, chez une femme enceinte de sept mois, pouvaient résulter d'un tel spectacle. Les nobles, pour qui une pareille action était une fête, se voyant soutenus de cette façon par le roi, ne demandèrent pas mieux que de se ranger à son avis. Il fut donc décidé que Rizzio serait assassiné en présence de la reine, et le roi se chargea de faire connaître aux conjurés le moment opportun.

Quelques jours après, ils reçurent avis que Rizzio devait le lendemain, qui était le 9 mars, souper chez la reine, avec la comtesse d'Argyle, Marie Seyton et quelques autres de ses femmes. Marie donnait effectivement de temps en temps ainsi quelques soupers intimes, dans lesquels elle laissait de côté tout l'appareil de la royauté; heureuse quand elle pouvait, à l'exemple de son père, Jacques V, jouir quelques instants de cette liberté, si douce à ceux qui sont constamment enchaînés par les règles de l'étiquette. Ces soupers ne se composaient ordinairement que de femmes, et Rizzio seul y était admis, grâce à son talent de musicien. Les conjurés n'avaient donc à craindre d'autre résistance que celle de la victime elle-même, et il était connu qu'en présence de la reine, Rizzio, rendant justice à la bassesse de sa naissance, ne portait jamais ni épée ni poignard.

Le 9 mars, vers six heures du soir, les cent cinquante soldats furent introduits dans le château par le roi lui-même, qui se fit reconnaître de la sentinelle placée à l'une des portes, et les conduisit dans une cour intérieure, sur laquelle donnaient les fenêtres du cabinet de Marie Stuart. Arrivés là, ils se rangèrent sous un grand hangar, afin de n'être point vus, ce qui n'aurait pas manqué d'arriver sans cette précaution, le parc étant couvert de neige.

Cette première disposition prise, Darnley revint trouver les seigneurs qui l'attendaient dans une salle basse, et, les faisant monter par un escalier tournant, il les conduisit jusque dans la chambre à coucher de la reine, qui était attenante au cabinet où soupaient les convives, et de laquelle on pouvait entendre tout ce qu'ils disaient; puis il les laissa là, dans l'obscurité, en leur recommandant d'entrer seulement quand ils l'entendraient s'écrier : « A moi, Douglas ! » Il fit le tour par un corridor, et, ouvrant une porte secrète, il entra dans le cabinet, et vint s'appuyer sans rien dire au dossier du fauteuil sur lequel était assise la reine.

Les trois personnes qui tournaient le dos à la porte, et qui étaient Marie Stuart, Marie Seyton et Rizzio, n'avaient pas vu s'approcher le roi; mais les trois personnes qui lui faisaient face étaient devenues immobiles et muettes quand il avait paru. La reine, en les voyant ainsi changer de maintien, se douta que quelque chose d'étrange se passait derrière elle, et, se retournant vivement, elle aperçut Darnley, le sourire sur les lèvres, mais si affreusement pâle, qu'elle prévit aussitôt que quelque chose de terrible allait se passer. En ce moment, et comme elle allait l'interroger sur sa présence inattendue, on entendit dans la salle voisine un pas lourd et traînant, qui s'approchait de la tapisserie, laquelle, en se soulevant lentement, laissa voir lord Ruthwen, armé de toutes pièces, pâle comme un fantôme et tenant son épée nue à la main.

— Que voulez-vous, milord, s'écria la reine, et que venez-vous faire chez moi armé ainsi ? Avez-vous le délire, et faut-il que je vous plaigne ou que je vous pardonne ?

Mais Ruthwen, sans répondre, étendit son bras armé vers Rizzio, et cela avec la lenteur d'un spectre; puis, d'une voix sourde :

— Ce que je viens faire ici, madame ? répondit-il. Je viens chercher cet homme !

— Cet homme ! s'écria la reine en se rangeant derrière Rizzio, cet homme ! et qu'en voulez-vous faire ?

— *Giustizia ! giustizia !* se mit à crier Rizzio en se jetant à genoux derrière Marie et en saisissant le bas de sa robe.

— A moi, Douglas ! s'écria le roi.

Au même instant, Morton, Karrew, le bâtard de Douglas et Lindsay se précipitèrent dans le cabinet avec tant de violence, qu'ils renversèrent la table pour arriver plus tôt jusqu'à Rizzio, qui, espérant que le respect dû à la reine le protégerait, se tenait toujours derrière elle. Marie, de son côté, faisait face aux assassins avec un calme et une majesté suprêmes ; mais ils étaient trop avancés pour reculer, et André Karrew, lui mettant le poignard sur la poitrine, la menaça de la frapper si elle ne se retirait pas. Au même moment, Darnley, la saisissant à bras-le-corps, l'enleva avec violence et sans aucun égard pour sa grossesse, tandis que le bâtard de Douglas, accomplissant la prédiction fatale, arrachait le poignard qui était suspendu sur la poitrine du roi et en frappait Rizzio. A ce premier coup, le malheureux tomba en jetant un cri ; mais, se relevant aussitôt, il se traîna sur ses genoux du côté de la reine, qui ne cessait de se débattre en criant : « Grâce ! grâce ! » Mais, avant qu'il eût pu l'atteindre, tous se ruèrent sur lui, et, tandis que les uns continuaient de frapper, les autres, le traînant par les pieds hors du cabinet, laissèrent sur le plancher cette longue traînée de sang qu'on y voit encore aujourd'hui ; puis, lorsqu'il fut dans la chambre à côté, chacun d'eux, s'animant l'un par l'autre, voulut frapper son coup, de sorte que l'on compta sur le cadavre cinquante-six blessures, dont plus de vingt étaient mortelles.

Pendant ce temps, Darnley tenait toujours la reine, qui, ne croyant pas encore Rizzio mort, ne cessait de crier grâce ; lorsque enfin Ruthwen reparut, plus pâle encore que la première fois, et si faible, que, sans pouvoir parler, il s'assit sur un fauteuil, répondant aux interrogations de Darnley par un signe de tête, et en lui montrant son poignard tout ensanglanté, qu'il remettait dans le fourreau : alors Darnley lâcha Marie, qui fit deux pas vers Ruthwen.

— Debout, milord, debout ! dit-elle ; on ne s'assied pas devant la reine sans en avoir reçu la permission ; debout ! et sortez d'ici.

— Ce n'est pas par insolence que je m'assieds, mais bien par faiblesse, répondit Ruthwen ; car j'ai fait aujourd'hui, pour le service de votre mari et le bien de l'Écosse, plus d'exercice que mon médecin ne me le permet.

A ces mots, il se versa tranquillement un verre de vin, qu'il but pour se rendre quelque force, action que la reine prit pour une nouvelle insolence.

Alors elle fit quelques pas vers la porte dérobée pour sortir de cette chambre fatale ; puis, arrivée sur le seuil :

— Milord, dit-elle en se retournant, il se peut que je ne puisse jamais me venger, car je ne suis qu'une femme; mais celui qui est là, dit-elle en se frappant le sein avec une énergie qui n'appartenait pas à une femme, ou ne portera pas le nom de mon fils, ou vengera sa mère.

Et, à ces mots, elle disparut, fermant la porte avec violence.

Pendant la nuit, Rizzio fut enterré sans pompe et sans bruit au seuil du temple le plus proche.

XII

Le lendemain, Murray et ses complices, exilés avec lui en Angleterre, et qui avaient été prévenus de la catastrophe qui devait avoir lieu, arrivèrent à Édimbourg. Marie, qui n'était pas assez forte pour lutter contre les assassins et les rebelles réunis, aima mieux pardonner aux rebelles pour arriver à punir les assassins; et, en apercevant son frère, elle se jeta dans ses bras. En conséquence, dès le même soir, Murray, Glaincairn, Rothes et les autres, rentrèrent en grâce. Trois jours après, au moment où l'on s'en doutait le moins, on apprit que, pendant la nuit, Marie et Darnley étaient partis secrètement pour Dunbar. En effet, le roi, épouvanté de la grandeur du crime qu'il avait commis, avait abandonné ses complices pour obtenir son pardon, et Marie, qui voulait en arriver à la vengeance, avait feint de pardonner.

Alors ce fut le tour des assassins de trembler: Morton, Douglas et Ruthwen, n'osant point attendre ce que la reine déciderait d'eux, se réfugièrent en Angleterre. Un procès s'instruisit, et deux assassins subalternes furent condamnés à mort; puis Marie, toujours cédant à l'imprudence de son premier mouvement, que nul n'était plus là pour réprimer, fit exhumer le corps de Rizzio, et le fit transporter, avec de splendides funérailles, dans la même église où étaient ensevelis les rois d'Écosse.

Cependant, comme on le pense bien, la réconciliation des deux époux, du moins de la part de Marie, n'était point parfaitement sincère. Darnley, de son côté, menait la même vie insouciante et débauchée; de sorte que la plus grande mésintelligence régnait entre les deux époux au moment où Marie accoucha, le 19 juin 1566, d'un fils qui fut depuis Jacques VI.

Toujours fidèle à ses habitudes de bon voisinage, la reine envoya aussitôt à Élisabeth son envoyé extraordinaire, Jacques Melvil, avec mission d'annoncer à sa sœur la reine d'Angleterre son heureux accouchement. Élisabeth, qui aimait beaucoup la danse, et qui avait la prétention de fort bien danser, figurait à un quadrille lorsque cette nouvelle lui parvint. Le coup fut terrible; elle sentit que ses jambes fléchissaient sous elle, et, faisant quelques pas à reculons, elle alla s'appuyer contre un fauteuil, dans lequel elle fut même bientôt forcée de s'asseoir. Une dame de la cour, qui vit ce mouvement, et qui remarqua sa pâleur, s'approcha d'elle en lui demandant ce qu'elle avait.

— Ce que j'ai? dit Élisabeth. Eh! n'entendez-vous pas que la reine Marie vient d'accoucher d'un beau garçon, et que je ne suis, moi, qu'une souche stérile?

Cependant elle se remit bientôt, reprit sa place au quadrille, et, le lendemain, reçut Melvil avec les plus vives démonstrations de joie, lui disant que la nouvelle qu'il avait apportée lui avait causé un tel plaisir, qu'elle l'avait guérie d'une indisposition qu'elle avait depuis quinze jours. Melvil, outre la notification dont il était porteur, était chargé d'offrir à Élisabeth d'être la marraine du jeune prince; ce qu'elle accepta avec de vifs remerciments. Cependant, lorsque l'ambassadeur lui proposa de profiter de cette occasion pour voir Marie, avec laquelle elle avait, disait-elle, depuis si longtemps le désir de se rencontrer, elle s'empressa de répondre qu'elle ne pouvait quitter son royaume, et que le comte de Bedfort irait pour elle, et avec sa procuration. — La même notification fut faite par Marie au roi de France, et au duc de Savoie, qui firent répondre tous deux, comme la reine Élisabeth, qu'ils enverraient des représentants.

Pendant ce temps, Darnley s'enfonçait chaque jour davantage dans les étranges déréglements auxquels il était enclin ; de sorte que la reine s'éloignait de plus en plus de lui, et, avec la reine, les courtisans, qui modelaient leur conduite sur la sienne. Darnley, au lieu d'essayer de ramener Marie par des égards et des soins, bouda comme un enfant, menaçant de quitter l'Écosse, et d'aller vivre en France ou en Italie. Rien ne pouvait être plus désagréable à la reine que l'exécution d'une pareille menace, qui eût mis les cours étrangères au fait de ses querelles de ménage. En conséquence, elle essaya de lui faire sentir le ridicule d'une pareille résolution ; mais Darnley, pareil à un enfant, ne voyait dans les prières qu'on lui adressait qu'un motif de redoubler d'entêtement. Marie alors lui dépêcha le conseil privé, en face duquel il conserva son humeur boudeuse et inflexible. Marie, s'attendant donc qu'il mettrait d'un moment à l'autre son projet à exécution, résolut de prévenir le mauvais effet que pourrait faire sa présence à Paris, en envoyant à la reine mère et au roi Charles un narré fidèle de tout ce qui s'était passé entre elle et Darnley depuis son mariage. Au reste, la rupture presque publique qu'amenèrent entre les

8.

deux époux toutes ces dissensions intérieures empira encore la situation du roi, qui vit bientôt non-seulement les seigneurs, mais jusqu'à ses propres domestiques s'éloigner de lui.

Cependant l'influence perdue par Darnley était peu à peu conquise par un autre : cet autre était Jacques Hepburn, comte de Bothwell, chef d'une ancienne famille, et l'un des plus puissants seigneurs du royaume, tant par ses grands biens, qui étaient situés dans le Lothian oriental et dans le comté de Berwich, que par ses nombreux vassaux. C'était un homme de trente-six à quarante ans, aux traits fortement prononcés, plein de défauts et de vices, ambitieux, remuant, plus téméraire encore dans la conception de ses projets que dans leur exécution; car, quoique dans sa jeunesse, il eût joui, grâce à quelques actions d'éclat, d'une assez grande réputation de bravoure, comme il n'avait pas eu depuis longtemps l'occasion de tirer l'épée, cette réputation s'était peu à peu perdue, de sorte qu'un sourire de doute accueillait quelquefois à cette heure le récit des anciens exploits de Bothwell. Nommé gardien des marches du royaume, par Marie de Guise, il se trouvait au château lors de l'assassinat de Rizzio, était accouru au bruit, et avait même couru un certain danger ; car, sachant que les cris partaient du cabinet de la reine, il avait insisté pour qu'on lui donnât quelques explications sur l'événement qui venait de se passer ; ce que le roi avait fait en lui montrant le cadavre de Rizzio. Cette preuve, sinon de dévouement, du moins d'intérêt pour elle, dans un moment où tout le monde l'abandonnait, avait touché la reine : elle avait exprimé sa reconnaissance à Bothwell à la première occasion qu'elle en avait trouvée ; de là était née entre la reine et cet homme une espèce de liaison qui devait être mortelle à tous deux.

Déjà les personnes mal intentionnées à l'égard de la reine, et le nombre en était grand, soupçonnaient cette liaison d'une coupable intimité, lorsqu'un événement, dans lequel Marie céda comme toujours au premier mouvement de son cœur, donna encore plus de consistance à ces soupçons. Bothwell, qui, comme gardien des marches, habitait, à vingt milles de Jedburgh, une petite forteresse nommée l'Ermitage, voulant, au mois d'octobre 1566, s'emparer d'un malfaiteur nommé John Elliot du Parc, fut, dans la lutte qu'il soutint contre cet homme, blessé à la main. La reine, qui était alors à Jedburgh, où elle tenait une cour de justice, apprit cet accident au moment où elle se rendait au conseil ; au lieu de continuer son chemin vers l'hôtel de ville, elle remit le conseil au lendemain, et, montant à cheval avec cinq ou six personnes de sa plus grande intimité, partit aussitôt pour l'Ermitage, traversant, pour y arriver, marais, bois et rivières ; puis, s'étant assurée par elle-même du peu de gravité de la blessure, elle revint le même soir à Jedburgh ; elle ne s'était arrêtée que deux heures, qu'elle avait passées en tête-à-tête avec Bothwell. Cette course précipitée avait, au reste, tellement fatigué la reine, que, le lendemain, elle tomba malade et fut bientôt à toute extrémité. Cependant, quel que fût le danger qu'elle courut dans cette maladie, Darnley, qui en connaissait la cause, n'approcha point de Jedburgh ; de sorte que, lorsque la reine fut rétablie, les relations entre les deux époux se retrouvèrent plus froides que jamais.

Sur ces entrefaites arriva l'époque fixée pour le baptême du jeune prince; c'était une occasion naturelle de réunion pour les deux époux, ou du moins une circonstance dans laquelle il était important qu'ils ne laissassent point apercevoir aux ambassadeurs étrangers le point où en étaient arrivées leurs dissensions domestiques; mais Darnley, toujours inconvenant et boudeur, ne voulut point paraître à la cérémonie, quelques instances qu'on lui fît, et quoiqu'il fût à Stirling, c'est-à-dire dans la ville même où le baptême avait lieu. Cette absence du roi causa une si grande indignation à ceux qui entouraient Marie, que de tous côtés le conseil lui fut donné de solliciter le divorce. Marie, qui craignait le scandale que ne manquerait pas de produire par toute l'Europe une telle démarche, refusa obstinément. Alors furent jetés entre Bothwell, Morton et Maitland, les premiers plans d'un projet terrible. Cependant, Morton et Maitland ne s'engagèrent à le poursuivre jusqu'à son exécution que dans le cas où la reine y prendrait part; car il ne s'agissait de rien de moins que d'assassiner le roi. Mais, après de longues et vaines promesses, sans cesse renouvelées, et sans cesse trahies, de leur apporter une approbation écrite de la main même de la reine, Bothwell n'ayant pu donner à Morton et à Maitland aucune preuve qu'elle y participât, ces deux seigneurs se retirèrent du complot. Bothwell alors résolut de s'adresser à des complices qui, ayant moins à craindre, feraient moins de difficultés. A cette époque même, un événement arriva qui fit croire, de la part de Bothwell, à un commencement d'exécution.

XIII

Le roi s'était enfin résolu à mettre à exécution la menace qu'il faisait chaque jour de quitter l'Écosse, et se rendait à Glasgow pour prendre congé du comte de Lennox, son père, lorsque, pendant la route, il se sentit gravement indisposé. Il n'en continua pas moins son voyage ; mais, en arrivant à Glasgow, il fut obligé de se mettre au lit, et une maladie, qui resta toujours pour l'histoire et la médecine un sujet de contestation, se déclara. Les pustules qui couvrirent le corps de Darnley étaient-elles l'effet de la petite vérole ou du poison ? C'est ce que nul ne peut dire, tant sont contradictoires les rapports qui nous sont transmis sur ce point. Quoi qu'il en soit, la reine, plus compatissante pour Darnley qu'il ne l'avait été pour elle, ayant appris l'état de gravité de sa maladie, accourut à Glasgow. Lorsqu'elle arriva, Darnley était déjà hors de danger.

Cependant Marie, qui avait (en supposant que Darnley fût atteint de la petite vérole) bravé la contagion pour elle-même, ne crut pas devoir y exposer son fils ; et, comme une espèce de réconciliation s'était opérée entre les deux époux au chevet du lit du malade, et que Darnley voulait revenir avec la reine à Édimbourg, il fut arrêté qu'en attendant qu'il fût complétement guéri, il habiterait le manoir des Champs, ancienne abbaye isolée, située sur une hauteur, et, par conséquent, dans un air excellent, à un mille d'Édimbourg. Darnley voulait revenir dans la même voiture que la reine; mais celle-ci, soit qu'elle craignît de rapporter au jeune prince des émanations morbides trop récentes, soit qu'elle crût le mouvement du carrosse trop dur pour un convalescent, refusa à Darnley cette faveur, et le fit transporter en litière à sa nouvelle résidence.

C'était, comme son nom l'indique, une ancienne abbaye située au milieu des champs, à quelque distance de deux églises en ruine, d'un cimetière abandonné, et de quelques chaumières presque désertes, qui portaient le nom significatif de Carrefour-aux-Voleurs; une seule maison de campagne s'élevait à quelque distance, qui appartenait aux Hamilton; mais, depuis près de deux ans, cette maison solitaire n'avait point ouvert ses volets au jour, et était demeurée muette et sombre comme un tombeau. D'ailleurs, eût-elle été habitée, la chose était encore moins rassurante pour Darnley, les Hamilton étant ses ennemis personnels.

En effet, la première inquiétude qu'éprouva le roi fut dans la soirée du 7 février 1567, où il vit briller une lumière à l'une des fenêtres de cette maison si longtemps fermée. Le lendemain, il s'informa à son valet de chambre, nommé Durham, d'où venait cette lumière, et il apprit que, pendant la journée de la veille, l'archevêque de Saint-André avait quitté son palais d'Édimbourg, et était venu habiter cette maison. Le même jour, en se promenant dans le jardin, il se plaignit que deux pans de muraille, qui étaient renversés, et pour la restauration desquels il avait fait demander des maçons, fussent encore dans le même état. Ces deux trouées offraient un accès facile aux malfaiteurs; et, comme Darnley habitait seul avec son domestique le premier étage d'un petit pavillon isolé, il lui était permis, dans la position où il se trouvait, d'éprouver quelques craintes.

Ces craintes prirent, le même soir, une nouvelle consistance : il sembla à Darnley qu'il avait entendu parler sous ses fenêtres et marcher au-dessous de lui. Comme il était, ainsi que nous l'avons dit, seul avec son valet de chambre, et que celui-ci, chaque fois qu'il le réveilla, prétendit ne rien entendre, il fallut que Darnley attendît le jour pour s'assurer de la vérité. Mais, au jour, il ne trouva plus personne; seulement, comme il avait plu dans la matinée de la veille, il reconnut la trace de pas qui n'étaient ni les siens ni ceux de Durham ; ces pas se rendaient de la brèche à la porte du pavillon. Darnley le visita dans toutes ses parties, à l'exception d'un petit caveau situé au-dessous même de sa chambre à coucher, et qu'il trouva fermé par une porte massive ; mais, à part cette porte fermée, il ne put découvrir aucun indice qui confirmât ou qui détruisît ses soupçons.

La nuit se passa comme la précédente, car le même bruit se renouvela, mais cette fois si distinct, que Durham ne put pas dire, comme la veille, qu'il ne l'entendait pas. Alors Darnley, regardant cette incertitude comme pire qu'un danger réel, voulut descendre, et s'assurer par lui-même quelles étaient les personnes qui faisaient ce bruit. Mais Alexandre Durham ne voulut point permettre que son maître s'exposât à une pareille recherche ; et, prenant une épée d'une main et une lampe de l'autre, il se mit en quête des rôdeurs nocturnes. Au bout d'un instant, il reparut, disant qu'il n'avait aperçu qu'un homme qui, à sa vue, avait pris la fuite, et que, cet homme étant sans doute quelque vagabond qui venait chercher un asile dans les ruines, dans les parties désertes de l'abbaye, il ne fallait pas autrement s'en inquiéter. En effet, à partir de ce moment jusqu'au matin, on n'entendit plus aucun bruit.

Cependant Darnley désirait voir la reine, qui ne l'avait pas visité depuis deux ou trois jours, afin de lui faire part de ses inquiétudes, et de la prier, puisqu'il était guéri, ou de permettre qu'il retournât habiter avec elle, ou de lui désigner un autre logement. Marie fit répondre à Darnley qu'elle ne pourrait venir que vers le soir, mariant dans la journée un de ses domestiques nommé Sébastien, qu'elle aimait beaucoup, l'ayant ramené avec elle de France.

En effet, le soir, la reine vint avec la comtesse d'Argyle, au moment même où, par un hasard singulier, Alexandre Durham venait de mettre le feu à la paillasse de son lit, qu'il avait aussitôt jetée par la fenêtre avec les matelas, auxquels la flamme s'était communiquée. Il en résulta que, comme il n'avait plus de lit, il insistait, lorsque la reine entra, pour aller coucher à la ville, disant, en outre, qu'il se sentait malade, et avait besoin de consulter un médecin. De son côté, Darnley, qui savait ce qui s'était passé les deux nuits précédentes, faisait tous ses efforts pour le retenir, lui offrant de lui donner un de ses matelas, ou bien même de le prendre avec lui dans son lit. Marie s'informa de la cause de cette discussion, et, l'ayant apprise, promit à Darnley, s'il voulait laisser aller Durham, de lui envoyer, pour cette nuit, quelque autre serviteur, avec tout ce qu'il lui fallait pour se coucher. Darnley lui fit répéter deux ou trois fois cette promesse pendant le court espace de temps qu'elle resta avec lui; puis elle le quitta, malgré ses instances pour qu'elle demeurât plus tard à l'abbaye, disant que cela lui était impossible, vu qu'elle avait promis de paraître masquée au bal de Sébastien : force fut donc à Darnley de la laisser partir, et elle partit. Il demeura seul.

A partir de ce moment, personne ne peut plus dire ce que fit Darnley; car, malgré la promesse de la reine, aucun domestique ne vint le rejoindre à l'abbaye, et Durham, s'étant empressé de profiter de la permission qu'il avait obtenue, s'était éloigné sans même attendre le départ de la reine. Toutes les probabilités sont que Darnley se jeta sur son lit enveloppé dans sa robe de chambre, ses pantoufles aux pieds, et son épée nue sous son chevet.

Jusqu'à une heure du matin, Bothwell resta avec la reine au château d'Holyrood; puis, à cette heure, il sortit de chez elle, et, peu d'instants après, on le vit traverser, enveloppé d'un grand manteau de hussard allemand, le corps de garde qui veillait à la porte du château; de là, il se dirigea vers l'abbaye des Champs, et, comme deux heures sonnaient, franchit une des brèches du jardin. A peine eut-il fait quelques pas entre les massifs d'arbres, qu'il rencontra un homme enveloppé d'un manteau.

— Eh bien, demanda Bothwell, où en sommes-nous?

— Tout est prêt, répondit l'inconnu, et nous n'attendons plus que vous pour mettre le feu à la mèche.

— Allons donc, dit Bothwell.

A ces mots, Bothwell et son interlocuteur allèrent rejoindre un groupe de cinq ou six personnes qui causaient au fond du jardin, à un endroit d'où l'on pouvait voir la fenêtre éclairée par la lampe qui veillait dans la chambre de Darnley. Bothwell demanda à ses complices s'ils étaient bien certains que le roi fût dans cette chambre. Ils lui dirent alors qu'ils l'avaient vu plusieurs fois s'approcher de la fenêtre et regarder dans le jardin. Alors Bothwell donna l'ordre de mettre le feu à la mine. Un homme se détacha du groupe, portant une lanterne sourde sous son manteau, et, un instant après, revint, annonçant que c'était chose faite, et que, dans quelques instants, tout serait fini. Mais l'impatience de Bothwell était si grande, que, trouvant cette attente, si courte qu'elle fût, insupportable, il s'approcha lui-même du pavillon, malgré toutes les représentations que put lui faire l'artificier, se coucha à plat ventre, passa la tête par le soupirail, et ne revint vers les autres qu'après s'être assuré, au péril de sa vie, que la mèche était bien allumée. Il avait à peine repris sa place au fond du jardin, qu'une détonation horrible se fit entendre; et la campagne, la ville et le golfe s'illuminèrent d'une telle clarté, que l'on aperçut, à la lueur de cet éclair terrible, des vaisseaux qui étaient à près de deux milles en mer; puis tout rentra dans le silence et dans l'obscurité, tandis que les débris de la maison retombaient comme une pluie de pierres.

Le lendemain, on retrouva le corps du roi étendu dans un verger attenant au jardin où étaient cachés les conjurés. Le cadavre était couché sous un arbre dont il avait brisé quelques branches en retombant; il était vêtu d'une robe de chambre, et avait encore une pantoufle à l'un de ses pieds; à quelques pas plus loin était son épée nue.

Comme il avait été garanti de l'atteinte de la poudre par les matelas sur lesquels il était couché, on crut d'abord qu'il avait été tiré vivant du pavillon, étranglé par Bothwell, et pendu à l'arbre dont, comme nous l'avons dit, quelques branches étaient cassées; mais, selon toute probabilité, ceux qui ont adopté cette version sont dans l'erreur. Le roi mort, les assassins n'avaient aucun motif de faire sauter le pavillon qu'il habitait. Quelques-uns dirent, il est vrai, que c'était pour faire croire qu'il avait été tué par la foudre; mais, comme l'événement avait eu lieu le 9 février, ceux qui auraient compté donner cette raison de la mort du roi avaient peu de chance d'être crus.

XIV

Le bruit de cet événement se répandit par toute l'Écosse avec la rapidité des mauvaises nouvelles. L'effet en fut terrible, car tous désignèrent Bothwell, et quelques-uns soupçonnèrent la reine. Il est vrai que, toujours imprudente, Marie, en cette occasion, prêta à ses ennemis de nouvelles armes contre elle. L'étiquette des cours d'Écosse veut que toute veuve de roi demeure quarante jours enfermée dans une chambre du palais, et sans autre lumière que celle d'une lampe. Le douzième, Marie fit ouvrir, et, le quinzième, elle partit avec Bothwell pour Seyton, maison de campagne à deux lieues d'Édimbourg.

Ce fut là que vint l'atteindre le bruit des premiers soupçons qui se répandirent contre elle. Deux jours après l'assassinat, on avait fait afficher dans les rues d'Édimbourg un placard par lequel on promettait deux milles livres sterling de récompense à celui qui donnerait des renseignements certains sur les meurtriers du roi. Le lendemain, on trouva affichés, au-dessous de ces placards, des carrés de papier de la même grandeur, sur lesquels étaient écrits à la main les noms de Bothwell, de Balfour, de Chambers et de deux ou trois autres. Ce n'était pas tout : chaque nuit, on entendait crier, à la Croix-d'Édimbourg, sans que jamais on eût pu savoir qui poussait ce cri : « Bothwell est le meurtrier du roi, et la reine est sa complice! » Enfin, Marie reçut une lettre du comte de Lennox, père de la victime, qui lui désignait positivement Bothwell comme le meurtrier, et dans laquelle il se portait son accusateur.

Il n'y avait plus moyen de reculer; le conseil privé insista près de la reine pour que Bothwell fût poursuivi ; mais, fixant en même temps un délai dérisoire, puisque les parties en matière criminelle doivent, en vertu des lois écossaises, être assignées quarante jours d'avance, il décida, le 28 mars, que l'accusé se présenterait devant ses juges le 12 avril suivant. C'était quatorze jours qui étaient donnés au comte de Lennox pour réunir des preuves mortelles contre l'homme le plus puissant de l'Écosse.

Au jour dit, Bothwell, suivi de quatre mille de ses partisans, et entouré par une garde de deux cents soldats armés, qui, d'après son ordre, s'emparèrent de toutes les issues du tribunal, se présenta devant ses juges. Le comte de Lennox se doutait bien d'avance de ce qui allait arriver; aussi n'avait-il point comparu. L'accusé ne trouva donc point d'accusateur. En conséquence, il fut renvoyé de la plainte. Seulement, au moment où le tribunal venait de rendre la sentence d'absolution, une voix s'éleva dans la foule et protesta au nom du comte de Lennox. C'était celle d'un de ses vassaux envoyé à cet effet. Conduit devant le tribunal, il renouvela hardiment sa protestation, et, cet acte de dévouement accompli, il revint à Glasgow rendre compte de sa mission à son maître sans que, contre toute probabilité, il lui fût arrivé le moindre malheur.

Une fois absous du meurtre de Darnley, Bothwell ne songea plus qu'à prendre sa place. Son intimité avec Marie l'assurait d'avance du consentement de la reine; mais il lui restait encore à obtenir l'approbation de la noblesse. Bothwell invita à un grand dîner, dans une taverne d'Édimbourg, les principaux seigneurs écossais, et, là, à la fin du repas, entre les bouteilles vides et les verres pleins, un écrit fut signé par acclamation, dans lequel on déclarait Bothwell innocent du meurtre du roi, et dans lequel on déclarait que le seul moyen d'épargner à l'Écosse de nouveaux troubles et de nouveaux malheurs était que Marie le prît pour époux.

Bothwell, possesseur de ce précieux écrit, ne tarda point à en faire un usage conforme à son caractère.

Ayant appris, un soir, que, le lendemain, la reine devait revenir de Stirling à Édimbourg, il s'embusqua avec mille cavaliers au pont de Cramond, et, lorsqu'elle parut, accompagnée d'une vingtaine de personnes seulement qui formaient sa suite, il marcha au-devant d'elle, fit arrêter et désarmer Munty, Liddington et Melvil, et, prenant par la bride le cheval de la reine, il lui fit rebrousser chemin, sans que Marie essayât de se défendre, ni même de se plaindre, et la conduisit dans le château de Dunbar, dont il était gouverneur. Ils y restèrent dix jours; puis, le onzième, ils rentrèrent ensemble à Édimbourg, Bothwell conduisant encore par la bride le cheval de Marie, mais, cette fois, avec tous les égards dus à une femme et à une reine. Marie, de son côté, paraissait lui avoir accordé un entier pardon de cette violence; et, de peur qu'il ne restât quelque doute à cet égard, la reine déclara, le 12 mai 1567, que non-seulement elle n'avait point à se plaindre de Bothwell, mais encore que, pour récompenser les grands services qu'il avait rendus à l'État, elle comptait l'élever incessamment à de nouveaux honneurs. En effet, le lendemain, elle le créa duc d'Orkney, et, deux jours après, elle l'épousa, sans que personne, tant on la savait aveuglée, eût osé lui faire de représentations sur son mariage, si ce n'est lord Herris et Jacques Melvil, qui, pour prix de leur dévouement, tombèrent dans sa disgrâce et encoururent la haine de Bothwell, haine dont ils eussent sans doute éprouvé les effets, si les événements, en prenant une gravité inattendue, n'eussent forcé Bothwell de songer à sa propre sûreté au lieu de poursuivre sa vengeance.

Les ennemis de Marie, tout en paraissant servir sa cause, l'avaient amenée là où ils voulaient. On la soupçonnait sourdement d'avoir trempé dans le meurtre de son mari. Après trois mois de veuvage à peine, elle venait d'épouser son meurtrier, et se trouvait, elle, reine, la quatrième femme vivante de cet homme qui, pour arriver à elle, avait successivement abandonné les deux premières, qui étaient de basse condition, et divorcé avec la troisième, qui était la fille du comte de Huntly, le même qui avait péri dans une rébellion, foulé aux pieds des chevaux. Il en était résulté que la déconsidération de Bothwell était retombée sur elle, et que cette déconsidération, jointe à la haine que lui portait le clergé protestant, lui ôtait tout appui solide dans la majorité de la nation. Ce fut donc le moment que Morton et Maitland, ces deux éternels complices de Murray, qui, avec son habileté ordinaire, avait, depuis un an, paru se tenir en dehors de tout parti et de toute intrigue, choisirent pour éclater.

A peine connut-on leur projet, que presque toute la noblesse d'Écosse se joignit à eux, et cela si promptement et si rapidement, que, se trouvant tout de suite en nombre suffisant pour agir, ils résolurent d'enlever du même coup le roi et la reine, qui, dans leur ignorance de ce qui se tramait autour d'eux, s'étaient rendus à une fête que leur avait offerte lord Borthwick. Cependant, comme, dans ces temps de troubles, il n'y avait point de fête dépouillée de toute crainte, les sentinelles étaient restées à leur poste. Au moment où l'on allait se mettre à table, l'une d'elles signala une troupe considérable d'hommes armés qui s'avançaient au galop vers le château. Bothwell et Marie se doutèrent que l'on en voulait à eux, et, Bothwell ayant revêtu la livrée d'un valet, Marie celle d'un page, ils sortirent par une porte du château, tandis que ceux qui venaient pour les surprendre entraient par l'autre, et ils coururent ainsi jusqu'à Dunbar.

XV

A Dunbar, ils s'arrêtèrent ; c'était une place forte sous le commandement direct de Bothwell, de sorte que c'était un centre excellent de réunion pour les partisans qui lui restaient. Il les appela à son aide et à celle de la reine, et parvint enfin à rassembler une armée assez imposante pour risquer une bataille. Ils sortirent donc de la ville et marchèrent vers Édimbourg. A moitié chemin, ils rencontrèrent les lords confédérés à Carberry-Hill, le 15 juin 1567, c'est-à-dire quatre mois après la mort de Darnley, et un mois, jour pour jour, après le mariage de la reine avec Bothwell.

Des deux côtés, les troupes étaient peu nombreuses. Tout s'était fait si rapidement, que les amis éloignés n'avaient point encore eu le temps de joindre ni l'un ni l'autre parti. Mais, quoique les armées fussent à peu près égales en nombre, elles étaient bien différentes pour l'ordre, le courage et la discipline. Le roi et la reine, pour prévenir les bruits qui ne pouvaient manquer de s'élever contre eux, avaient résolu d'agir rapidement, et, par conséquent, n'ayant pas même pris le temps d'attendre les Hamilton, leurs partisans les plus dévoués, avaient recruté tout ce qui se trouvait sous leur main. Les confédérés, au contraire, commandés par Argyle, Athol, Mar, Morton, Glaincairn, Home, Lindsay, Boyd, Murray de Tullibardin, Kirkaldy de la Grange et Maitland, voyaient à leur tête les plus nobles seigneurs et les généraux les plus expérimentés de l'Écosse, et dans leurs rangs les meilleurs soldats et les vassaux les plus fidèles. A peine les deux armées furent-elles en face l'une de l'autre, que cette différence ne leur échappa point à elles-mêmes, et que le courage des confédérés s'augmenta en raison du découragement qu'éprouvaient les troupes royalistes. Sur ces entrefaites, Ducroq, l'ambassadeur de France, se présenta comme médiateur entre les deux partis. Le résultat de la conférence fut que l'armée de la reine apprit qu'elle allait se battre, non point pour les affaires du pays, mais seulement pour le caprice amoureux d'une femme. Elle ne cherchait qu'un prétexte pour éviter le combat. Ce prétexte était trouvé. Les principaux chefs firent signifier à Bothwell que, puisque l'affaire lui était personnelle, il eût à défendre personnellement sa cause. Et Bothwell, toujours rodomont et insolent comme d'habitude, remit à Ducroq un cartel, par lequel il défiait au combat à outrance quiconque oserait soutenir qu'il était le meurtrier du roi.

A la vue de ce défi, les nobles confédérés poussèrent un cri de joie, et coururent à leurs armes. Mais tous ne pouvaient combattre à la fois Bothwell. On mit les noms des chefs dans un casque, et l'on décida que les trois premiers qui seraient tirés seraient les tenants du cartel. Les trois noms, tirés dans l'ordre suivant, furent ceux de Kirkaldy de la Grange, de Murray de Tullibardin et de lord Lindsay de Bires.

En conséquence, le même jour, un héraut se présenta devant Bothwell pour lui dire que sir Kirkaldy de la Grange acceptait son défi ; qu'il eût donc à fixer le lieu et à choisir les armes. Mais Bothwell répondit que, Kirkaldy n'étant ni comte ni lord, mais seulement baron, il ne pouvait sans déroger accepter le combat contre lui.

Deux heures après, un héraut de Murray de Tullibardin se présenta à son tour ; mais, comme il était dans les mêmes conditions que son devancier, Bothwell lui fit la même réponse.

Alors vint le tour de milord Lindsay de Bires, à qui Morton avait fait cadeau de sa propre épée pour combattre Bothwell, et auquel on ne pouvait rien répondre de pareil à ce qu'on avait dit aux autres, puisqu'il était à la fois baron, comte et lord. Mais, comme, outre tout cela, lord Lindsay était un des plus braves chevaliers de son temps, le cœur faillit à Bothwell, qui remit le combat au lendemain, et répondit qu'il en ferait connaître les conditions.

Pendant la nuit, sur la sollicitation de Marie, et surtout cédant à ses propres craintes, Bothwell partit pour Dunbar.

Le lendemain au point du jour, un héraut sortit du camp royal ; il était chargé d'un sauf-conduit pour sir Kirkaldy de la Grange, et devait le ramener pour traiter avec la reine.

Les conditions furent que la reine ne reverrait pas Bothwell. En échange de cette promesse, Kirkaldy de la Grange engagea sa parole que Marie serait traitée avec tout le respect et tous les égards qui lui étaient dus. Puis, ces conditions arrêtées, Kirkaldy de la Grange prit par la bride le cheval de Marie, et, à pied, la tête découverte, la conduisit vers le camp des confédérés. Avant qu'elle y entrât, Morton vint au-devant d'elle, et lui fit les protestations de fidélité et d'obéissance les plus positives pour l'avenir.

Cependant Marie fut bientôt à même d'apprécier la valeur de ces promesses. Tant qu'elle parcourut la première ligne, qui était composée de nobles et de chevaliers, tout alla à merveille ; mais, en passant de la première ligne à la seconde, qui se composait de soldats et de communes gens, elle commença d'entendre éclater des murmures, qui bientôt se changèrent en insultes. Alors, elle voulut s'arrêter et retourner en arrière ; mais elle se trouva en face de la bannière des lords confédérés. Cette bannière, qui avait été faite pour réveiller toutes les passions et exciter toutes les haines, représentait, d'un côté, le corps de Darnley étendu dans le verger fatal et sous l'arbre où il avait été retrouvé, et, de l'autre, le jeune prince à genoux, les yeux et les mains au ciel, avec cet exergue : « O Seigneur ! juge et venge ma cause. »

On devine l'effet qu'une pareille vue, accompagnée de murmures, d'opprobres et de cris de malédiction, dut produire sur Marie Stuart. Un instant, elle voulut y faire face ; mais bientôt son orgueil plia, elle se renversa de son cheval, écrasée et presque évanouie, de sorte que, si on ne l'eût retenue, elle serait tombée à terre.

Alors Kirkaldy de la Grange, qui sentait que son

honneur était en jeu, puisqu'il avait promis à la reine, au moment où elle s'était rendue, l'obéissance des chefs et le respect des soldats, se jeta dans les rangs avec Morton, tous deux ayant l'épée nue, et menaçant de tuer quiconque pousserait un cri. Cette démonstration de volonté, appuyée par la force, parvint enfin à rétablir un peu de calme, et, lorsque la reine revint à elle, les murmures duraient encore, mais les cris et les menaces avaient cessé. Quant à la bannière, c'était celle que les lords avaient choisie eux-mêmes, et, après l'avoir donnée à leurs soldats, ils ne pouvaient plus la leur ôter. Il fallut donc, bon gré mal gré, que Marie Stuart continuât d'en soutenir la vue.

L'armée se mit en route, ramenant Marie Stuart en triomphe, mais déjà comme une prisonnière et non plus comme une reine. Elle avait tellement été pressée dans les rangs des soldats, que le bas de sa robe était en lambeaux, et que, comme il avait plu, l'eau avait changé la poussière en boue, de sorte que ses vêtements étaient tout souillés. Enfin, comme elle n'avait pas eu un instant pour sa toilette, ses cheveux tombaient épars sur ses épaules. Ce fut ainsi qu'elle rentra dans sa capitale, où l'accueillirent les vociférations de la multitude, qui ne cessait de crier autour d'elle et en étendant le bras vers la fatale bannière :

—Mort à l'adultère! mort à la parricide!

La reine fut conduite chez le lord grand prévôt, où elle se croyait enfin au terme de ses douleurs; mais à peine fut-elle retirée dans sa chambre, qu'elle entendit s'amasser sur la place toute la population de la ville. Bientôt, à ces murmures sourds et menaçants comme le bruit d'une marée qui monte, succédèrent des cris et des vociférations plus terribles que ceux qu'elle avait encore entendus ; enfin elle vit, entre deux torches, s'élever devant sa fenêtre cette fatale bannière qui la poursuivait partout. Elle voulut tirer les rideaux ; mais alors on aperçut son ombre, et les menaces redoublèrent ; en même temps, quelques pierres lancées avec force brisèrent les carreaux, et Marie, pleurant de douleur et se tordant les bras de rage, s'en alla tomber dans un fauteuil au fond de la chambre, et la tête entre ses mains. Enfin, au bout de deux heures, les principaux de la ville, touchés de ce que devait souffrir la reine, vinrent sur la place, et firent tant, par leurs exhortations et leurs prières, que l'émeute se calma ; peu à peu les rumeurs s'éteignirent ; enfin, vers minuit, la place redevint solitaire et silencieuse.

Alors Marie, voyant de quelle façon on observait les promesses qui lui avaient été faites, ne se crut plus engagée par les siennes, et, comme, au milieu de toutes ces tortures, son amour pour Bothwell, qui les avait causées, n'avait pas faibli un instant, elle se le représenta, à cette heure, seul, isolé comme elle, et, de plus, proscrit ; et, ne pouvant pas résister au désir de le consoler, elle lui écrivit une longue lettre, dans laquelle elle lui renouvela la promesse de ne l'oublier jamais et de le rappeler auprès d'elle dès qu'elle en aurait le pouvoir ; puis, cette lettre écrite, elle appela un soldat, lui donna une bourse pleine d'or, à la condition qu'il partirait à l'instant même pour Dunbar, et, si Bothwell en était déjà parti, le suivrait partout où il serait allé, et lui remettrait à lui-même ce message. Le soldat promit tout ce que la reine voulut, prit l'or, et livra la lettre aux seigneurs confédérés.

Ceux-ci n'attendaient qu'un prétexte, et saisirent avec empressement celui qui se présentait. Morton, à qui la lettre avait été remise, convoqua dès le matin les autres seigneurs en conseil extraordinaire, et tous décidèrent qu'il fallait envoyer la reine prisonnière au château de Lochleven, situé au milieu du lac et sur l'île de ce nom : ce fut la retraite qui leur parut la plus sûre, tant à cause de sa situation que du châtelain à qui la garde en était confiée. Ce châtelain était Williams Douglas, fils aîné de lord Douglas de Lochleven et d'une ancienne maîtresse de Jacques V; de sorte qu'il se trouvait demi-frère du régent.

Le lendemain à onze heures, la reine reçut l'invitation de se préparer à partir, sans qu'on lui dît pour quelle destination, et sans qu'on lui accordât pour l'accompagner d'autre femme que Marie Seyton : il est vrai que celle-là, la plus chère entre les quatre Marie, était fille de lord Seyton, un des plus dévoués de ses partisans. La reine avait trop souffert à Édimbourg pour que toute autre résidence, quelle qu'elle fût, ne lui parût point préférable. Elle demanda donc seulement à lord Lindsay, qui lui notifiait ce départ au nom des lords confédérés, d'effectuer son départ dans une litière fermée. Lord Lindsay répondit que les seigneurs écossais avaient prévenu ses désirs, et qu'une voiture de ce genre l'attendait à la porte. Une heure après, Marie Stuart avait quitté Édimbourg pour n'y plus rentrer.

Le soir de ce même jour, qui était le 16 juin 1567, les portes du château de Lochleven se fermèrent sur elle, et seulement alors Marie Stuart comprit qu'elle était en prison.

XVI

Le château de Lochleven était situé, comme nous l'avons dit, au milieu du lac et sur l'île de ce nom, entre le golfe d'Édimbourg et le golfe de Tay, à une grande journée de marche d'Édimbourg. C'était une bâtisse massive, du XIIIe siècle, environnée d'une grande cour, et flanquée d'une tour ronde à deux de ses angles. Vers sa face méridionale, s'élevait, entouré d'un prolongement de murailles, un petit jardin planté d'arbres d'une verdure sombre, et qui, au milieu du morne brouillard qui s'amassait soir et matin à la surface du lac, semblaient, comme le château lui-même, une végétation de granit. Au reste, quand ce brouillard se levait, comme la toile d'un théâtre, on découvrait, des fenêtres mêmes de Marie Stuart, deux panoramas d'une beauté bien différente : l'un, vers l'ouest, était la vaste et fertile plaine de Kinross, commandée par le petit village de ce nom ; l'autre était, vers le sud, la chaîne dentelée du Ben-Lomond, qui venait mourir, en s'abaissant de montagnes en collines, sur les rivages mêmes du lac.

En arrivant au château, la reine avait été reçue par ses hôtes, ou plutôt par ses geôliers : c'était d'abord lady Williams Douglas, cette ancienne maîtresse de Jacques V, qui, ayant été sur le point d'épouser le roi, avait gardé contre Marie de Guise, sa femme, pendant tout le temps qu'elle avait vécu, une haine qu'à sa mort elle avait naturellement reportée sur Marie Stuart, sa fille. A l'âge de quarante ans à peu près, elle avait adopté la religion réformée, et, comme la première partie de sa vie était pour elle un remords, elle avait réagi sur la seconde ; de sorte que lady Lochleven espérait, par un puritanisme exagéré, faire oublier aux autres ce qu'elle ne pouvait oublier elle-même.

Après la vieille lady, qui exerçait, sinon l'autorité matérielle, du moins la direction de conscience sur tout le château, venait son fils aîné Williams Douglas, fils de lord Douglas de Lochleven, commandant de la forteresse, entièrement dévoué au régent Murray, de qui il tirait toute sa force, et par lequel seulement il pouvait être quelque chose. C'était un homme de vingt-huit à trente ans, véritable Douglas par ses cheveux roux, ses yeux bleus, sa face large et haute en couleur, et plus encore par son caractère hautain et inflexible ; au reste, ferme dans sa haine comme dans son amour, mais incapable, pour satisfaire l'une ou l'autre, d'une action basse ou honteuse.

Enfin, la troisième personne était un enfant de douze à treize ans, qui, étant resté orphelin, avait été orgueilleusement recueilli par ses parents, non point par amitié pour lui, mais afin qu'il ne fût pas dit qu'un Douglas était dans la misère. Depuis trois ans qu'il était au château, rien ne lui avait indiqué la place qu'il y tenait, ballotté qu'il était entre les duretés de Williams, l'indifférence de sa mère et le respect des domestiques ; car, après tout, quoique orphelin et pauvre, c'était toujours un Douglas, et, par orgueil pour elle-même, le reste de sa famille ne voulait pas qu'un seul parmi les serviteurs s'écartât un instant du respect que tous devaient à ce nom. Il en était résulté que l'enfant grandit dans une liberté entière, passant ses journées à chasser dans la montagne, à pêcher dans le lac, ou à forger dans l'atelier d'armurerie des fers de flèche ou des pointes de lance.

Cependant, tout sauvage qu'il était, le petit Douglas s'était pris d'une grande amitié pour George, second fils du lord de Lochleven, et frère de Williams Douglas, gouverneur du château; c'est qu'il existait entre le petit Douglas et George une parité d'opinions qui avait fait du premier coup naître entre eux la sympathie.

George Douglas, absent du château lorsque Marie Stuart y arriva, était un beau jeune homme de dix-neuf à vingt ans, qui, contre l'habitude des Douglas de la branche cadette, avait les cheveux, les yeux et la barbe noirs, le visage pâle et le caractère mélancolique. Cette différence entre ce jeune homme et les autres membres de la famille était si grande et avait paru si extraordinaire, que des soupçons s'étaient élevés contre lady Williams Douglas, et que son mari avait songé qu'elle avait, malgré son mariage avec lui, conservé quelques traditions de sa jeunesse. Ces soupçons étaient d'autant plus compréhensibles, que déjà, lors de la naissance de Murray, qui avait reçu le nom de Jacques Stuart, c'étaient des bruits pareils qui avaient empêché le roi Jacques V d'élever sa maîtresse au rang de sa femme. Il en résultait donc que la naissance d'un Douglas brun avait été dans la famille une source de discordes dont le pauvre George s'était ressenti : elle avait fait que, d'un côté, le lord de Lochleven et Williams Douglas ne l'avaient jamais traité ni en fils ni en frère, et, de l'autre, lady Douglas, qui, coupable ou non, avait vu, à l'occasion de sa naissance, les fautes de sa jeunesse lui réapparaître comme des spectres qu'elle croyait évanouis, n'avait pu lui pardonner ces nouveaux chagrins, tout innocent qu'il en était. George avait donc grandi, étranger au milieu de sa propre famille; de sorte que l'enfant et lui s'étaient naturellement rapprochés l'un de l'autre, et s'étaient liés bientôt par leur mutuel isolement. Cette amitié avait surtout profité à l'enfant, qui avait appris de son bon ami George à monter à cheval et à manier les armes, leçons que l'enfant ne pouvait reconnaître que par une amitié et un dévouement sans bornes. Aussi était-ce fête pour le petit Douglas lorsque George, après quelques-unes de ces absences longues et mystérieuses auxquelles il avait habitué sa famille, qui ne s'en était, d'ailleurs, jamais beaucoup inquiétée, reparaissait au château de Lochleven, duquel, ainsi que nous l'avons dit, il était absent au moment de l'arrivée de Marie Stuart.

Au reste, à peine Marie avait-elle quitté Édimbourg, que Murray y avait reparu; car l'espèce de révolution qui venait de s'y opérer s'était faite, sinon par son influence, du moins en sa faveur. En attendant que la régence lui fût conférée, ce qui ne pouvait se faire que par l'abdication ou la mort de Marie Stuart, les lords confédérés avaient établi une apparence de gouvernement, en se réunissant sous le titre de lords du conseil secret, et en s'arrogeant, grâce à ce titre, toute la puissance royale. Leur premier acte d'autorité et de politique fut de rechercher les auteurs de la mort du roi, et, quoique l'on dît tout haut que les principaux complices de cette mort étaient dans les rangs des juges, on n'en arrêta pas moins un certain capitaine Blackadder et trois autres hommes de basse extraction que l'on condamna à mort et qui furent exécutés, quoiqu'ils niassent, jusqu'au dernier soupir, avoir pris la moindre part au complot. Cette exécution avait un double but : celui de populariser les lords, dont le premier soin avait été de venger un meurtre dont tout le monde demandait l'expiation, et celui de condamner la conduite de la reine, qui, de son côté, l'avait laissé si longtemps impuni.

Vers ce même temps, le bruit se répandit qu'un affidé de Bothwell, nommé Daglish, avait été arrêté, et qu'on l'avait trouvé porteur d'une cassette incrustée d'argent et marquée de la lettre F et du chiffre II; ce qui faisait croire que cette cassette venait de François II. Interrogé à qui cette cassette appartenait, et par qui elle lui avait été remise, il répondit qu'elle lui avait été remise par Dalfour, gouverneur du château d'Édimbourg, et qu'elle appartenait à son maître le comte de Bothwell, à qui Marie Stuart l'avait donnée. Alors, comme cette cassette était soigneusement fermée, la serrure en avait été forcée, disait-on, et l'on y avait trouvé des lettres de Marie à Bothwell, qui prouvaient à la fois et son adultère et sa participation au meurtre. Cependant, quoique ces lettres aient été publiées plus tard, on n'en présenta jamais que des copies, et, comme, de son côté, la reine nia toujours qu'elle les eût écrites, les historiens sont restés tout à fait dissidents sur cette matière; les ennemis de la reine soutenant leur authenticité, tandis que ses partisans, au contraire, soutinrent toujours qu'elles étaient fausses.

Cependant Marie Stuart, toute prisonnière qu'on l'avait faite, n'était point entièrement abandonnée; beaucoup de seigneurs avaient trouvé mauvais que l'on disposât ainsi de la reine sans leur demander avis, et que l'on formât un gouvernement sans les appeler à sa composition : ils se réunirent donc à Dumbarton pour s'opposer, autant qu'il était en eux, à la marche des choses.

XVII

Pendant ce temps, la reine, enfermée dans son château de Lochleven, sans autre distraction qu'une promenade surveillée dans l'étroit jardin dont nous avons parlé, passait ses journées, soit à la fenêtre de sa chambre à coucher, qui donnait sur la chaîne du Ben-Lomond, soit à la fenêtre de son salon, qui donnait sur le bourg de Kinross. Cette dernière était celle que préférait la reine; car de ce côté les rives du lac étaient plus peuplées, et, par conséquent, plus distrayantes. Quant à ses hôtes, elle ne les apercevait, Williams Douglas, qu'à l'heure de ses repas, — car, pour rassurer Marie Stuart, il s'était constitué son écuyer tranchant, et goûtait devant elle et avant elle tous les plats et tous les vins qui lui étaient servis; — lady Lochleven, que lorsqu'elle traversait gravement la cour pour se rendre au petit jardin qu'avait bientôt abandonné Marie, fatiguée qu'elle était de ne pouvoir s'y promener librement, quoiqu'il y eût une sentinelle à la porte de la cour et à la porte du lac; et enfin le petit Douglas, que lorsqu'il pêchait sur le lac ou chassait sur le rivage. Heureusement, Marie Seyton lui tenait fidèle compagnie, et adoucissait sa captivité autant qu'il était en elle.

Cette captivité durait depuis huit jours à peu près, lorsqu'un matin Marie entendit sonner du cor vers la partie du rivage où la route d'Édimbourg venait aboutir au lac. Elle courut aussitôt à la fenêtre de son salon, et aperçut une troupe assez nombreuse qui faisait halte en attendant qu'une barque qui fendait l'eau de toute la force de quatre vigoureux rameurs, vînt lui offrir un moyen de transport. Cependant, quoique cette troupe se composât de dix ou douze personnes au moins, trois hommes seulement montèrent dans la barque et revinrent vers le château. Marie, pour qui, dans sa position, tout était événement, les regarda venir avec une curiosité qui se changea bientôt en crainte; car, à mesure qu'ils s'approchaient, elle croyait reconnaître parmi les arrivants lord Lindsay, son mortel ennemi. En effet, elle n'eut bientôt plus de doute, c'était bien lui, tel qu'elle l'avait toujours vu, soit à la cour, soit sur le champ de bataille, c'est-à-dire avec un casque d'acier sans visière, sa barbe noire dont l'extrémité commençait à grisonner et qui retombait sur sa poitrine, son justaucorps de buffle, autrefois doublé de soie et brodé, mais que le frottement de son armure, qu'il ne quittait jamais les nuits de bivac et les jours de combat, avait si fort endommagé, qu'il était presque impossible de reconnaître sa couleur primitive, et, de plus, une de ces grandes épées dont on ne pouvait se servir qu'en les tenant à deux mains, et qui, mesurées à une force de géant, commençaient à être de moins en moins en usage, à mesure que les races s'appauvrissaient.

Le second compagnon de lord Lindsay était un homme du même âge que lui à peu près, mais dont l'extérieur pacifique formait un contraste étrange avec l'apect guerrier du vieux baron. En effet, cet homme au visage pâle et doux, aux cheveux blanchis avant l'âge, aux vêtements noirs, et qui portait une épée si légère et si faible, qu'elle était plutôt une preuve de son rang qu'un moyen d'attaque ou de défense, était sir Robert Melvil, frère d'André Melvil, maître d'hôtel de la reine, et de Jacques Melvil, son ambassadeur. Quoique, d'après le portrait que nous en avons fait, la reine ne dût pas attendre de lui un secours bien grand, sa vue ne contribua pas moins à la rassurer quelque peu, car elle savait qu'elle trouverait toujours en lui, sinon puissance, du moins sympathie.

Quant au deuxième compagnon de lord Lindsay, Marie essaya en vain de le reconnaître; car, du moment où il était entré dans la barque, il s'était assis à l'avant, et, par conséquent, tournait le dos de son côté; de sorte qu'elle ne put savoir, quelques efforts qu'elle fît pour deviner qui il pouvait être, s'il venait en ennemi ou en ami. Néanmoins, quoiqu'elle ignorât quelle cause les amenait, comme la reine se doutait bien que c'était à elle qu'ils avaient affaire, elle ordonna à Marie Seyton de descendre pour voir si elle ne pourrait pas saisir quelque chose du but de leur visite, tandis qu'elle ferait un peu de toilette pour les recevoir.

Au bout d'un instant, Marie Seyton remonta. La reine ne s'était pas trompée : Lindsay et Melvil venaient porteurs d'un message de Murray. Quant au troisième ambassadeur, que la reine n'avait pu reconnaître, c'était lord Ruthwen, le fils de celui-là même qui avait assassiné Rizzio. A ce nom, la reine pâlit affreusement, et, comme on entendait des pas dans l'escalier, et qu'elle ne voulait pas être surprise dans un pareil trouble, elle ordonna à Marie Seyton d'aller fermer la porte d'entrée avec la barre, afin qu'elle eût quelques minutes pour se remettre. Marie obéit aussitôt; de sorte que Lindsay, après avoir essayé de lever le loquet, trouvant la porte fermée, frappa avec violence.

— Qui frappe ainsi à la porte de Sa Majesté la reine d'Écosse? demanda Marie Seyton.

— Moi, lord Lindsay, répondit une voix rude et forte, tandis que la porte, secouée plus rudement encore, menaçait de sortir de ses gonds.

— Si vous êtes véritablement lord Lindsay, reprit Marie Seyton, c'est-à-dire un noble seigneur et un loyal chevalier, vous attendrez, pour entrer chez elle, le loisir de votre souveraine.

— Attendre? dit lord Lindsay; attendre? Lord Lindsay n'attendrait pas une minute, vînt-il pour son propre compte, et à plus forte raison lorsqu'il se présente comme envoyé du régent et porteur d'un ordre du conseil secret. Ouvrez donc, ou, de par le ciel! j'enfonce cette porte.

— Milord, murmura d'un ton suppliant la voix de Melvil, ayez patience ; lord Ruthwen n'est point encore prêt, et nous ne pouvons rien faire sans lui.

— Et, s'il lui plaît de rester une heure à sa toilette, s'écria Lindsay, faudra-t-il que je l'attende une heure sur ce carré? Oh! pour cela, non, sir Melvil, et, dussé-je mettre un pétard sous celle-ci, on ouvrira, ou je la fais sauter.

— Qui que vous soyez, dit Melvil s'adressant à Marie Seyton, retournez auprès de la reine, et dites-lui que son serviteur, André Melvil, la fait prier d'ouvrir sans retard.

— La reine me donnera ses ordres quand le moment lui semblera venu de me les donner, répondit Marie Seyton. En attendant, mon poste est ici, et j'y reste.

Marie n'avait pas achevé ces paroles, qu'un coup de poing de Lindsay ébranla la porte avec tant de violence, qu'elle eût évidemment cédé à un autre coup pareil, lorsqu'on entendit la voix de la reine qui criait à Marie d'ouvrir. Marie obéit.

Lindsay entra si violemment, qu'en poussant la porte, il jeta la jeune fille contre le mur, et la blessa légèrement à la tête, et, sans faire attention à elle, pénétra jusqu'au milieu de la seconde chambre. Arrivé là, il regarda autour de lui, et, voyant qu'il n'y avait personne :

— Eh bien, dit-il, lady Marie est-elle donc invisible, et, soit dedans, soit dehors, faut-il toujours qu'elle fasse faire antichambre aux nobles lords qui viennent la visiter? Qu'elle prenne garde; car, si elle oublie où elle est, nous l'en ferons, mordieu! bien souvenir.

En ce moment, la porte de la chambre à coucher s'ouvrit, et la reine parut.

Jamais, peut-être, Marie n'avait été si belle, et ne s'était offerte si calme et si pleine de majesté, même au temps où elle saluait, de la plus haute marche de son trône, les ambassadeurs de France, d'Espagne et d'Angleterre ; si bien que lord Lindsay, quoiqu'il fût le plus brutal, peut-être, comme il était le plus brave des seigneurs de cette époque, ne put supporter son regard et s'inclina devant elle.

— J'ai peur de vous avoir fait attendre un instant, milord, lui dit-elle ; mais, pour être prisonnière, on n'en est pas moins femme. J'espère donc, quoique ce soit un cérémonial dont les hommes se dispensent volontiers, que vous m'excuserez d'avoir donné quelques minutes à ma toilette au moment de recevoir une visite qui m'est d'autant plus précieuse qu'elle était inattendue.

Lindsay voulut balbutier quelques mots de marche rapide et de mission pressée, le tout en jetant un regard un peu confus sur sa cuirasse rouillée et sur ses vêtements sales. Mais la reine, s'adressant à son compagnon :

— Bonjour, Melvil, lui dit-elle : je vous remercie d'être aussi fidèle à la prison que vous l'étiez au palais. Mais, si vous continuez ainsi, je vous conseille de troquer votre habit de diplomate contre une armure de soldat. Cela vous sera facile dans une époque où les soldats se font diplomates. Mais, continua la reine avec une voix aussi calme que si elle ne s'était pas fait en ce moment une profonde violence, vous n'étiez pas seuls, messieurs, et j'avais cru voir dans la barque un troisième compagnon.

— Vous ne vous trompiez point, madame, répondit Lindsay ; mais j'espère que ce sont ses pas que j'entends, et qu'il ne nous fera pas attendre plus longtemps pour une cause aussi futile que celle qui l'a arrêté.

La reine se retourna vers la porte avec le visage le plus calme du monde, quoiqu'il fût facile de voir qu'elle pâlissait, et qu'elle-même, tant ses jambes tremblaient sous elle, crût un instant qu'elle allait tomber. Lindsay ne s'était pas trompé : au bout d'un instant, lord Ruthwen parut, tenant quelques papiers à la main.

C'était un homme de trente-deux à trente-quatre ans, à la figure de marbre, ayant à la fois la tournure d'un homme de guerre et le front impassible d'un homme d'État. Il était vêtu d'un justaucorps de chamois brodé, se rapprochant d'un élégant négligé militaire. Il ressemblait d'une manière étrange à son père. Marie se sentit frémir tout entière à cette vue ; car elle ne put s'empêcher de songer qu'elle était, à part Melvil, en face d'hommes habitués à arriver à leur but par tous les moyens que la force mettait en leur pouvoir.

XVIII

— Arrivez donc, milord ! s'écria Lindsay pendant que Ruthwen saluait Marie, et que Melvil faisait approcher par deux domestiques une table et un fauteuil. Arrivez donc ! vous voyez bien que nous n'attendons que vous.

— Et Sa Grâce me pardonnera, je l'espère, de l'avoir fait attendre en faveur du motif qui a causé ce léger retard, répondit Ruthwen en indiquant d'un geste qu'il avait passé à sa toilette un temps que Lindsay pensait que l'on aurait dû plus utilement employer.

— Oui, sans doute, elle vous pardonnera, Ruthwen; car les femmes ont une grande indulgence pour les fautes du genre de celle que vous venez de commettre; mais la question n'est point là; la question est, vous le savez, qu'il faut que nous soyons demain avant le jour à Édimbourg.

— En ce cas, milords, dit la reine en s'asseyant, ayez la bonté de m'expliquer au plus tôt la cause de votre visite; car, si vous manquiez à votre engagement, je ne voudrais, pour rien au monde, je vous jure, que la faute en retombât sur moi.

— Madame, dit Ruthwen en s'approchant de la table, nous venons au nom des lords du conseil secret...

— Pardon, milord, dit la reine en l'interrompant; mais voilà la première fois que j'entends parler de ce nouveau pouvoir, et je ne me rappelle pas l'avoir institué avant mon départ.

— Vous avez raison, madame, car il s'est institué lui-même, vu la gravité des circonstances; je viens donc, comme j'ai eu l'honneur de le dire à Votre Grâce...

— Me demander mon pardon, à ce que je présume, pour tant de hardiesse, interrompit une seconde fois Marie, malgré les signes suppliants de Melvil, et me prier de vouloir bien remonter sur le trône dont on m'a fait descendre un instant, au mépris de la foi jurée dans la plaine de Carberry-Hill. Vous n'étiez pas présent à ce traité, je le sais; mais milord Lindsay y était, si je me le rappelle, et il sait à quelles conditions je me suis rendue à sir Kirkaldy de la Grange.

— Oui, madame; mais je sais aussi quelles étaient les promesses que vous aviez faites de votre côté : ces promesses étaient de ne jamais revoir l'infâme et lâche Bothwell.

— L'ai-je revu, milord? demanda froidement la reine.

— Non, madame ; mais vous lui avez écrit.

— Et depuis quand, milord, au moment d'une séparation éternelle, une femme ne peut-elle plus écrire à son mari?

— Quand le mari est un traître et un assassin, dit Lindsay, la femme peut être soupçonnée d'être quelque peu sa complice, en intention, sinon de fait.

— Milord, dit la reine, cet homme que vous appelez un assassin et un traître, coupable ou non, était ce qu'il est aujourd'hui lorsqu'il m'apporta, signé des principaux noms de la noblesse d'Écosse, un écrit dans lequel il m'était désigné comme le seul qui pût, en devenant mon époux, rétablir la tranquillité du royaume : cet écrit, je l'ai conservé, milord, et, si je cherchais bien parmi les signatures, peut-être retrouverais-je celles des gens mêmes qui me font aujourd'hui un crime du mariage qu'ils me conseillaient alors. Il est vrai que j'ai appris depuis que c écrit avait été rédigé sur une table de taverne, à la fin d'un dîner, au milieu des bouteilles renversées et des verres vides ; mais le moyen de deviner que ceux qui sont chargés des affaires de l'État choisissent pour prendre leurs délibérations le moment où ils sont ivres, et prennent pour la salle de leurs séances le rendez-vous ordinaire des portefaix de la cité ?

— Madame, dit Ruthwen avec sa même voix glacée, oserais-je rappeler à Votre Grâce qu'elle s'engage dans une discussion inutile, puisque ce qui est fait est fait, et que nous sommes envoyés, non pour argumenter sur le passé, mais pour poser des bases à l'avenir ?

— Et sans doute, milord, ces bases sont contenues dans ces papiers ? dit Marie Stuart en indiquant du doigt les actes que Ruthwen tenait à la main.

— Oui, madame ; et vous êtes invitée par le conseil secret à les signer, et à vous conformer à ce qu'ils renferment, comme au seul moyen de rétablir la tranquillité de l'État, de propager la parole du Seigneur et d'assurer le repos du reste de votre vie.

— Voilà de merveilleuses promesses, dit la reine ; si merveilleuses, que je n'y puis croire, et que, quelque envie que j'aie de signer de confiance, je suis forcée par mon incrédulité même de prier Votre Seigneurie de m'en faire connaître le contenu : lisez donc, milord, je vous écoute.

Ruthwen déplia l'un des papiers, et, sans hésitation, sans trouble, d'une voix inflexible comme celle du destin, lut ce qui suit :

« Appelée dès notre plus tendre jeunesse à la couronne d'Écosse, et, depuis six ans, au gouvernement du royaume, nous avons donné tous nos soins à son administration ; mais nous avons éprouvé tant de fatigues et de peines, que nous ne nous trouvons plus l'esprit assez libre, ni les forces suffisantes pour supporter le fardeau des affaires; mais, comme la bonté divine a daigné nous accorder un fils, nous désirons de notre vivant lui voir porter une couronne qui lui appartient par droit de naissance. C'est pourquoi, par suite de notre affection pour lui, nous nous démettons en sa faveur, et par ces présentes, librement et volontairement, de tous nos droits à la couronne et au gouvernement de l'Écosse, voulant qu'il monte sans retard sur le trône, comme s'il y était appelé par notre mort, et non par un effet de notre volonté. Et, pour que cette présente abdication ait un effet assez complet et assez solennel pour que nul n'en puisse prétendre cause d'ignorance, nous donnons plein pouvoir à nos féaux et fidèles cousins, lord Williams Ruthwen et lord Lindsay de Bires, d'assembler en notre nom la noblesse, le clergé et les bourgeois d'Écosse, et de résigner publiquement et solennellement, entre leurs mains, tous nos droits à la couronne et au gouvernement de l'Écosse.

» Au château de Lochleven, ce   juin 1567. »

La reine écouta toute cette lecture avec un calme que Melvil et Marie Seyton, qui connaissaient son caractère fier et emporté, étaient bien loin d'attendre d'elle ; puis, lorsque lord Ruthwen eut achevé :
— Et est-ce là seulement tout ce que mes fidèles

sujets exigent de leur reine ? demanda Marie avec un accent d'ironie profonde. En vérité, je m'attendais à quelque chose de plus difficile que de remettre la couronne à un enfant âgé d'un an à peine, et que d'abandonner le sceptre pour la quenouille ; mais sans doute vous avez, en ambassadeur habile, voulu procéder par gradation, et ce second papier contient la véritable cause de votre visite ?

— Ce second papier, madame, dit Ruthwen, contient la nomination de Jacques Stuart, comte de Murray, à la régence du royaume pendant tout le temps de la minorité du jeune roi.

— Mais, pour que cet acte soit valable, dit Marie, il me semble, milord, qu'il vous faut encore un autre consentement que le mien.

— Et lequel, madame ? demanda Ruthwen.

— Celui de la personne à qui vous conférez cette charge sans savoir encore si elle l'acceptera.

— Cette personne, madame, répondit Ruthwen, en exerce déjà provisoirement les fonctions, en attendant que vous la confirmiez dans cette charge.

— Mon frère régent ! s'écria douloureusement Marie ; mon frère sur le trône ! mon frère à ma place !... mon frère, que je regardais comme mon seul et dernier appui !... Oh ! Melvil, au nom du ciel, ce que l'on me dit là est-il vrai ?

— Hélas ! madame, répondit Melvil, l'honorable lord Ruthwen n'avance rien qui ne soit exact, et c'est lui-même qui m'a adjoint aux deux nobles lords qui viennent à vous de la part du conseil secret.

— Oui, oui, dit Lindsay avec impatience ; quoique je ne sache pas précisément dans quel but vous avez été envoyé, à moins que ce ne soit pour remplir l'office du morceau de sucre que l'apothicaire met dans la tisane d'un enfant gâté.

— Si vous ignorez ma mission, moi, je la connais, milord, répondit Melvil, et, avec l'aide de Dieu, je la remplirai.

— Pardon, madame, reprit Ruthwen avec le même accent lent, froid et grave, mais je suis forcé d'insister auprès de vous pour obtenir une réponse à la demande du conseil.

— Dites au conseil, milord, que vous avez trouvé Marie Stuart prisonnière, mais toujours reine, et que le premier acte de ce pouvoir, qu'on pourra lui arracher peut-être, mais qu'elle ne rendra jamais, sera de faire tomber la tête des traîtres et des rebelles qui ont osé la méconnaître assez pour lui faire une pareille proposition.

— Au nom du ciel, madame, s'écria Melvil, regardez autour de vous, et songez où vous êtes.

— Je ne songe pas où je suis, mais qui je suis, Melvil ; je suis reine, souveraine et sacrée, et, ayant reçu ma couronne de Dieu, je ne dois la remettre qu'à Dieu.

— Madame, dit Ruthwen avec le même flegme qui ne l'avait pas quitté un instant, nous savons que vous êtes orateur, et que vous connaissez le secret des grands mots et des belles paroles ; voilà pourquoi on envoie vers vous des porte-cuirasse, et non des rhéteurs ; nous nous contenterons donc, au lieu de nous engager dans une controverse politico-théologique, de vous demander, pour la dernière fois, si, votre vie et votre honneur assurés, vous consentirez à vous démettre de la couronne d'Écosse ?

— Et, en supposant que j'y consentisse à ces conditions, monsieur, répondit ironiquement la reine, quelle garantie m'offririez-vous que cette seconde promesse serait remplie plus fidèlement que la première?

— Notre parole et notre honneur, madame, répondit Lindsay.

— Cette caution me semble un peu légère, milords, répondit Marie; n'auriez-vous pas quelque bagatelle à y ajouter, afin de lui donner assez de poids pour que le vent ne l'emporte pas comme la première?

— Assez, madame, assez! s'écria Lindsay, tandis qu'une rougeur ardente passait comme une flamme sur le visage de marbre de Ruthwen.

Puis, se tournant vers son compagnon :

— Retournons à Édimbourg, Ruthwen, et qu'il advienne de cette femme ce que Dieu en ordonnera.

— Milords, s'écria Melvil, milords, je vous en supplie, ne vous éloignez pas ainsi; laissez-moi lui parler; laissez-moi obtenir d'elle par mes prières ce que vous n'avez pu obtenir par vos menaces.

— Eh bien, restez donc, dit Lindsay; nous lui donnons un quart d'heure; mais, si, au bout d'un quart d'heure, elle n'est pas décidée, alors plus de pitié, et ce n'est plus sa liberté qui court risque, ce sont ses jours qui sont comptés.

A ces mots, il sortit de l'appartement, suivi de lord Ruthwen, et l'on entendit la pointe de sa longue épée battre, à mesure qu'il descendait, chaque marche de l'escalier.

La reine les suivit des yeux jusqu'à ce qu'ils eussent disparu; puis, comme si elle n'avait eu de forces que tant que son orgueil était soutenu par leur présence, elle s'affaissa sur elle-même lorsqu'ils furent sortis, et tomba sur son fauteuil en laissant échapper un gémissement. Alors Melvil s'approcha d'elle et fléchit le genou; mais Marie le repoussa doucement.

— Laissez-moi, Melvil, lui dit-elle, laissez-moi : tout est tellement troublé dans mon royaume et dans mon esprit, que maintenant je ne reconnais pas mes amis d'avec mes ennemis. Vous, Melvil, vous avec ces hommes, chargé de venir faire une pareille insulte à votre reine !

— Oui, madame, répondit Melvil, oui, je suis avec eux; mais, vous le savez, je ne suis pas pour eux; et, sans moi, qu'arriverait-il de vous à cette heure?

— Et croyez-vous que je les craigne? dit Marie. Que peuvent-ils me faire? Un procès? Mais je le demande, car c'est le seul moyen de me laver des calomnies infâmes que l'on m'impute... Oh! oui, oui, Melvil, le jour, la lumière sur toute ma vie ! on y verra des faiblesses, peut-être, mais pas de crime; et, je vous le jure, il n'y aura pas dans toute l'Écosse, si pervers et si vendu qu'il soit, un juge qui osera me condamner.

— Oui, sans doute, madame, reprit Melvil, oui, vous auriez raison, si les choses devaient tourner ainsi; mais est-ce par des preuves qu'ils se sont débarrassés de Darnley, de Rizzio et de trois de vos ancêtres qui sont morts assassinés? Songez-y madame, vous êtes seule ici, sans gardes, sans amis, avec une seule femme pour toute suite. Nul ne peut venir à vos cris, nul ne peut accourir à votre aide; en une nuit sombre et tempétueuse, vous disparaissez, voilà tout; qui s'en occupe? qui s'en inquiète? qui réclame? Votre fils, un enfant au berceau, qui ne sait pas même encore s'il a une mère? Élisabeth, votre rivale, Élisabeth, votre ennemie? Eh! mon Dieu! que peut-elle désirer autre chose que la mort d'une femme son égale en puissance, sa maîtresse en beauté? Vous ne craignez pas la mort, je le sais, vous en avez fait preuve sur le champ de bataille; et vous êtes trop Stuart pour craindre au grand jour la vue d'une épée; mais un poignard nocturne, madame, mais un poison caché, mais une mort obscure, sans consolation, sans prêtre? Et quand cela? quand vos amis se rassemblent, quand vos amis jurent de vous tirer d'ici... ou de mourir... Oh! pour eux, si ce n'est pas pour vous, vivez, madame, au nom du ciel, vivez!

—Oui, n'est-ce pas? répondit Marie; et, quand mes amis auront exposé pour moi leur liberté, leur vie, leur honneur; quand, tout sanglants des blessures qu'ils auront reçues en mon nom et pour ma cause, ils viendront me chercher dans ma prison, ils trouveront que la femme a trahi la reine, et que son courage a fait faute à leur dévouement.

—Mais songez-y, madame, dit Melvil en baissant la voix, et voyez, au contraire, le parti que vous pouvez tirer de la position où vous êtes : chacun vous sait prisonnière et menacée; qui croira que vous avez signé volontairement votre abdication? Personne. D'ailleurs, si on le croyait, vous auriez deux témoins de la violence qu'on vous a faite : cette jeune fille, qui n'hésiterait pas à tout dire, et, s'il le fallait, moi-même, madame... qui n'ai accepté cette mission, je vous l'ai dit, que pour vous sauver du danger qui vous menace, que ce danger soit la captivité, la mort ou le déshonneur! D'ailleurs, madame, dit Melvil en donnant un papier à la reine, avez-vous confiance dans lord Herris? avez-vous confiance dans lord Seyton? Oui, n'est-ce pas? car ce sont de braves et fidèles serviteurs. Eh bien, lisez ce qu'ils vous écrivent.

La reine prit le papier que lui tendait Melvil, et qui, en effet, était une invitation à Marie, de la part des deux lords, de céder, sur tous les points qu'on exigerait d'elle, et de signer tous les papiers qu'on lui présenterait, lui affirmant que, le jour où elle serait en liberté et protesterait contre ces actes, ces actes seraient sans valeur. Pendant ce temps, Melvil avait été à la fenêtre et était revenu. Marie Seyton avait pris sa place aux genoux de la reine, et la suppliait à son tour.

— Et toi aussi, mignonne, dit la reine en souriant, toi aussi, tu me pousses à cette lâcheté! Prends garde, je suis femme, et, quoique Stuart, comme l'a dit Melvil, j'ai peur du poignard nocturne ou du poison caché, comme j'ai peur du reptile qui se glisse dans l'ombre et sans bruit. Ah! ne me presse pas ainsi; car je serais capable de céder, et ma conscience me dit que ce serait une chose indigne de moi.

—Non, madame, dit Melvil, ce n'est point votre conscience qui vous parle ainsi, c'est votre orgueil; or, pensez que, comme l'orgueil perd l'âme, il peut aussi perdre le corps... Au nom du ciel, madame, vous n'avez plus qu'un instant pour vous décider; le quart d'heure est expiré, je les entends qui remontent. Les voilà.

En effet, au bout d'un instant, les deux lords reparurent, Lindsay avec sa rusticité ordinaire, Ruthwen avec sa froide politesse. Ils attendirent un instant ; puis, voyant que Marie gardait le silence :

— Eh bien, madame, dit Ruthwen, Votre Grâce est-elle enfin décidée? Car nous venons chercher sa réponse.

— Milords, dit Marie, il faut bien se rendre lorsqu'on ne peut combattre. Si j'étais de l'autre côté du lac, avec dix cavaliers seulement, vous n'auriez pas si bon marché de moi, peut-être ; mais ici, dans ce château, ou plutôt dans cette prison de Lochleven, entourée de murailles élevées et d'eaux profondes, pressée par vous, je n'ai pas la liberté de faire selon mon cœur. Je ferai selon ma position. Donnez-moi donc ces actes, ajouta Marie Stuart en prenant une plume ; je les signerai.

— Madame, lui dit Ruthwen en les lui remettant, il est bien entendu que Votre Grâce a son libre arbitre, signe volontairement, et ne prétend jamais arguer de la situation où elle se trouve.

La reine était prête à signer lorsque Ruthwen dit ces paroles ; mais à peine furent-elles dites, que, jetant la plume loin d'elle et se relevant avec fierté :

— Milord, dit-elle, si l'on s'attend à ce que je déclare de mon propre mouvement que je suis indigne entre les Stuarts de la couronne que nous portons depuis trois siècles, on se trompe ; et, pour les trois royaumes de France, d'Écosse et d'Angleterre, dont le premier m'a appartenu, dont le deuxième m'appartient, et dont le troisième doit m'appartenir, je ne signerai pas une pareille infamie.

— De par le ciel, s'écria Lindsay en s'élançant vers la reine et en lui saisissant la main gauche avec son gantelet de fer, vous signerez cependant, madame ; c'est moi qui vous le dis.

— Oui, milord, oui, s'écria la reine les yeux rayonnant de joie, car je n'attendais que quelque chose de pareil pour le faire. Oui, je signe volontairement, de mon plein gré ; et voilà, ajouta-t-elle en levant sa main et en montrant son poignet meurtri, qu'avait lâché Lindsay, honteux du mouvement auquel il s'était laissé emporter, voilà qui fait foi que je suis dans mon libre arbitre.

Et, à ces mots, elle signa rapidement, et comme si elle eût craint que ce ne fussent maintenant les ambassadeurs qui refusassent sa signature.

Lindsay voulut balbutier quelques paroles de regret ; mais Marie l'arrêta.

— Comment donc, milord, lui dit-elle, des excuses ? Mais c'est moi qui ai des remerciments à vous faire ; et tout ce que je regrette, c'est que cette main royale ne puisse pas se conserver rouge et meurtrie ainsi jusqu'au jour où je la montrerai à mon peuple par la fenêtre de mon palais d'Holyrood. Or, voilà tout ce que vous voulez de moi, continua Marie. Ainsi donc, adieu, milords, ou plutôt, au revoir ; j'espère que ce sera dans une circonstance et dans un lieu où je serai plus libre de vous témoigner les sentiments que vous m'avez inspirés.

Et, à ces mots, après avoir tendu son autre main à Melvil, qui y imprima respectueusement ses lèvres, elle sortit de la chambre, suivie de Marie Seyton.

De leur côté, les deux ambassadeurs s'éloignèrent sombres et mécontents de la manière dont avaient tourné les choses ; car, quoiqu'ils eussent obtenu les signatures qui étaient l'objet de leur mission, ils ne se dissimulaient pas que c'était par des moyens qui sortaient par trop des voies ordinaires de la diplomatie pour ne pas offrir un jour toute chance à la reine, en cas de protestation de sa part, surtout les choses s'étant passées devant Melvil, dont ils connaissaient l'attachement pour la prisonnière.

XIX

Deux heures après leur départ, on vint annoncer à la reine qu'en l'absence de Williams Douglas, qui, mandé par le régent, avait suivi pour quelques jours les ambassadeurs à Édimbourg, ce serait lady Lochleven elle-même qui remplirait auprès d'elle les fonctions de dégustatrice.

Mais Marie avait dissimulé dans la journée de trop violentes émotions pour n'en pas ressentir le contre-coup; de sorte que, lorsque vint le dîner, et comme lady Lochleven attendait debout, devant le buffet, que la reine se mît à table, Marie Seyton sortit de la chambre à coucher, et, s'avançant vers son hôtesse :

— Madame, lui dit-elle, Sa Majesté est indisposée et ne sortira point de sa chambre aujourd'hui.

— Permettez-moi d'espérer, mademoiselle, répondit lady Lochleven, que l'indisposition de Sa Grâce sera assez peu de chose pour lui permettre de changer d'avis d'ici à ce soir. En tout cas, voyez-moi m'acquitter des fonctions que mon fils eût remplies s'il n'était point absent de ce château pour le service de l'État.

A ces mots, l'intendant servit sur un plat d'argent, à lady Lochleven, d'abord du pain et du sel, puis ensuite, une tranche ou une cuillerée de chaque mets qui était sur la table, ainsi qu'un verre d'eau et de vin ; après quoi, elle se retira du pas roide et empesé qui lui était habituel.

Lady Lochleven avait deviné juste. Vers les huit heures du soir, Marie, se trouvant mieux, sortit de sa chambre : toute joyeuse de pouvoir faire un repas sans être espionnée par les maîtres ou par les domestiques, elle se mit à table, et, malgré la scène douloureuse de la matinée, dîna avec plus d'appétit qu'elle n'avait fait encore depuis son emprisonnement. Cela lui fut une règle sur ce qu'elle devait faire quand elle voudrait se trouver seule, et elle résolut, toute remise qu'elle était, de prolonger son indisposition au moins pendant toute la journée du lendemain.

En effet, lorsqu'à l'heure du déjeuner lady Lochleven se présenta de nouveau, elle reçut la même réponse que la veille ; et, comme la veille, elle se retira suivie de ses domestiques, après avoir goûté tous les plats, pour qu'il ne fût pas dit que, la reine présente ou absente, elle ne s'était pas acquittée de son devoir envers son hôtesse. De son côté, Marie sortit de sa chambre aussitôt son départ, et retrouva quelque appétit, grâce à ce peu de liberté que lui procurait son stratagème.

Mais, soit que lady Lochleven fût blessée de cette résolution que la reine avait prise de ne point sortir de sa chambre tant que son hôtesse était là, soit qu'elle fût retenue autre part, Marie Seyton, à l'heure du dîner, vit paraître, au lieu de la vieille lady Lochleven ou de son fils aîné, un beau jeune homme brun, qui lui était inconnu. C'était George Douglas, qui était arrivé au château le matin même.

Comme Marie Stuart n'était point prévenue de ce changement, et que, l'eût-elle su, cela n'aurait rien changé à son désir de dîner seule, Marie Seyton fit à George la même réponse qu'elle avait faite le matin à sa mère. George la reçut avec une indifférence toute puritaine, goûta les uns après les autres les différents plats qui étaient sur la table, et ordonna aux domestiques de se retirer. Ceux-ci, qui, depuis deux jours, étaient habitués à ne plus faire aucun service auprès de la reine, sortirent aussitôt.

George fit quelques pas comme pour les suivre; mais à peine le dernier eut-il disparu au tournant de la porte, qu'il s'arrêta, écoutant leurs pas s'éloigner; puis, lorsque le bruit se fut éteint, et qu'il se fut assuré qu'aucun d'eux n'était resté ni dans le corridor ni sur l'escalier, il revint vivement vers Marie Seyton, et, lui saisissant la main :

— Aimez-vous la reine, lui dit-il, et lui êtes-vous dévouée?

— Dans quel but me faites-vous cette question? demanda Marie étonnée.

— Dans le but de lui sauver l'honneur et la vie, et de lui rendre la liberté et le trône. Maintenant que vous connaissez mes intentions, priez-la de sortir; car il faut que je lui parle, et ce moment, si nous le perdons, ne se représentera peut-être jamais.

— Me voici, monsieur, dit Marie en ouvrant la porte de sa chambre; que me voulez-vous?

George, qui ne s'attendait pas à cette apparition, fit quelques pas en arrière, chancelant comme s'il allait tomber; puis, s'étant appuyé un instant sur le dossier du fauteuil préparé pour la reine et ayant regardé Marie avec une expression de ravissement indéfinissable, il s'avança lentement vers elle, et, mettant un genou en terre, il tira de sa poitrine un papier qu'il présenta à la reine.

— Qu'est cela? demanda la reine.

— Lisez, madame, répondit le jeune homme.

— Que vois-je? s'écria-t-elle après avoir parcouru le papier des yeux; un acte d'association de mes loyaux et fidèles serviteurs Seyton, Herris, d'Argyle! un engagement sur leur honneur, et au péril de leur vie, de me tirer de prison et de me remettre sur le trône! Et comment cet acte se trouve-t-il entre vos mains?

— Parce qu'il m'a été remis par les nobles seigneurs qui l'ont signé, pour vous le rendre.

— Et qui donc êtes-vous? demanda la reine.

— Le plus indigne entre vos serviteurs.

— Mais votre nom, enfin?

— George Douglas.

— George Douglas? s'écria la reine. Et comment un Douglas se trouve-t-il l'allié des Seyton, des Herris et des Hamilton, les mortels ennemis de sa famille?

— Parce que ce Douglas vous aime, madame, répondit George en tombant presque au niveau du plancher.

— Monsieur!... dit la reine en faisant un pas en arrière.

— Pardon, madame, dit Douglas; j'avoue à Votre Majesté quelle cause me fait agir, ou, sans cela, elle me prendrait pour un traître. Écoutez-moi donc une seule fois, pour ne plus m'entendre jamais parler de ma folie, mais afin que je vous convainque de mon dévouement. Depuis cinq ans que je vous ai vue, je vous ai suivie partout, dans votre expédition contre le comte de Huntly, sous l'habit d'un montagnard; dans votre course à l'Ermitage, sous les vêtements d'un écuyer; à Carberry-Hill, sous l'armure d'un soldat. Enfin j'ai vu que l'on vous avait enlevée d'Édimbourg pour vous conduire au château de Lochleven, et soudain, en songeant que ce château était celui de ma famille, je me suis cru prédestiné par le Seigneur à racheter, en vous sauvant, les offenses de ceux qui portent mon nom. J'ai su qu'un rassemblement de lords mécontents se faisait à Dumbarton. Je m'y suis rendu aussitôt; je me suis fait connaître, et, sans dire aux confédérés par quel motif j'agissais, la main sur l'Évangile, j'ai engagé mon nom, j'ai engagé mon honneur, j'ai engagé ma vie, que je vous sauverais. Alors ils m'ont remis ce papier, et je suis venu, ignorant encore par quel moyen je parviendrais jusqu'à vous. Mais Dieu a voulu confirmer mes pressentiments par un présage; le jour même de mon arrivée, cette occasion de voir Votre Majesté s'est offerte, et me voilà à vos genoux, madame, attendant mon arrêt ou mon pardon.

— Relevez-vous, sir George, répondit la reine en lui tendant la main, et soyez le bienvenu dans la prison où vous apportez l'espérance et où vous parlez de liberté.

— Ainsi donc, s'écria Douglas, Votre Majesté accepte mes services? Et de ce jour je puis être véritablement fier, car tout ce qui vit, tout ce qui pense en moi, est à vous. Oh! merci! merci!

— Mais enfin, dit la reine, avez-vous arrêté quelque chose pour ma fuite, concerté quelque plan pour mon évasion?

— Pas encore, madame, répondit Douglas : il faut, avant tout, que nous ayons rassemblé assez de soldats pour qu'en sortant de ce château, vous vous trouviez à la tête d'une armée.

— Oh! s'écria la reine, hâtez-vous donc, si vous ne voulez pas que je meure.

— Toutes les minutes de ma vie, toutes les facultés de ma pensée, toutes les ressources de mon intelligence vont être occupées à cette œuvre.

— Vous restez donc dans ce château?

— Hélas! je ne puis : ici, je vous suis inutile et même dangereux.

— Mais qui me dira que l'on s'occupe de moi? quand saurai-je que le temps approche?

— Nos moyens de correspondance sont prévus, madame. Venez et regardez cette petite maison isolée sur la colline de Kinross : tous les soirs, vous y verrez briller une lumière, et cette lumière sera le phare qui vous dira d'espérer. Quand vous voudrez interroger vos amis, pour savoir où ils en sont de leurs préparatifs, approchez à votre tour votre lampe de la fenêtre; alors la lumière de Kinross disparaîtra; mettez aussitôt la main sur votre cœur : si vous comptez jusqu'à vingt battements sans qu'elle reparaisse, c'est que rien n'est arrêté encore; si vous n'en comptez que dix, c'est que votre évasion est fixée à huit jours; si vous n'en comptez que cinq, c'est qu'elle est pour le lendemain; si elle s'éclipse tout à fait, c'est que vous serez libre le soir même. D'ailleurs, ajouta Douglas en présentant un papier à la reine, de peur d'oubli ou d'erreur, tout est détaillé ici.

— Ainsi vous aviez tout prévu, dit la reine, quand je ne savais pas même que vous existiez? Vous vous occupiez des moindres détails de mon évasion, et je me plaignais d'être abandonnée de Dieu et des hommes? Oh! j'étais bien injuste et bien ingrate, car un dévouement comme le vôtre peut consoler de bien des trahisons.

— Et maintenant, madame, reprit Douglas, il faut que je me retire. Mon absence prolongée pourrait inspirer des soupçons, et ces soupçons vous perdraient; car tout vous est ennemi ici, excepté moi et un pauvre enfant qui aime ce que j'aime et qui hait ce que je hais. Ainsi donc, adieu, madame; je ne sais quand je vous reverrai, ni même si je vous reverrai. Mais interrogez la lumière de Kinross : tant qu'elle brillera, c'est que je vivrai, et, tant que je vivrai, madame, ce sera pour le service de Votre Majesté.

A ces mots, George Douglas s'inclina, et sortit de la chambre, laissant Marie Stuart pleine d'espérance et de joie.

Le même soir, la reine vit briller la lumière dans la petite maison de Kinross; et, pour savoir si c'était bien celle-là et si elle ne se trompait point, elle tenta l'épreuve convenue : la lumière disparut, lui laissa compter vingt battements de son cœur, et reparut. Douglas avait dit vrai, un ami fidèle et dévoué veillait pour la prisonnière.

XX

Le lendemain, Williams Douglas revint d'Édimbourg, et reprit près de la reine ses fonctions accoutumées. Marie, de son côté, pour n'inspirer aucun soupçon, le reçut comme d'habitude. — Un mois s'écoula ainsi, sans amener aucun événement qui mérite la peine d'être raconté. Chaque soir, la reine avait vu briller la seule étoile qu'elle cherchât maintenant, non plus au ciel, mais sur la terre; chaque soir, fidèle et intelligente, elle avait répondu qu'il n'y avait encore rien de décidé. Enfin, au bout de ce mois, elle changea de langage, et reparut aussitôt après que la reine eut compté le dixième battement de son cœur.

Marie jeta un cri qui fit accourir sa compagne. Celle-ci trouva la reine pâle et tremblante, et pouvant à peine se soutenir, tant son émotion était grande. Cependant elle ne pouvait croire à la nouvelle annoncée, et croyait s'être trompée. Marie Seyton renouvela l'épreuve à son tour. La lumière comprit que l'on demandait la confirmation de ce qu'elle avait déjà dit, et, après s'être éloignée un instant, reparut comme elle avait fait la première fois, aussitôt après le dixième battement. Ainsi, l'évasion était prochaine. Les deux prisonnières passèrent la nuit à la fenêtre.

Le lendemain, comme la reine et sa compagne étaient occupées à faire de la tapisserie, une pierre brisa une vitre et tomba dans la chambre. La reine crut d'abord que c'était un accident ou une insulte;

mais Marie Seyton vit que cette pierre était enveloppée dans un papier; elle la ramassa aussitôt, présumant que c'était une lettre : elle ne s'était pas trompée. Voici ce qu'elle lut :

« Tout sera prêt d'ici à quelques jours, et la délivrance de Sa Majesté est à peu près certaine si elle veut suivre de point en point les instructions indiquées ci-après.

« Demain miss Marie Seyton descendra seule au jardin. Comme on sait qu'elle n'essayera pas de fuir sans la reine, et que, d'ailleurs, ce n'est point elle qui est prisonnière, on ne la suivra pas. Elle trouvera dans le saule creux qui est derrière la porte une lime et une échelle de cordes : la lime est pour scier un des barreaux de la fenêtre, la corde pour descendre de la chambre dans la cour.

« La reine interrogera tous les soirs la lumière, et la lumière lui indiquera le jour arrêté pour l'évasion et que l'on ne peut fixer ici, parce qu'il dépend du tour de garde d'un des soldats du château qui a été mis dans ses intérêts.

« Le soir du jour fixé, la reine, à compter de dix heures, se tiendra prête. Quand elle entendra trois fois le cri de la chouette, elle enlèvera le barreau, attachera l'échelle par un bout, et laissera pendre l'autre, dont elle aura pris la mesure afin qu'il descende jusqu'à terre. Un homme alors montera pour essayer la force de l'échelle, et, cette épreuve faite, de peur d'accident, il aidera les prisonnières à descendre.

« Puis, avec l'aide de Dieu, tout s'accomplira selon les désirs des fidèles sujets de Sa Majesté. »

La reine courut à la fenêtre ; mais elle ne vit personne. Alors elle relut une seconde fois la lettre ; elle était aussi positive que possible, et confirmait toutes les espérances qu'avait données la lumière.

La reine passa la journée dans une agitation extrême, les yeux constamment fixés sur le lac et sur Kinross ; mais les volets de la maison étaient fermés, et elle ne vit pas autre chose sur le lac qu'une barque à l'ancre, dans laquelle le petit Douglas était occupé à pêcher.

Le soir, elle interrogea de nouveau la lumière, qui lui laissa compter jusqu'à dix battements : les choses étaient toujours dans le même état.

Le lendemain, Marie Seyton descendit au jardin, et, ainsi que l'avait prévu George, comme elle était seule, on ne la suivit pas. Elle trouva dans le saule creux la lime et l'échelle de cordes, et remonta bientôt près de la reine avec cette nouvelle preuve des intelligences amies que les partisans de la reine avaient dans la place. La reine et Marie se mirent à faire leurs préparatifs, Marie Seyton commençant à scier le barreau, tandis que la reine rassemblait les quelques bijoux qui lui restaient et les enfermait dans une petite cassette.

Le soir, la reine fit le signal convenu, et à peine la lampe fut-elle approchée de la fenêtre, que, toujours vigilante, la lumière de Kinross disparut ; mais, cette fois, l'éclipse fut courte ; à peine la reine avait-elle compté cinq battements, qu'elle reparut, radieuse comme une étoile. La reine renouvela l'épreuve, la lumière, toujours complaisante, confirma ce qu'elle avait annoncé : l'évasion était pour le lendemain.

La reine ne put dormir de toute la nuit, et se fit lire

des prières. Dès le matin, elle se leva et courut à la fenêtre. Le barreau, presque entièrement limé par Marie Seyton, ne tenait plus que par un fil qui devait céder au premier coup. L'échelle était prête, les bijoux étaient dans un coffre. Marie n'avait rien à faire de toute la journée. La journée lui sembla un siècle.

Aux heures du déjeuner et du dîner, Williams Douglas vint comme d'habitude. A peine si la reine osa tourner les yeux de son côté : il lui semblait qu'on devait lire son projet dans chacun de ses mouvements. Cependant, malgré l'embarras des prisonnières, Williams Douglas ne parut s'apercevoir de rien.

Le soir vint ; le ciel, qui toute la journée avait brillé comme une nappe d'azur, s'assombrit, et de larges nuages remontèrent de l'ouest à l'est, effaçant jusqu'à la plus petite étoile. Une seule lumière brillait dans l'obscurité, c'était celle de la petite maison de Kinross. La reine, voulant savoir si le projet arrêté tenait toujours, approcha sa lampe : aussitôt la lumière s'éclipsa pour ne plus reparaître, et tout demeura dans l'obscurité. L'avertissement était positif. L'évasion était pour le soir même.

La reine alors éteignit sa lampe à son tour, afin qu'on crût qu'elle était endormie, et Marie Seyton acheva de scier le barreau ; puis les deux femmes restèrent immobiles et écoutant les différents bruits du château, qui allaient s'éteignant à mesure que la nuit avançait. A dix heures, on releva les sentinelles ; les cris des gardes retentirent comme d'habitude, la ronde passa, et tout retomba dans le silence.

Au bout d'un instant, le cri de la chouette se fit entendre trois fois : c'était le signal.

Les deux prisonnières attachèrent solidement un bout de l'échelle aux barreaux, puis laissèrent pendre l'autre ainsi que cela était convenu ; presque aussitôt, elles sentirent que la corde se tendait. Elles se penchèrent en dehors ; mais la nuit était si sombre, qu'elles ne purent rien apercevoir, excepté quand la personne fut arrivée au niveau de la fenêtre. Alors, à la voix, elles reconnurent George, qui, passant par l'ouverture formée par le barreau enlevé, sauta dans l'appartement.

— Tout est prêt, madame, dit George à voix basse : Thomas Warden, qui doit nous ouvrir la poterne, est à son poste ; la barque attend sur le lac, et vos amis sont de l'autre côté du rivage. Partons.

Non-seulement Marie ne pouvait répondre, mais encore elle sentait ses jambes faiblir tellement sous elle, qu'elle crut que les forces allaient lui manquer tout à fait, et qu'elle se laissa aller, en poussant un gémissement, sur l'épaule de Marie Seyton.

— Madame, dit la jeune fille sentant la reine près de s'évanouir, appelez à votre secours l'aide de Notre-Dame et de tous les saints.

— Madame, dit George, rappelez-vous les cent rois dont vous êtes descendue et que leur esprit vous soutienne.

— Me voilà, dit la reine, me voilà ; dans un instant, vous allez me retrouver aussi forte que d'habitude ; mais je n'ai pas été maîtresse du premier mouvement. Maintenant, allons, mes amis, allons, je suis prête.

George remonta aussitôt sur l'appui de la fenêtre ; mais à peine eut-il le pied posé sur l'échelle de corde, qu'au bas de la tour une voix cria :

— Qui vive?

— Malédiction! dit George à voix basse, nous sommes trahis!

La même voix fit entendre deux fois encore le même appel, et, à chaque fois, plus menaçant; puis tout à coup une lueur brilla et une détonation se fit entendre. Une balle passa, en sifflant, entre les barreaux, et George, craignant qu'il n'arrivât malheur à la reine, s'élança de nouveau dans l'appartement. Au même instant, la porte s'ouvrit, et Williams Douglas et lady Lochleven parurent, entourés de gardes et de serviteurs portant des flambeaux. La lumière se répandit aussitôt dans la chambre, et l'on put voir la reine et Marie Seyton en costume de voyage, appuyées l'une sur l'autre, et devant elles George, pâle mais ferme, et prêt à les défendre l'épée à la main.

Il y eut un instant de silence terrible, pendant lequel tous les spectateurs de cette scène étrange demeurèrent les yeux fixés les uns sur les autres, immobiles et en silence; puis enfin Williams Douglas, se retournant vers lady Lochleven :

— Eh bien, ma mère, lui dit-il, que vous avais-je annoncé? que George était le complice de cette Moabite? Vous n'avez pas voulu en croire ma parole; en croirez-vous vos yeux?

— George, murmura la vieille lady en tendant les bras vers celui que l'on accusait, George, tu entends ce que dit ton frère et quel soupçon pèse sur ton honneur. Est-ce vrai, George, que tu es séduit, trompé par cette femme?... Dis un mot, réponds ces seules paroles : « Un Douglas n'a jamais manqué à son devoir, et je suis un Douglas. »

— Madame, dit George en s'inclinant, c'est lorsqu'ils lèvent les armes contre leurs souverains légitimes que les Douglas manquent à leur devoir, et non lorsqu'ils sont loyaux et fidèles à leur malheur. Ainsi, madame, c'est moi qui suis digne d'envie, et c'est celui-là, ajouta-t-il en montrant son frère, c'est celui-là qui est un traître, et qui, par conséquent, n'est pas un Douglas.

— Défends-toi ! s'écria Williams en tirant à son tour son épée et en s'élançant contre son frère, qui, de son côté, se mit en garde, tandis que la vieille lady se tordait les bras de douleur.

— Bas les armes ! dit Marie en s'avançant entre les deux jeunes gens avec une telle majesté, que, malgré eux, ils reculèrent; bas les armes ! je vous l'ordonne !

— Arrêtez-le, cria lady Lochleven, arrêtez-le comme s'il était le dernier serviteur de cette maison, et qu'on le jette dans le cachot le plus profond de la forteresse, jusqu'à ce que le régent ait décidé de ce qu'il adviendra de lui.

— George, dit la reine en voyant l'hésitation des serviteurs et des soldats, George, au nom du ciel, sortez d'ici, vous le pouvez.

— Jamais, madame, jamais ! je mourrai près de vous.

— Mais votre mort me perd, tandis que votre fuite me sauve.

— Vous avez raison, dit George ; adieu, madame !

Puis, se retournant vers les serviteurs, qui, pressés par lady Lochleven et par Williams, faisaient mine de vouloir l'arrêter :

— Place au jeune maître de Douglas ! s'écria George en s'élançant au milieu de leur troupe effrayée.

Et, en deux bonds, il se trouva sur l'escalier, laissant étendu derrière lui un homme qui avait voulu s'opposer à son passage, et qu'il avait renversé étourdi d'un coup du pommeau de son épée.

— Feu sur lui ! feu sur le traître ! s'écria Williams en s'élançant sur les traces de son frère; pas de pitié ! feu ! feu, comme sur un chien !

Cet ordre fut exécuté, plutôt par crainte de Williams que par désir d'arrêter George; aussi, un instant après, entendit-on crier dans la cour que le fugitif venait de s'élancer dans le lac.

— Brave Douglas, murmura la reine, Dieu te protége !

— Oh ! s'écria la vieille lady, oh ! l'antique honneur de notre maison ! le voilà donc perdu, flétri à jamais, et, parce qu'il y a eu un traître parmi nous, on croira que nous sommes tous des traîtres !

— Madame, dit Marie en s'avançant vers lady Lochleven, vous avez brisé cette nuit toutes mes espérances, vous m'avez une seconde fois enlevé la couronne que j'étais près de ressaisir ; vous avez refermé la porte du cachot déjà entr'ouverte sur la prisonnière prête à fuir ; et cependant, madame, croyez-en ma parole royale, à cette heure, c'est moi qui vous plains, c'est moi qui voudrais pouvoir vous consoler.

— Arrière, serpent ! cria lady Lochleven en se reculant comme épouvantée; arrière, Judas ! je crains ton baiser, car c'est une morsure.

— Rien de ce que vous pouvez dire ne saurait m'atteindre en ce moment, madame, répondit la reine, et j'ai contracté cette nuit trop d'obligations envers le fils pour que les injures de la mère, si grossières et si indignes d'elle qu'elles soient, puissent m'offenser.

— Ainsi donc, il sera dit, continua lady Douglas en regardant fixement Marie, que pas un homme n'échappera aux artifices de cette enchanteresse ! Mais que lui avez-vous donc promis, à ce malheureux, pour le séduire ainsi? Est-ce la place de Rizzio ? est-ce la survivance de Bothwell ? Il est vrai que ce troisième mari vit encore ; mais n'avons-nous pas l'assassinat et le divorce ? Il est vrai, reprit lady Lochleven en substituant l'accent de l'ironie à celui de la colère, que les papistes regardent le mariage comme un sacrement, et croient, en conséquence, qu'ils ne peuvent le recevoir trop souvent.

— Et c'est la différence qu'il y a entre eux et les protestants, madame, répondit la reine ; car ceux-ci, n'ayant pas pour lui la même vénération, croient pouvoir quelquefois s'en passer.

Puis aussitôt, se retournant vers Marie Seyton :

— Rentrons dans notre chambre, dit-elle ; car nous faisons trop d'honneur à cette femme en lui répondant.

Puis, s'arrêtant sur le seuil :

— A propos, milady, dit-elle en se retournant, nous vous dispensons désormais, vous et les vôtres, d'assister à nos repas : nous aimons mieux risquer d'être empoisonnée que de subir deux fois par jour la fatigue de votre présence.

A ces mots, elle rentra dans son appartement, et ferma derrière elle la porte de sa chambre, qui était la seule à laquelle on eût laissé des verrous en dedans.

XXI

Lady Lochleven était restée si étourdie du dernier sarcasme de Marie, qu'elle n'avait pas même essayé de répondre ; de sorte que, lorsqu'elle revint à elle, elle était déjà hors de sa présence. En même temps, elle entendit dans la cour la voix de Williams, qui criait de doubler les postes et de mettre une sentinelle près des barques, ce qui lui fut une preuve que George Douglas s'était échappé. Elle leva alors les yeux au ciel avec une expression indéfinissable de honte, et cependant de reconnaissance ; puis, après avoir murmuré quelques paroles, elle sortit, recommandant aux soldats d'emmener leur camarade blessé et donnant l'ordre à l'intendant de fermer avec soin les deux portes ; de sorte que ce salon, un instant auparavant si plein de lumière et de bruit, se retrouva tout à coup dans le silence et l'obscurité.

Au bout d'un instant, la porte de la chambre à coucher se rouvrit, et la reine, appuyée sur Marie Seyton, s'approcha de nouveau vers la fenêtre. A peine était-elle parvenue en face de l'ouverture, qu'elle jeta un cri de surprise, et joignit les mains en signe d'action de grâces : la lumière était rallumée sur la colline, et le phare sauveur brillait encore au milieu de la tempête.

La reine ne pouvait rien demander de plus. Elle avait compris qu'une tentative découverte, en mettant ses ennemis sur leurs gardes, retardait presque indéfiniment toute autre chance d'évasion ; c'était donc beaucoup qu'un signe de ses partisans lui indiquât que toute espérance n'était pas perdue. Puis une joie plus intime se mêla à cette espérance : la lumière lui disait clairement qu'il n'était arrivé aucun malheur à George.

Après toutes les grandes crises, il y a un instant de repos où la nature ramasse ses forces pour faire face aux événements qu'elles doivent amener. La veille, et lorsqu'elle espérait être libre le soir même, la reine eût regardé comme un supplice intolérable d'être forcée de demeurer quinze jours de plus dans cette prison, tandis que, quelques heures après l'événement que nous venons de raconter, et qui avait refoulé l'espérance, elle regardait comme une consolation la promesse lointaine d'une fuite reculée, et dont rien ne fixait plus le terme pour l'avenir.

Le lendemain, une pierre lancée de la cour tomba dans l'appartement de la reine. Comme la première, elle était enveloppée d'une lettre de la même écriture, qui était celle de George Douglas; cette lettre était conçue en ces termes :

« Vous m'avez ordonné de vivre; je vous ai obéi, et je rends grâce à Votre Majesté de m'avoir mis à même d'exposer de nouveau mes jours pour elle.

« Mais, hélas ! le mauvais succès de notre tentative nous ôte pour longtemps tout espoir de délivrer Votre Majesté : Hamilton, Herris, Argyle, Seyton et les autres conjurés ont été forcés de renvoyer chez eux les soldats qu'ils avaient appelés sous différents prétextes dans les environs de Kinross; eux-mêmes se sont retirés dans leurs châteaux, et moi seul suis resté, qui n'ai ni vassaux ni terres.

« Je ne puis donc rien dire de nouveau, je ne puis donc fixer aucun terme, je ne puis qu'affirmer à Votre Majesté que, nuit et jour, je veille pour elle, et lui prouver, en lui faisant parvenir cette lettre, qu'il lui reste un ami dans le château de Lochleven. Cet ami n'est qu'un enfant, il est vrai; mais cet enfant a le cœur d'un homme :

« Votre Majesté peut se fier à toute personne qui l'abordera en lui disant ces deux vers d'une vieille ballade en honneur dans notre famille :

  Douglas, Douglas
  Tendre et fidèle! »

— Pauvre George! s'écria Marie après avoir lu la lettre, voilà de ces dévouements pour lesquels Dieu lui-même n'a pas de récompense, et pour lesquels cependant les hommes ont de bien rudes châtiments. As-tu quelquefois songé, mignonne, continua la reine en s'adressant à sa compagne, au sort de tous ceux qui m'ont aimée? François II, mort d'une maladie inconnue; Chatelard, exécuté sur un échafaud; Darnley, broyé par une mine; Bothwell, errant, proscrit, mort peut-être; enfin, le pauvre George, maudit par sa famille. Ah! Seyton, je suis une créature fatale à tout ce qui m'approche, et je ne sais vraiment, ajouta-t-elle en lui tendant sa main, que la jeune fille baisa, comment il se trouve encore des imprudents qui osent me servir.

Puis, au lieu de remettre la lettre à sa compagne, la reine la relut une seconde fois encore, et la cacha dans sa poitrine en murmurant à demi-voix le mot d'ordre auquel elle devait reconnaître un ami, et qui était si bien choisi par le pauvre George pour lui parler encore de son amour sans manquer au serment qu'il lui avait fait.

A compter de ce moment, comme la reine devait s'en douter, les jours et les nuits passèrent sans rien amener de nouveau, ni de la part de ses ennemis, ni de la part de ses amis. Ses ennemis avaient ce qu'ils voulaient, c'est-à-dire son abdication et la nomination de Murray à la régence d'Écosse; ils la savaient bien gardée, et croyaient, surtout après le surcroît de précautions qu'ils venaient de prendre, sa fuite impossible. Ses amis étaient convaincus qu'il n'y avait rien à tenter pour le moment, ou que toute tentative serait fatale; de sorte que le temps passait sur le château de Lochleven dans toute sa froide et monotone uniformité.

Les semaines s'écoulèrent, puis les mois; l'automne vint, la prisonnière vit jaunir et tomber les feuilles; et alors l'hiver s'avança, semant sur la cime du Ben-Lomond ses premières neiges, qui descendirent graduellement jusque dans la plaine, qu'elles finirent par couvrir comme un immense linceul. Enfin, un matin, Marie, en regardant par sa fenêtre, trouva le lac lui-même couvert d'une couche de glace si épaisse, que, si elle eût été hors du château, elle eût pu gagner à pied l'autre rive. Et, pendant tout ce temps, Marie, qui, chaque soir, revoyait la lumière consolatrice, resta calme, résignée, retrouvant de temps en temps quelques éclairs de son ancienne gaieté, comme, de temps en temps, elle voyait se glisser entre deux nuages un rayon de ce soleil qu'on eût dit exilé du ciel. Enfin les neiges disparurent, les glaces se fondirent, la nature se reprit peu à peu à la vie, et Marie vit de sa fenêtre grillée toute la joyeuse renaissance du printemps, sans qu'elle parût prendre part, pauvre prisonnière qu'elle était toujours, à ce changement bienheureux dans la création.

En effet, la reine ignorait tout ce qui se passait au dehors et avait peu d'espoir pour ce qui devait se passer au dedans ; car toutes ses chances de réussite reposaient, comme nous l'avons dit, sur l'adresse d'un enfant de douze ans, et encore, en partant, George Douglas n'avait-il pas eu le temps de lui renouveler la promesse qu'il lui avait faite à son égard. De son côté, toutes les fois que la reine avait eu l'occasion de voir le petit Douglas, il avait paru faire si peu d'attention à elle, que, le croyant livré à toute l'insouciance de son âge, elle avait peu à peu oublié le jeune ami qui lui avait été légué.

Enfin, vers le commencement d'avril, Marie remarqua que l'enfant venait jouer plus souvent que d'habitude sous ses fenêtres ; et, un jour qu'il creusait au pied de la muraille une trappe pour prendre les oiseaux, occupation dans laquelle la reine le suivait des yeux avec le désœuvrement d'une prisonnière, il lui sembla que, tout en creusant d'une main la terre avec un couteau, il traçait de l'autre quelques lettres sur le sable. En effet, en prêtant une plus grande attention, Marie fut convaincue que ces lettres étaient pour elle ; et, ayant recueilli les uns après les autres les mots qu'il écrivait et qu'il effaçait aussitôt, elle trouva qu'ils construisaient cette phrase : « Descendez ce soir, à minuit, une corde par la fenêtre. » Sans aucun doute, cet avertissement lui était adressé ; mais rien, pas même un regard de l'enfant, ne put lui en donner la certitude ; car, lorsque le petit Douglas crut avoir été compris, il acheva sa trappe, la tendit, et s'éloigna sans même lever les yeux vers la fenêtre d'où le regardait la reine.

Cependant la prisonnière résolut, à tout hasard, de suivre les instructions qui lui étaient données. A défaut de cordage, Marie Seyton noua des draps bout à bout, et, à l'heure dite, après avoir porté la lumière dans la chambre à coucher, les descendit par la fenêtre. Au bout d'un instant, elle sentit qu'on y attachait quelque chose qu'elle tira aussitôt à elle. Un paquet assez volumineux s'arrêta à la fenêtre ; mais, en le tournant en biais, on parvint à le faire passer entre les barreaux. Les deux prisonnières l'emportèrent aussitôt dans leur chambre, et, après avoir fermé la porte à la clef, le dénouèrent avec empressement. Il contenait deux habits d'homme à la livrée des Douglas.

Au collet d'un des habits une lettre était attachée avec une épingle ; elle contenait ce qui suit :

« Nouvelles instructions pour Sa Majesté.

« Tous les soirs, de neuf heures à minuit, la reine et miss Marie Seyton revêtiront les habits qu'on leur envoie, autant pour s'habituer à les porter avec aisance que pour être toujours préparées à fuir, si l'occasion se présentait. Ces habits doivent leur aller parfaitement, la mesure en ayant été prise sur miss Marie Sleming et sur miss Marie Livingston, qui sont de leur taille.

« Tous les soirs, la reine interrogera la lumière, afin d'être prévenue, autant que la chose sera possible, et de n'être point surprise à l'improviste.

« Ses partisans se rassemblent, ses amis veillent. »

Cet avis, si obscur qu'il fût, devint pour la reine le sujet d'une grande joie. Elle avait, pendant ce long hiver, fini par se croire oubliée, et s'était endormie dans son isolement. Cette preuve de vigilance et de dévouement lui rendit toute son espérance, et avec elle toute son énergie. Le même soir, elle et Marie Seyton essayèrent les habits. Ainsi qu'on l'avait prévu, ils leur allaient comme si l'on avait pris la mesure sur elles-mêmes.

Le lendemain, toute la journée, la reine chercha à voir le petit Douglas, espérant que l'enfant, soit par signes, soit par gestes, confirmerait ses espérances; mais elle ne l'aperçut point. Le soir, elle interrogea la lumière; la lumière lui laissa compter vingt battements. Rien n'était décidé encore.

La reine n'en suivit pas moins exactement les instructions données. A neuf heures, elle et Marie Seyton s'habillèrent en homme et conservèrent leurs habits jusqu'à minuit. Quinze jours s'écoulèrent ainsi sans rien amener de nouveau; enfin, vers la fin du mois d'avril, la lumière, en reparaissant aussitôt après le dixième battement du cœur de Marie, lui indiqua que le moment approchait où ses amis allaient faire une nouvelle tentative pour la sauver. Trois jours s'écoulèrent sans amener aucune variation dans les promesses de la lumière.

XXII

Le 2 mai au matin, la reine entendit un grand bruit dans le château. Elle courut aussitôt à sa fenêtre, et aperçut une troupe assez considérable arrêtée au bord du lac; en même temps, tout ce qu'il y avait de barques amarrées dans l'île partit à force de rames pour aller chercher les nouveaux arrivants. Comme tout changement dans le personnel du château pouvait être en ce moment d'une influence funeste sur la destinée de la reine, elle envoya Marie Seyton s'informer du nom des nouveaux arrivants. Marie Seyton revint quelques instants après, la figure toute consternée. Celui qu'on allait chercher de l'autre côté du lac était lord Williams Douglas, le maître du château de Lochleven, qui, après un an d'absence, y revenait passer quelques jours avec toute sa suite. Il y avait donc fête au château.

Cette nouvelle parut fatale à la reine : le retour du lord de Lochleven doublait la garnison de la forteresse et devait faire reculer sans doute toute tentative d'évasion jusqu'après son départ. Décidément, un mauvais génie la poursuivait.

Une heure après, la reine entendit des pas dans l'escalier. Quoique les clefs fussent aux mains de ses geôliers, et que les portes ne pussent point se fermer en dedans, au lieu d'entrer, comme on avait l'habitude de le faire, on frappa respectueusement. Marie Seyton alla ouvrir.

C'était le vieil intendant du château qui venait, de

la part de lord Williams Douglas, inviter la reine et sa compagne à son dîner de bon retour. Le vieux seigneur avait pensé que son arrivée devait être une fête pour tout le monde, et que, puisque la reine était commensale du château, elle devait y être conviée comme les autres. Sans être tout à fait insensible à cette marque de déférence, Marie fit répondre qu'elle était un peu souffrante, et qu'elle craignait, d'ailleurs, que sa tristesse ne nuisît à la gaieté générale. L'intendant s'inclina et sortit, emportant ce refus.

Toute la journée, il y eut un grand mouvement au château : à tout moment, des écuyers à la livrée des Douglas, c'est-à-dire portant des habits pareils à ceux qu'on avait envoyés à la reine et à Marie Seyton, traversaient la cour ; pendant ce temps, la reine, assise tristement devant sa fenêtre, demeurait les yeux fixés sur la petite maison de Kinross : ses volets étaient fermés comme d'habitude, et rien n'indiquait qu'elle fût habitée.

Le soir vint ; toutes les fenêtres du château s'éclairèrent, et jetèrent de longues bandes de lumière dans la cour ; de son côté, la petite étoile commença de poindre sur la colline. La reine la regarda un instant, sans avoir même le courage de l'interroger ; enfin, pressée par Marie Seyton, et plutôt pour ne point la contrarier que dans aucune espérance, elle fit le signal convenu. La lumière disparut aussitôt, et la reine, mettant la main sur son cœur serré de tristesse, commença d'en compter les battements ; mais, arrivée à quinze, voyant que la lumière ne reparaissait pas, elle crut comprendre qu'ainsi qu'elle l'avait prévu, tout était retardé, et retomba sur sa chaise, accablée et la tête dans ses mains ; car chaque espoir perdu lui rendait sa captivité plus douloureuse.

Mais Marie Seyton était restée debout, et avait continué de compter ; de sorte qu'au bout d'un instant, voyant que la lumière ne reparaissait pas, un espoir tout contraire lui vint : c'est que l'évasion était fixée au soir même. C'était, au reste, ce qu'avait dit l'instruction écrite que Douglas avait laissée à la reine. Elle attendit, cependant, l'espace de dix minutes à peu près ; mais, voyant que tout restait dans l'obscurité, elle lui fit part de ses soupçons.

Marie se releva aussitôt, cherchant, comme sa compagne, la lumière absente, et resta un quart d'heure à peu près les yeux fixés dans la direction où elle aurait dû être ; mais, au bout de ce temps, voyant qu'elle ne reparaissait point, elle renouvela l'épreuve : ce fut inutilement, et rien ne put rallumer le phare éteint ou caché.

La reine et sa compagne s'élancèrent aussitôt dans leur chambre, refermèrent la porte derrière elles, et s'habillèrent à la hâte : elles avaient si peu d'espoir, qu'elles avaient négligé cette formalité. Elles avaient à peine achevé leur toilette, qu'elles entendirent la porte du salon s'ouvrir, et des pas légers s'approchèrent de celle de la chambre à coucher. Aussitôt Marie Seyton souffla la lampe. On frappa doucement.

— Qui va là ? demanda la reine d'une voix dont elle cherchait vainement à dissimuler l'émotion.

— Douglas Douglas,
Tendre et fidèle !

répondit une voix d'enfant.

— C'est le signal, murmura la reine en se laissant tomber sur son lit, tandis que Marie Seyton allait ouvrir. Seigneur, Seigneur, ayez pitié de nous !

— Sa Majesté est-elle prête? demanda le petit Douglas.

— Oui, dit la reine à demi-voix, me voici ; que faut-il faire?

— Me suivre, répondit l'enfant avec une résolution égale à son laconisme.

— C'est pour ce soir? demanda la reine.

— Pour ce soir.

— Et tout est prêt ?

— Oui, tout.

— Mais qui nous ouvrira les portes ?

— J'ai les clefs.

— Allons donc, mon enfant, dit la reine, et que Dieu nous conduise !

Le petit Douglas marcha devant elle jusqu'à l'escalier. Là, faisant signe aux deux prisonnières d'attendre un instant, il ferma la porte de leur chambre, afin que, si une patrouille venait à passer, elle ne s'aperçût de rien ; puis, cette précaution prise, il se mit à descendre les marches, invitant du geste la reine et Marie Seyton à le suivre. Mais alors, comme le bruit de la grande salle, à travers laquelle, comme nous l'avons dit, il fallait passer pour gagner la cour, venait jusqu'à eux, la reine lui mit la main sur l'épaule. L'enfant s'arrêta aussitôt.

— Où nous conduis-tu? demanda la reine.

— Dehors, répondit l'enfant.

— Mais il va nous falloir traverser la salle où l'on soupe?

— Sans doute.

— Impossible alors, s'écria la reine, et nous sommes perdues.

— Comment cela? dit l'enfant. Votre Majesté et miss Marie Seyton portent la livrée de tous les serviteurs du château; vous serez confondues avec eux de manière à ce qu'on ne puisse vous reconnaître. D'ailleurs, c'est le seul moyen.

— Et George sait que c'est celui que nous employons?

— C'est lui qui l'a trouvé; je n'ai fait, moi, qu'enlever les clefs que Williams avait déposées dans sa chambre.

— Allons donc, dit la reine; car je préfère tout à cette horrible captivité.

Le petit Douglas continua son chemin, suivi par les deux femmes. Arrivé au bas de l'escalier, il se baissa, et prit, dans un coin obscur, une cruche pleine de vin, qu'il donna à la reine, en l'invitant à la mettre sur son épaule droite, de manière à cacher complétement sa figure aux convives. Quant à Marie Seyton, elle devait, pour se donner une contenance, porter à son côté une grande manne de pain coupé. Grâce à cette précaution, il y avait de nouvelles chances qu'on les prît pour des domestiques, et qu'on ne les remarquât point.

Elles entrèrent ainsi dans une antichambre qui précédait la grande salle, et dans laquelle pénétraient déjà quelque lumière et beaucoup de bruit: plusieurs valets y étaient occupés de leur service, et ne firent aucune attention à elles. Cette première épreuve encouragea la reine, qui jeta un coup d'œil plus hardi dans la salle qu'il lui fallait traverser.

Elle était coupée dans toute sa longueur par une longue table, étagée selon le rang des personnages qui y étaient assis, c'est-à-dire que le lord de Lochleven, lady Lochleven et Williams Douglas, leur fils aîné, en tenaient le haut bout, et que tous les autres convives, qui étaient des gens de leur maison, venaient à la suite, et prenaient place sur des tables plus ou moins élevées, selon l'emploi plus ou moins important qu'ils y occupaient. La table était chargée de lumières; mais la chambre était si large, que, cependant, les parties les plus reculées demeuraient dans une demi-teinte tout à fait favorable à l'évasion de la reine. Les fugitives virent tout cela d'un coup d'œil, et remarquèrent, en outre, que le vieux lord et la vieille lady leur tournaient le dos; quant à Williams Douglas, qui faisait face à son père et à sa mère, il était facile de voir, à ses joues enluminées et à ses yeux étincelants, qu'il était moins dangereux à cette heure qu'il ne l'eût été au commencement du repas.

Au reste, la reine n'eut pas le temps de pousser plus loin ses observations, si rapidement qu'elle les fit; car le petit Douglas entra hardiment dans la chambre. Marie Seyton le suivit, et elle suivit Marie Seyton.

Comme l'avait prévu George Douglas, le danger était bien plus apparent que réel, et la témérité même du projet devait le faire réussir. Les deux fugitives traversèrent donc la salle du festin sans que ni convives ni domestiques fissent la moindre attention à elles, et se trouvèrent bientôt, toujours précédées de leur guide, dans l'antichambre parallèle à celle par où elles étaient entrées. Là, le petit Douglas prit la cruche de vin des mains de la reine, et la corbeille de pain de celles de Marie Seyton, et, donnant l'une et l'autre à un domestique, il lui ordonna de les porter à la table des soldats ; puis, pendant que le valet s'acquittait de cette commission, lui entra dans la cour.

Au détour du mur, l'enfant et les fugitives rencontrèrent une patrouille, qui passa sans faire attention à eux; de sorte que ce double succès rendit de nouvelles forces à la reine. D'ailleurs, ils étaient déjà arrivés à un endroit où ne parvenait plus la lueur des croisées, ce qui donnait d'autant plus de sécurité à leur marche. Ils longèrent ainsi pendant quelque temps le mur; enfin, le petit Douglas s'arrêta dans un enfoncement : ils étaient arrivés à la porte du jardin.

Là, il y eut un moment d'attente et d'angoisse terrible ; car, entre dix ou douze clefs, il fallait trouver celle qui ouvrait cette porte. La reine et Marie Seyton se collèrent contre la muraille, à l'endroit le plus obscur, et retenant leur respiration ; enfin, à la seconde clef que l'enfant essaya, la porte s'ouvrit. Les deux femmes s'élancèrent dans le jardin ; l'enfant les y suivit à son tour, et referma la porte derrière elles. Pendant ce temps, la reine respira un instant : elle était déjà plus d'à moitié sauvée.

L'enfant continua son chemin vers l'autre sortie. Arrivé sous un massif d'arbres, il fit signe aux fugitives de s'arrêter un moment; puis, rapprochant ses mains l'une de l'autre, il imita le cri de la chouette avec une si grande vérité, que la reine douta un instant, elle-même, si ce cri avait été poussé par une voix humaine. Aussitôt le houhoulement d'un hibou répondit de l'autre côté du mur ; puis tout rentra dans un silence profond, pendant lequel l'enfant demeura l'oreille tendue, comme s'il attendait un nouveau signal. En effet, au bout d'un instant, un gémissement se fit entendre; un bruit sourd comme celui d'un corps qui tomberait lui succéda, et, à ce double bruit, la reine se sentit frissonner tout entière.

—Tout va bien, dit le petit Douglas.

Et il continua son chemin.

La porte s'ouvrit, et un homme s'élança dans le jardin : c'était George.

— Venez, madame, dit-il en saisissant le bras de la reine et en l'entraînant avec lui, tout est prêt; venez.

La reine le suivit, non sans jeter un regard autour d'elle. Elle vit, contre le mur, comme le corps d'un homme étendu, et tressaillit : George sentit à ce frissonnement ce qui se passait en elle.

— Il y a une justice divine, madame, dit-il. Cet homme était le même qui nous avait trahis; maintenant, il ne trahira plus personne.

— Oh! mon Dieu! mon Dieu! murmura Marie, encore une victime!

— Marchons, madame, marchons, dit Douglas.

— Et Marie Seyton? s'écria la reine.

— Elle nous suit avec l'enfant; que Votre Majesté ne s'en inquiète pas.

En effet, la reine, en se retournant, vit derrière elle sa compagne et le petit Douglas. Au même instant, George jeta une pierre dans le lac, et une barque sortit des roseaux où elle était cachée et se dirigea silencieusement vers le rivage. Lorsqu'elle fut arrivée à quelques pas du bord, un de ceux qui la montaient jeta une corde. George la saisit, tira d'une main la barque à lui, et de l'autre soutint la reine, qui y descendit, et prit place à la proue. Marie Seyton alla s'asseoir auprès d'elle ; l'enfant s'empara du gouvernail, et George, du même mouvement, repoussa la barque et sauta au milieu des rameurs. Au même instant, pareil à un oiseau nocturne, la petite embarcation, qui portait le destin de l'Écosse, se mit à glisser sur le lac.

Mais tout à coup le ciel, qui jusque-là avait favorisé la reine par son obscurité, s'éclaircit comme si la main d'un mauvais ange eût déchiré les nuages ; de sorte qu'un rayon de lune, se glissant par cette ouverture, éclaira la barque et la partie du lac où elle se trouvait. Au même instant, comme il n'y avait plus d'espoir de demeurer caché, George donna aux rameurs l'ordre de redoubler de vitesse ; ce qu'ils firent à l'instant même. Malheureusement, comme on ne pouvait redoubler de vitesse sans redoubler en même temps de bruit, la sentinelle du château s'arrêta tout à coup sur sa plate-forme, et on l'entendit s'écrier tout à coup :

— Holà ! la barque ! amenez la barque !

— Ramez donc ! s'écria George, ramez donc, de par le ciel ! car, dans cinq minutes, l'esquif sera à notre poursuite.

— C'est ce dont je les défie, à moins qu'ils ne sautent par-dessus les murs, ou qu'ils ne forcent les portes, dit le petit Douglas ; car je les ai tous enfermés à leur tour, et il ne reste pas une clef au château.

Puis, secouant le trousseau qu'il tenait à la main :

— Et, quant à celles-ci, je les confie à Nelpie, le génie du lac, que je nomme concierge du château à la place du vieil Hildebrand.

— Que le ciel te bénisse! dit George en tendant la main à l'enfant; car le Seigneur t'a doué du courage et de la sagesse d'un homme.

— La barque! cria une seconde fois la sentinelle; amenez la barque!

Puis, voyant qu'on ne lui répondait pas, le soldat déchargea son arquebuse, et, courant à la cloche du château, sonna l'alarme en criant de toute sa force :

— Trahison! trahison!

Au même instant, on vit s'allumer toutes les fenêtres du château, qui étaient demeurées sombres, et des torches courir de chambre en chambre. Bientôt, malgré la distance assez grande qui séparait déjà les fugitifs du château, on entendit une voix forte qui criait :

— Feu!

En même temps, une grande lueur se répandit sur le lac; on entendit la détonation d'une petite pièce d'artillerie, et un boulet vint ricocher à quelques pas de la barque. Alors George, prévenant la reine, afin qu'elle ne s'effrayât point, répondit en tirant un coup de pistolet, non point par bravade, mais pour prévenir ses amis, avec lesquels il était convenu de ce signal, que la reine était sauvée. En effet, de grandes acclamations retentirent sur le rivage, et, le petit Douglas ayant tourné le gouvernail du côté où elles venaient, la reine, au bout de cinq minutes, se trouva au milieu d'une vingtaine de cavaliers qui l'attendaient sous les ordres de lord Seyton.

XXIII

Le premier mouvement de la reine en mettant pied à terre, fut de tomber à genoux et de remercier Dieu, de son évasion presque miraculeuse. Mais, comprenant elle-même combien le temps était précieux, elle se releva, et, se tournant vers George, qui se tenait à l'écart, elle lui tendit la main, ainsi qu'au petit Williams, et les présenta à lord Seyton comme ses libérateurs. Mais George fut le premier à lui rappeler qu'il fallait s'éloigner au plus vite, attendu que la détonation du fauconneau avait déjà dû répandre l'alarme dans les environs. En conséquence, la reine, se rendant à la justesse de cette observation, s'élança sur un cheval qu'on lui tenait prêt, avec son habileté accoutumée. Marie Seyton se mit à son tour en selle avec plus de difficulté. La reine appela George et le petit Williams aux deux côtés de sa monture. Lord Seyton la suivit avec sa fille, et toute la petite troupe partit au grand galop, tournant autour du village de Kinross, qu'elle n'osa traverser, et, se dirigeant vers West-Niddrie, qui était un château appartenant à lord Seyton, et aux portes duquel elle arriva vers les sept heures du matin.

Ce château, ainsi que presque tous ceux de cette époque, était fortifié; et, comme son maître en avait doublé la garnison, dans l'attente de la visite qu'il recevait, la reine se trouva momentanément en sûreté. D'ailleurs, c'était là que le rendez-vous avait été donné aux partisans de Marie Stuart, qui devaient déjà être prévenus de se réunir; car, au moment où elle avait mis le pied sur le rivage, quatre messagers étaient partis, se lançant dans quatre directions différentes, chargés de porter la nouvelle de son heureuse évasion.

Fort des précautions prises, lord Seyton, qui voyait la reine écrasée de fatigue, l'invita à se reposer, la prévenant qu'elle n'eût point à s'inquiéter si elle entendait arriver quelque nouvelle troupe de cavaliers, ce bruit étant celui que ferait nécessairement le renfort que l'on attendait.

En effet, la reine avait si grand besoin de quelques heures de repos, que, malgré le désir qu'elle avait de jouir de la liberté qu'elle venait de reconquérir à peine, elle accepta l'offre de lord Seyton, et se retira dans la chambre qui, depuis neuf mois, était préparée pour elle. Marie Seyton, si fatiguée qu'elle fût, ne consentit à prendre de repos elle-même que lorsqu'elle vit la reine couchée et endormie; elle se retira alors dans la chambre voisine, et se mit au lit à son tour, laissant la porte entr'ouverte, pour être aux ordres de sa noble hôtesse au moindre bruit qu'elle entendrait.

La première idée de Marie Stuart en se réveillant fut qu'elle avait fait un de ces rêves si douloureux aux prisonniers, lorsqu'en rouvrant les yeux, ils se retrouvent derrière leurs barreaux et en face de leurs verrous. Elle sauta donc à bas de son lit, et, s'enveloppant d'un manteau d'homme, elle courut à la fenêtre. Plus de barreaux, plus de prison, plus de lac! mais une plaine fertile, des collines couvertes de bois, un parc immense et une cour pleine de soldats rassemblés sous les bannières de ses plus fidèles amis. La reine, à cette vue, ne put retenir un cri de joie, et, à ce cri, Marie Seyton accourut.

— Regarde donc, mignonne! regarde! s'écria la reine, voilà la bannière de ton père! voilà celle d'Herris! voilà celle d'Hamilton! Ah! mes braves et loyaux seigneurs, vous n'avez donc point oublié votre reine!... Oh! regarde, regarde, mignonne! voilà tous mes braves soldats qui se tournent vers moi. Ils m'ont vue. Oui, oui, c'est moi, mes amis, c'est moi, me voilà!

Et la reine allait, emportée par son enthousiasme, et sans songer qu'elle était à moitié nue, ouvrir la fenêtre, lorsque Marie l'arrêta, en lui faisant observer qu'elle n'avait qu'un manteau d'homme jeté sur sa chemise.

La reine recula vivement en arrière, rougissant d'avoir été seulement entrevue ainsi. En même temps, un sentiment d'inquiétude très-grave s'empara d'elle, en songeant qu'elle n'avait emporté aucun habit de femme, et qu'elle allait être obligée ou de rester dans sa chambre, ou de descendre affublée d'un habit de livrée; ce qui pourrait bien porter atteinte au respect qu'en ce moment, plus que jamais, elle devait inspirer à ses défenseurs. Mais, aux premiers mots qu'elle manifesta de cette crainte, Marie Seyton la rassura en ouvrant une armoire pleine de robes du meilleur goût et des plus riches étoffes, et en lui mettant sous les yeux les divers compartiments d'une commode, dans lesquels étaient rangés tous les autres objets nécessaires à la toilette d'une femme. La reine voulut faire à Marie des compliments pour son père mais Marie l'arrêta en lui disant que c'était à

George, et non à lord Seyton, que tous ces compliments, devaient être adressés.

Il n'y avait pas de temps à perdre, car il était près de cinq heures du soir; la reine, aidée de Marie, se mit donc à sa toilette. Les robes semblaient faites pour elle, les mesures, comme celle de l'habit, ayant été prises sur Marie Fleming, qui, ainsi que nous l'avons dit, était absolument de sa taille : il en résulta que Marie put paraître devant ses sujets sinon en reine, du moins en femme heureuse et reconnaissante des preuves de dévouement qu'ils venaient de lui donner.

Après le souper, la reine et les lords se réunirent en conseil; mais, en regardant autour d'elle, la reine s'aperçut que George Douglas n'était point là. Comme elle connaissait le caractère mélancolique de ce jeune homme, elle pria les nobles de l'attendre un instant, et, sortant de la salle, elle s'informa aux serviteurs s'ils ne l'avaient pas vu; ils lui dirent qu'il s'était dirigé vers l'oratoire. Marie s'y rendit aussitôt, et, effectivement, elle aperçut Douglas agenouillé et ayant commencé une prière qui avait fini par une rêverie. Elle alla à lui; mais à peine eut-elle fait quelques pas, que George tressaillit et se retourna : il avait reconnu la marche de la reine. A peine l'eut-il aperçue, qu'il se releva, et attendit, incliné devant elle, que Marie lui adressât la parole.

— Eh bien, Douglas, dit la reine, que signifie cela? Et, lorsque tous mes amis sont rassemblés pour délibérer sur ce qu'il y a à faire, pourquoi manquez-vous seul à cette réunion, et faut-il que je vienne vous chercher?

— Pourquoi, madame?... dit George. Parce que, dans cette réunion, où vous avez daigné remarquer mon absence, chacun a un château, des soldats et des terres à vous offrir, tandis que, moi, pauvre proscrit, je n'ai que ma vie et mon épée.

— Et vous oubliez que toutes ces choses qu'ils ont à m'offrir maintenant me seraient inutiles sans vous, George, puisque c'est à vous que je dois ma liberté, sans laquelle je ne pourrais profiter de leurs offres. S'il n'y avait que la crainte de ne pouvoir assez faire pour moi qui vous retînt, venez donc, George ! car vous avez plus fait à vous seul qu'ils ne feront jamais entre eux tous.

— Pardon, madame, répondit George, mais ce n'est pas là mon seul motif. Tout déshérité et tout proscrit que je suis, je suis toujours un Douglas; or, là où un Douglas ne peut point paraître l'égal de tous, il ne doit pas se montrer. Au combat, où chacun paye de sa personne, c'est autre chose, et, là, avec la grâce de Dieu et de mon épée, je ferai mon devoir aussi bien que pas un d'eux.

— George, dit la reine, une pareille réponse est un reproche que vous me faites; car, si vous êtes proscrit et déshérité, c'est à cause de moi. Mais soyez tranquille, que je remonte sur le trône de mes pères, et vous n'y aurez rien perdu, et le plus fier de ces seigneurs dont vous craignez l'orgueil sera bien forcé de vous regarder comme son égal. Suivez-moi donc, je le veux.

— J'obéis, madame, répondit George; mais permettez-moi de vous dire qu'il n'est point au pouvoir de la reine d'Écosse de me payer de ce que j'ai fait pour Marie Stuart.

A ces mots, il suivit la reine, qui l'introduisit dans la salle du conseil, et le présenta aux seigneurs confédérés comme son libérateur; et, comme effectivement elle vit, à la façon hautaine dont certains nobles répondirent au salut du jeune homme, que sa susceptibilité n'était point exempte de raison, elle le fit asseoir, non pas à sa droite ni à sa gauche, car ces deux places d'honneur étaient déjà prises par lord Seyton et le compte d'Argyle, mais sur un tabouret qu'elle fit apporter à ses pieds par le petit Douglas, qu'elle baisa au front pour le remercier de l'office qu'il venait de lui rendre; puis, lorsque l'enfant fut sorti :

— George, dit-elle en se penchant vers le jeune homme, vous qui savez si bien prendre les mesures, vous ferez habiller votre jeune parent à mes couleurs; si ce n'est pas trop déroger pour un Douglas, je désire qu'il soit mon page.

Le résultat de la délibération fut que l'on gagnerait d'abord le château de Draphan, et que, de là, on se rendrait dans la ville de Dumbarton, afin de mettre d'abord la personne de la reine en sûreté, Dumbarton étant une place qui pouvait tenir trois mois contre les forces réunies de toute l'Écosse. Il fut décidé, en outre, que l'on partirait le lendemain après déjeuner.

Toute la nuit, de nouvelles troupes arrivèrent; de sorte que, lorsque le jour parut, c'était non plus une escorte, mais une armée, qui attendait le départ de la reine.

Le même soir, on alla jusqu'à Hamilton, où l'on s'arrêta de nouveau; là, les renforts continuèrent d'arriver de tous côtés; si bien que les nobles, se voyant déjà en nombre suffisant pour n'avoir pas de surprise à craindre, résolurent de s'arrêter un jour ou deux pour dresser un acte de confédération et passer la revue de leurs troupes.

L'acte fut signé le lendemain matin. Le dimanche, Marie Stuart était encore captive au château de Lochleven, et, le mercredi suivant, elle se trouvait à la tête d'une confédération par laquelle neuf comtes, huit lords, neuf évêques et quantité de gentilshommes et de seigneurs du plus haut renom, s'engageaient non-seulement à défendre sa vie et sa liberté, mais encore à lui rendre sa couronne.

Ces premières mesures prises pour la sûreté générale, on passa la revue des troupes. Par une belle journée du mois de mai, huit mille hommes défilèrent devant la reine, placée sur une éminence et entourée des principaux chefs parmi lesquels elle exigeait toujours que fût Douglas. En arrivant devant elle, chaque corps faisait entendre les sons d'une musique joyeuse, et inclinait ses drapeaux; et, à chaque drapeau qui s'inclinait, la reine répondait par un salut et un sourire, si gracieux tous deux, qu'à chaque fois les bataillons éclataient en cris d'enthousiasme et de dévouement; si bien que, le soir de cette journée, il n'y avait pas un homme dans toute cette armée, depuis le premier noble jusqu'au dernier montagnard, qui ne regardât déjà le trône d'Écosse comme reconquis par la reine.

Après une halte de quelques jours à Hamilton, Marie Stuart se mit en route pour Dumbarton, entourée de toute son armée, et escortée particulièrement d'une garde de vingt hommes commandée par George Douglas. Mais, en arrivant à Rutheglen, on apprit, par les coureurs de l'armée, que Murray, à la tête de cinq mille hommes, et ayant sous ses ordres Morton, Lindsay et Williams Douglas, attendait la reine devant Glasgow. A cette nouvelle, toute l'armée royale s'arrêta, et les chefs se réunirent pour tenir conseil.

C'était une grande épreuve pour l'armée, car nul ne s'attendait que le régent fût sitôt en mesure de tenir la campagne; et voilà que tout à coup on apprenait qu'il barrait le chemin comme une muraille de fer. Au reste, l'effet fut unanime, les soldats poussèrent de grands cris de joie, et les chefs, à une très-grande majorité, demandèrent le combat.

La reine avait assisté à ce conseil improvisé, qui se tenait sur une petite colline et à quelques pas de l'armée. Soit faiblesse naturelle à une femme, soit pressentiment, à la nouvelle que Murray, le premier homme de guerre de l'époque, marchait contre elle, elle avait été prise d'un frisson mortel, qu'elle était parvenue à dissimuler. Sans doute, son dernier combat, qui était celui de Carberry-Hill, lui revenait à la mémoire avec toutes ses suites funestes; aussi, lorsqu'elle vit tout le monde décidé à l'attaque, sa terreur augmenta-t-elle au point qu'elle chercha autour d'elle si elle ne pourrait pas réunir quelques voix qui soutinssent un avis contraire. Tous avaient parlé, tous s'étaient prononcés pour l'attaque; il n'y avait que George Douglas qui eût gardé le silence; aussi la reine, se retournant de son côté :

Et vous, George, dit-elle d'une voix tremblante,

pourquoi ne prenez-vous point part à la délibération ? Vous y avez cependant un double droit, comme chef, et surtout comme notre ami.

— Madame, répondit George en s'inclinant, si je n'ai point émis une opinion, ce n'est pas, que Votre Majesté le croie bien, par indifférence pour sa cause ; c'est que ma voix, en donnant seule un autre conseil que celui qu'on est prêt à suivre, aurait été perdue.

— Sir George Douglas n'est donc point pour l'attaque ? demanda lord Seyton.

— Non-seulement, répondit George Douglas, je ne suis point pour l'attaque, mais je suis pour qu'on évite tout combat.

— C'est un conseil fort prudent pour un homme de votre âge, dit en souriant lord Hamilton, et que nous pourrions suivre peut-être si nous étions un contre dix, mais que je ne crois pas les honorables seigneurs qui m'entourent disposés à adopter, lorsque nous sommes, au contraire, trois contre deux.

— Aussi comptais-je le renfermer en moi-même, répondit George, et n'eussé-je point dit un mot, si la reine, continua-t-il en s'inclinant à ce nom, ne m'avait ordonné de parler.

— Et Sa Majesté a bien fait, dit lord Seyton ; il n'y a pas de mal, au moment où nous en sommes, de savoir ce que tout le monde pense, et quel fond on peut faire sur chacun.

— Milord, répondit Douglas, s'il ne s'agissait ici que de nos intérêts, et si nous ne jouions au jeu sanglant des batailles que notre seule existence, je parlerais peut être autrement, et tout ce que je pourrais souhaiter à lord Seyton, pour l'honneur de sa famille et en récompense de son dévouement à Sa Majesté, c'est qu'il suivît le cheval que je monte à la longueur de deux lances seulement; mais, quand il s'agit de la vie et des intérêts de la reine, l'orgueil des Douglas doit plier et plie, comme vous le voyez, devant la crainte de quelque irréparable malheur. Faisons un détour, milord, conduisons la reine à Dumbarton, laissons autour d'elle une garnison convenable, et revenons, avec quinze cents montagnards chacun, attaquer les cinq mille soldats de Murray : alors je suis votre homme, milord, et nous verrons celui de nous deux qui retournera le premier en arrière.

— Et, en attendant, répondit Seyton, nous n'en aurons pas moins fui devant l'ennemi.

— Non, non, le combat! s'écrièrent les chefs.

— Mais, au moins, dit Douglas, ne l'attaquez pas dans la position où il se trouve, et, derrière votre danger, songez au danger de la reine.

— Le lévrier poursuit le lièvre sur la montagne comme dans la plaine, répondit Hamilton.

— Oui, le lièvre, murmura Douglas; mais il choisit son temps et son heure pour attaquer l'ours et le loup.

— En avant! en avant! crièrent les nobles d'une seule voix; et, quand nous serons en face d'eux, il sera temps de régler l'ordre de la bataille.

— En avant donc! puisque vous le voulez, dit Douglas; c'est, vous le savez, le cri de ma famille, et, quand le moment sera venu, croyez-moi, je ne serai pas le dernier à le pousser.

— George, dit la reine en posant sa main sur le bras du jeune homme et en parlant à demi-voix, vous ne me quitterez pas un instant pendant cette bataille.

— Je ferai ce que Votre Majesté ordonnera, dit Douglas; je lui ferai observer seulement qu'après l'avis que j'ai proposé, ils diront que je suis un lâche.

— Et moi, je leur répondrai, à eux, que c'est ma volonté expresse que vous ne me quittiez pas; et, à vous, je vous dirai que je vous garde près de moi, parce que je vous tiens pour le chevalier le plus brave et pour l'ami le plus fidèle.

— Quelque chose que vous ordonniez, madame, répondit Douglas, vous serez obéie, vous le savez bien.

— Eh bien donc, dit la reine un peu rassurée par la promesse du jeune homme, puisque vous le voulez, messieurs, en avant! il ne sera pas dit que j'aurai moins de confiance en ma propre cause que les fidèles serviteurs qui l'ont embrassée.

Aussitôt le cri « En avant! » retentit sur tout le front de l'armée, qui se remit en marche, pleine de confiance et de joie, faisant seulement un léger détour pour arriver par la route de Langside.

XXIV

Au bout d'une demi-heure, l'armée royale arriva sur une hauteur, d'où l'on découvrait Glasgow, situé sur son éminence, et, en face de cette ville, Langside, au sommet d'une colline; puis, entre la cité et le village, la Clyde, se tordant comme un serpent, au fond de la vallée. Les rapports étaient exacts : Murray et son armée étaient rangés sur les hauteurs, et attendaient la reine, maîtres d'une position qui commandait tout le passage, et, chose étrange ! ainsi que dans les troupes royales, flottait au-dessus de la tête des soldats du régent la bannière d'Écosse ; car eux, de leur côté, étaient censés se battre pour le roi ; pauvre enfant, que l'on faisait parricide dans son berceau.

Arrivé là, il n'y avait plus à reculer. Les dispositions de l'ennemi indiquaient bien positivement que son intention était de défendre le passage ; il fallait donc lui passer sur le corps ; ce qui n'était pas chose facile, puisqu'il était maître de toute la ligne des hauteurs qui s'étendent à la droite et à la gauche de Glasgow, et qui dominent la vallée, au fond de laquelle il fallait absolument que défilât l'armée de la reine.

Cependant le comte d'Argyle, qui avait le commandement en chef, avait reconnu du premier coup d'œil de quelle importance était pour l'une ou l'autre armée la possession du village de Langside, que le régent avait négligé de faire occuper par les troupes. Malheureusement, en même temps que lui, George avait fait la même remarque, et la communiqua à la reine, qui, trop prompte à adopter ce qui lui venait d'une bouche amie, donna aussitôt l'ordre à Seyton de s'emparer de ce poste. Mais, comme le même ordre venait d'être donné à lord Arbroath par le comte d'Argyle, tous deux mirent leurs troupes au galop en même temps, et se rencontrèrent en tête de l'armée. Là, une dispute s'engagea entre les deux chefs; également orgueilleux et entêtés, ni l'un ni l'autre ne voulut céder, car l'un arguait du commandement qu'il avait reçu du comte d'Argyle, et l'autre de l'ordre que lui avait donné la reine. Enfin, lord Seyton termina la contestation en mettant son cheval au galop, et en criant :

— A moi, Seyton! Saint Bennit! et en avant!

— A moi, mes fidèles! s'écria à son tour lord Arbroath; à moi, les Hamilton! Dieu et la reine!

Et les deux troupes se précipitèrent au galop et à l'envi l'une de l'autre. Les choses allèrent cependant assez bien tant que le chemin leur offrit l'espace nécessaire; mais, comme nous l'avons dit, arrivé à un certain endroit, il allait se rétrécissant au point que quatre hommes à peine y pouvaient passer de front. On devine donc ce que dut être cette avalanche d'hommes et de chevaux, volant de toute la force de leur orgueil et de leur colère, et se rencontrant à l'entrée de ce défilé. Il y eut un moment de lutte terrible, où ces insensés commencèrent entre eux le combat qu'ils allaient offrir à leurs ennemis. Enfin, peu à peu, cette masse, toujours se heurtant, s'écoula lentement par le ravin, et on vit reparaître la tête de l'autre côté de cette gorge maudite, que les derniers luttaient encore à l'autre extrémité, où plus de cinquante cavaliers étaient déjà couchés avec leurs chevaux, étouffés, meurtris ou blessés.

Cependant les royalistes avaient perdu un temps précieux, et Murray, ayant deviné leur intention, l'avait prévenue en détachant de son côté un corps considérable de cavalerie, que l'on vit se séparer de l'armée et se précipiter à son tour dans la vallée, afin d'arriver au village de Langside avant Seyton et Arbroath. Argyle vit ce mouvement, et donna aussitôt à lord Herris l'ordre de soutenir ses deux amis. Lord Herris partit au galop à son tour; mais, au moment où il arrivait au bord du défilé, et où Douglas rassurait la reine en lui disant que, tant que le combat se maintiendrait cavalerie contre cavalerie, toutes les chances étaient pour elle, le petit Douglas, qui regardait ce spectacle avec toute la vive curiosité d'un enfant, appuya vivement la main sur l'épaule de George, en lui montrant une seconde troupe ennemie qui venait au secours de la première.

— Qu'y a-t-il? demanda le jeune homme.

— Vois-tu? vois-tu? dit l'enfant.

— Eh bien, c'est une charge de cavalerie, voilà tout.

— Oui; mais chaque cavalier a en croupe derrière lui un fantassin armé d'une arquebuse.

— Sur mon âme! l'enfant dit la verité, s'écria Douglas, et les voilà qui mettent pied à terre, et qui s'éparpillent dans la plaine. Ils seront sur les crêtes du ravin avant que lord Herris soit seulement à moitié, et il est perdu s'il n'est pas prévenu à temps. Un homme, un homme, pour lui porter cette nouvelle !

— C'est moi qui ai reconnu le péril, c'est à moi de l'en prévenir! s'écria le petit Douglas.

Et, malgré les cris de la reine, il s'élança au galop.

— Laisserons-nous un enfant nous prévenir? s'écria lord Galloway. En avant ! mes braves pêcheurs de saumon.

— En avant! cria Ross, en avant! ou nous arriverons les derniers.

— En avant! cria à son tour Huntly, qui commandait l'arrière-garde.

Et toutes ces troupes, emportées comme par un esprit de vertige, passaient pareilles à des tourbillons, saluant avec de grands cris la reine, qui, immobile et pâle, leur répondait de la main, tandis que Douglas ne cessait de répéter à demi-voix :

— Les insensés! oh! les insensés!

— Que dites-vous là, George? dit la reine.

— Je dis, madame, que c'est ainsi que nous avons perdu toutes nos batailles.

— Oh! mon Dieu! s'écria Marie Stuart, la bataille est-elle donc perdue?

— Non, madame, répondit George; mais elle est mal engagée; et cela, comme toujours, par trop de zèle et par excès de courage.

Et, en disant ces mots, le jeune homme regardait avec inquiétude autour de lui.

— Que cherchez-vous, George? demanda la reine.

— Je cherche, répondit Douglas, un endroit plus élevé que celui-ci, et d'où nous puissions dominer tout le champ de bataille. Songez, madame, que, par cette funeste précipitation, toute l'armée est engagée, et qu'il ne reste plus autour de nous que vingt hommes. Il est donc important que pas un détail du combat ne nous échappe. Votre Majesté veut-elle que nous nous transportions près de ce château? Il me semble que la place est plus convenable que celle que nous occupons.

— J'irai partout où vous voudrez, dit Marie;

prenez la bride de mon cheval, et conduisez-moi, car j'ai honte de ma faiblesse, mais je suis incapable de le conduire moi-même.

George obéit, et, prenant la tête de la cavalcade avec la reine, il s'avança vers le point qu'il avait désigné, mais sans cesser de regarder le champ de bataille; de sorte qu'il ne vit pas le changement qui s'opérait sur le visage de la reine, à mesure qu'elle approchait du château. Enfin, n'y pouvant plus tenir, elle arracha la bride des mains de George, en s'écriant :

— Non, pas là-bas! pas là! au nom du ciel, pas dans ce château!

Douglas regarda la reine avec étonnement.

— Oui, continua Marie, c'est dans ce château que je suis venue passer les premiers jours de mon mariage avec Darnley ; et il m'a porté déjà assez cruellement malheur une première fois pour que je craigne d'en approcher une seconde.

— Eh bien, alors, sous cet if, s'il plaît à Votre Majesté.

— Partout où vous voudrez, partout, excepté là.

George conduisit la reine sur une petite hauteur, au sommet de laquelle s'élevait un if; mais, en arrivant au pied de cet arbre, elle était si pâle et si faible, que Douglas, craignant que la force ne lui manquât tout à coup, et qu'elle ne tombât de cheval, sauta à bas du sien, et lui tendit les bras. La reine s'y laissa aller, les yeux à demi fermés et presque évanouie. Douglas la porta au pied de l'arbre, où elle demeura un instant, sinon sans connaissance, du moins sans parole.

Lorsqu'elle revint à elle, elle trouva Douglas à ses genoux, tournant de temps en temps la tête avec inquiétude du côté du combat, que les décharges d'artillerie, qui se faisaient entendre avec une rapidité toujours croissante, enveloppaient d'un nuage de fumée, de sorte que l'on ne pouvait rien voir de ce qui s'y passait. Cependant, comme on continuait encore de découvrir, sur les hauteurs de Glasgow, une réserve d'un millier d'hommes, à peu près, il était évident que le régent ne se croyait pas dans la nécessité d'engager tout son monde, ce qui était d'un mauvais présage pour la manière dont marchaient les affaires de la reine. Tout à coup, Marie sentit tressaillir le bras sur lequel elle était appuyée.

— Qu'y a-t-il, Douglas? demanda-t-elle en se levant avec anxiété et en retrouvant toutes ses forces.

Mais George, sans lui répondre, lui montra un cheval au galop, qui revenait sans cavalier, et qui, ayant humé l'air de ses naseaux fumants, se dirigea vers la petite troupe.

La reine le reconnut, et, voyant qu'il était tout ensanglanté, elle poussa un profond gémissement.

— Pauvre enfant! dit Douglas, sa première bataille a aussi été sa dernière; mais sa mort est digne d'envie, puisqu'il meurt pour Marie Stuart.

— Sir George, s'écria un des cavaliers de l'escorte, sir George, regardez.

George reporta les yeux sur le champ de bataille. Les soldats qui, un instant auparavant, garnissaient la colline, étaient descendus sans doute pour décider l'action; car de tous côtés, par les extrémités de ce brouillard que formait la fumée du canon, débordaient des fuyards. Au bout d'un instant d'hésitation, George reconnut que ces fuyards appartenaient à l'armée de la reine.

— A cheval, madame, s'écria-t-il, à cheval ! Et vous, aux armes, les hommes ! voilà l'ennemi.

Mais Marie était hors d'état de se remettre en selle. George la prit entre ses bras, la replaça sur son cheval, et, d'un seul élan, se retrouva sur le sien. A peine y était-il, qu'il aperçut cinq cavaliers qui sortaient du ravin et accouraient à toute bride.

— Par le ciel ! s'écria-t-il, c'est lord Lindsay, je le reconnais à ses trèfles d'or. Fuyez, madame, fuyez. Gagnez du chemin pendant que je vais les arrêter ; car vous n'avez pas une minute à perdre. Et vous, continua-t-il en s'adressant aux cavaliers, faites-vous tuer jusqu'au dernier, plutôt que de laisser prendre votre reine.

— George, s'écria Marie, George, au nom du ciel, ne m'abandonnez pas !

Mais l'impétueux jeune homme, retenu trop longtemps, s'était élancé de toute la rapidité de son cheval, et, arrivé à un endroit où le chemin était si resserré qu'il pouvait être défendu par un seul homme, il mit sa lance en arrêt et attendit le choc.

Mais la reine, au lieu de suivre l'avis de George, était restée immobile et comme éblouie à sa place, les regards fixés sur cette lutte inégale et mortelle d'un homme contre cinq. Tout à coup, un rayon de soleil étant venu luire sur les combattants, elle reconnut au bouclier d'un de ses ennemis le cœur sanglant qui était l'armoirie des Douglas. Alors, baissant la tête et levant les bras au ciel :

— Seigneur, s'écria-t-elle, voilà le dernier coup, Douglas contre Douglas, frère contre frère !

— Madame, crièrent les soldats, madame, songez-y, il n'y a pas un instant à perdre. Voilà l'ennemi !

En effet, en ce moment, une troupe considérable de cavalerie débouchait par le défilé, et s'avançait au grand galop du côté de la reine, qui, tout à coup, poussa un gémissement. George venait de tomber frappé au cœur par le fer d'une lance.

Rien ne retenait plus Marie sur le champ de bataille où sa fortune venait d'être vaincue. Aussi, revenant à elle et sentant une terreur mortelle succéder à son apathie, lâcha-t-elle les rênes à son cheval, qui partit au galop, excité par les cris de l'escorte qui l'accompagnait.

Elle courut ainsi soixante milles sans s'arrêter, traversa les comtés de Renfrew et d'Ayr, et arriva, mourante de fatigue, à l'abbaye de Dundrennan dans le Galloway. Le prieur vint la recevoir à la porte.

— Mon père, lui dit la reine en descendant de cheval, je vous amène le malheur.

— Il est le bienvenu, répondit le saint homme, puisqu'il m'arrive accompagné du devoir.

Marie pouvait à peine marcher. Lord Herris, qui l'avait rejointe dans sa fuite, la soutint et la conduisit dans sa chambre.

Là, seulement, Marie envisagea toute l'horreur de sa position : son armée détruite, ses défenseurs dispersés ou morts, et du sang à chaque pas sur la route où elle marchait depuis six ans.

Il n'y avait que deux partis à prendre : se retirer en France, où elle était certaine d'être bien accueillie, mais d'où il lui était difficile de suivre en Écosse les mouvements dont elle pouvait profiter; passer en Angleterre, où l'amitié douteuse d'Élisabeth lui inspirait quelques craintes, mais d'où elle était à même de tout juger comme si elle était en Écosse.

L'espoir, qui ne meurt jamais, lui suggéra ce dernier parti, auquel lord Herris eut la fatale idée de la pousser encore. En conséquence, le lendemain, elle écrivit, malgré les prières de Marie Seyton et du digne prieur, cette lettre à Élisabeth :

« Madame et chère sœur,

» Je vous ai souvent priée de recevoir mon navire agité en votre port durant la tourmente. Si vous lui promettez qu'il y trouvera son salut, j'y jetterai mes ancres pour jamais. Autrement, la barque est à la garde de Dieu, elle est prête et calfatée pour se défendre en course contre toutes les tourmentes. Ne prenez pas à mauvaise part si je vous écris ainsi avant d'agir selon mon cœur : ce n'est point défiance de votre amitié, car je me repose sur elle de tout ce qui adviendra.

» Votre affectionnée sœur,

» Marie, R. d'Écosse, D. de France. »

Le jour même, un messager partit porteur de cette lettre, qu'il devait rendre, pour qu'il la fît passer à la reine, au gouverneur des frontières du Cumberland, qui était un gentilhomme nommé Lauther.

XXV

Les jours qui suivirent ce jour fatal, quelques amis

de la reine, ayant appris où elle était, la rejoignirent; mais aucun n'apportait de nouvelles rassurantes, tous étaient d'avis qu'il n'y avait rien à tenter pour le moment, tant cette victoire avait bien affermi la cause de Murray; seulement, il y avait dissidence sur la résolution prise par la reine : les uns blâmaient, les autres approuvaient; de sorte que l'irrésolution était à son comble, lorsqu'un matin on entendit le son du cor retentir du côté du rivage de la mer.

Marie tressaillit, et courut à la fenêtre. Elle aperçut alors, se balançant sur les flots du golfe de Solway, un petit navire au pavillon flottant. Ce pavillon portait les armes d'Angleterre.

Une heure après, on lui annonça la visite du gardien des marches. Il était porteur de la réponse verbale d'Élisabeth. Elle offrait un asile à sa sœur Marie d'Écosse, mais à elle seule. Aucun des seigneurs qui s'étaient armés pour elle ne pouvait la suivre. Quelques serviteurs, dont le nombre même était fort limité, avaient permission de l'accompagner. Marie était si lasse des craintes continuelles dans lesquelles elle vivait, qu'elle accepta cette offre, quelque peu rassurante qu'elle fût. La reine, en conséquence, répondit à l'officier qu'elle serait le lendemain matin à son bord. L'officier prit aussitôt congé d'elle, et retourna vers son bâtiment.

Les amis de la reine passèrent toute la journée avec elle. Au moment de la quitter, pour la confier ainsi à une rivale, tous leurs souvenirs leur montraient Élisabeth ennemie constante de Marie. Lord Herris lui-même, qui avait d'abord approuvé la résolution d'une retraite en Angleterre, était le premier à supplier la reine de n'agir, dans une si grave circonstance, que d'après ses inspirations. C'était le pire conseil qu'il pût lui donner. Marie, avec son cœur loyal et généreux, supposait Élisabeth dans la même position, et se demandait ce qu'elle ferait alors : elle irait au-devant d'elle les bras ouverts, et la recevrait en sœur. C'était donc, selon elle, ce qu'Élisabeth ne pouvait manquer de faire. En conséquence, elle persista dans sa résolution.

La reine ne se retira que fort tard et ne dormit point. Le lendemain, elle était debout au point du jour. Cette résolution, tiraillée par tout ce qui l'entourait, lui brisait le cœur, et elle était impatiente qu'elle fût accomplie. Comme personne n'avait mieux reposé qu'elle, elle trouva ses amis prêts et s'achemina vers le rivage.

Elle y trouva le shérif du Cumberland, richement vêtu, et comme il convenait à un homme qu'une reine envoyait à une autre reine. Il avait avec lui, outre les marins, une escorte nombreuse de soldats, qui, au lieu de rassurer la reine, l'inquiétèrent; car elle donnait à son départ volontaire une apparence d'enlèvement par violence. Alors ceux qui la suivaient purent pour la première fois lire sur sa physionomie le combat des passions qui l'agitaient. Enfin, ces émotions différentes arrivèrent à un tel degré de force, qu'elle ne put retenir plus longtemps ses larmes, et que, s'appuyant sur l'épaule de lord Herris, elle éclata en sanglots. Alors le digne prieur s'approcha d'elle, et, les mains jointes :

— C'est un pressentiment que le ciel vous envoie, madame, dit-il à la reine. Écoutez les prières de vos fidèles sujets : ou partez avec eux, ou ne partez pas sans eux.

Mais ces paroles, au lieu de déterminer la reine, la rappelèrent à ses premiers sentiments; car elle eut honte de sa faiblesse.

— Mon père, répondit-elle, les pleurs que je répands ne sont point de crainte, mais de douleur. Je n'ai jamais conçu, pas plus en ce moment qu'en aucun autre, aucun doute sur la sincérité de ma bonne sœur. Mais il faut que je quitte mes plus chers amis, et c'est cela qui me brise le cœur.

— Et cette sincérité dont vous ne doutez pas, madame, s'écria le prieur, ce bon accueil que vous espérez, se manifestent en vous privant de vos plus fidèles serviteurs. Oh! songez-y, madame, songez-y : ce n'est pas sans une intention perfide que de pareilles précautions ont été prises par une femme comme Élisabeth.

— Voyez les choses sous un meilleur aspect, mon bon père. La reine, ma sœur, pouvait croire mon escorte plus nombreuse. Il y a huit jours, n'avais-je pas une armée? Non, non, rassurez-vous; je n'ai rien à craindre; et, soit que j'habite Londres, soit qu'on me fixe une ville de province pour ma résidence, je vous en ferai prévenir aussitôt. Là, qui m'aimera pourra me suivre.

— O madame! madame! Dieu vous entende! s'écria le prieur; mais, quant à moi, j'ai de bien tristes pressentiments.

— Madame, dit le shérif en s'avançant vers la reine, oserai-je faire observer à Votre Majesté que la marée est favorable?

— Me voici, monsieur, dit la reine.

Puis, se retournant encore vers ceux qui l'avaient suivie :

— Mes amis, dit-elle, une dernière fois merci de votre fidélité et de votre dévouement. Votre reine vous embrasse tous, dans la personne de lord Herris.

A ces mots, elle tendit les bras à ce noble seigneur ; mais lui, se jetant à ses genoux, lui prit la main et la baisa.

Alors Marie Stuart, jugeant qu'un plus long retard ne serait qu'une plus longue douleur, fit signe au shérif qu'elle était prête à le suivre, et celui-ci la précéda, le chapeau à la main ; mais, au moment où elle était déjà à moitié chemin de la planche qui conduisait à la barque, le prieur s'élança de nouveau vers elle, et, entrant dans l'eau jusqu'aux genoux :

— Madame, madame ! s'écria-t-il une dernière fois, ne voyez-vous pas que tout est prévu et que vous vous perdez ? Oh ! ne quittez pas ce rivage, n'abandonnez pas le sol de vos pères. Nos châteaux ont encore des murailles, et nos montagnes des retraites où le pouvoir des rebelles ne pourra vous atteindre. Et vous, messeigneurs, continua-t-il en se retournant vers les nobles et les barons, qui demeuraient incertains, ne craignez ni les arbalètes ni les arquebuses de ces Anglais ; tirez l'épée, et arrachez votre reine au péril qui la menace. Je vous l'ordonne au nom du Seigneur.

— Vous perdez la raison, sire prêtre, répondit le shérif en lâchant la main de la reine ; et il ne s'agit point ici de violence ; Sa Majesté est libre de retourner sur ses pas, et ni arquebuses ni arbalètes ne l'en empêcheront.

Puis, s'adressant à la reine :

— Décidez-vous, madame, lui dit-il; car la marée se retire, et un quart d'heure de retard seulement nous renverrait à demain.

— Vous voyez, dit la reine dégageant sa robe que tenait l'abbé, vous voyez, mon père, que je suis libre; c'est donc volontairement que je me confie à ma sœur bien-aimée, la reine d'Angleterre, et à son digne envoyé, à qui je présente mes excuses du zèle exagéré de mes amis.

A ces mots, elle tendit de nouveau la main au shérif, et, franchissant d'un pied ferme le pont vacillant sur lequel elle était restée un instant indécise, elle descendit dans l'esquif, où trois de ses femmes et deux de ses serviteurs la suivirent, cinq personnes étant pour le moment le nombre déterminé par Élisabeth pour accompagner la reine.

Aussitôt que les voiles furent déployées, et comme le vent commençait à fraîchir et la marée à se retirer, l'esquif s'éloigna, cédant à cette double impulsion; mais, quoique la distance devînt à chaque instant plus grande, Marie ne quitta pas le pont, ni ceux qui l'avaient accompagnée sur le rivage; tant qu'ils purent se voir, ils échangèrent des signaux d'adieu, la reine avec son mouchoir, les seigneurs avec leurs toques et leurs chapeaux; mais peu à peu le navire se perdit dans l'éloignement, les objets se confondirent; bientôt il ne parut plus que comme un léger nuage flottant à l'horizon, puis enfin le nuage disparut, et, deux heures après, Marie Stuart, ayant quitté l'Écosse pour jamais, mettait le pied sur le sol homicide de l'Angleterre.

XXVI

En mettant le pied sur les côtes d'Angleterre, Marie trouva lord Scrope et le chevalier François Knowles qui l'attendaient. L'un était gardien des marches occidentales, l'autre était vice-chambellan de la reine Élisabeth. Tous deux étaient porteurs de lettres pleines d'affection et d'expressions de regret sur ses infortunes ; mais leurs instructions particulières étaient fort différentes de ces démonstrations amies. Aussi, comme à son arrivée la première chose que demandait Marie était une entrevue avec sa sœur la reine d'Angleterre, ils lui répondirent que, pour le moment, la chose était impossible, attendu qu'accusée comme elle l'était d'un crime aussi énorme que l'assassinat de son mari, elle ne pouvait être reçue par Élisabeth sans que cette réception portât atteinte à son honneur ; mais qu'aussitôt qu'elle serait lavée de cette tache, ce serait tout autre chose, et qu'elle obtiendrait une réception royale.

Dans son premier mouvement d'indignation, de confiance et de loyauté, Marie ne vit pas le piége qui lui était tendu, et répondit aux ambassadeurs qu'elle était prête à donner à leur reine toutes les preuves de son innocence, tandis qu'elle défiait, au contraire, ses ennemis de soutenir leur accusation. C'était ce que demandait Élisabeth, et tout ce qu'elle avait fait depuis qu'elle avait reçu la lettre d'avis de Marie, avait tendu là, ainsi qu'on va le voir.

En effet, le jour même où elle avait reçu la nouvelle de la prochaine arrivée de Marie Stuart en Angleterre, elle avait rassemblé son conseil et lui avait demandé son avis. Alors trois propositions avaient été discutées :

La première de rétablir Marie sur le trône d'Écosse ; la seconde de la renvoyer en France ; la troisième de la garder prisonnière en Angleterre.

Toutes trois avaient de graves inconvénients. Si l'on rétablissait Marie sur le trône d'Écosse, comme la reconnaissance n'est pas la vertu dominante des rois, il y avait toute probabilité que Marie oublierait bientôt les services rendus, renouvellerait l'alliance avec la France, et ferait revivre ses prétentions à la couronne d'Angleterre.

Si l'on permettait à Marie de se retirer en France, le roi Charles IX, qui en avait été autrefois si amoureux qu'il avait voulu l'épouser, quoiqu'elle fût sa belle-sœur, ne lui refuserait certes pas son secours pour la mettre sur le trône d'Écosse : alors elle débarquerait de nouveau à Édimbourg avec une armée étrangère, et les deux forces réunies des deux royaumes contre une seule pouvaient rendre aux Écossais la supériorité qu'ils avaient perdue par les batailles de Flodden et de Pinkie.

Si l'on retenait Marie en Angleterre, — et cette décision était, sinon la plus loyale, au moins la plus sage, — il y avait encore à choisir entre deux partis, qui tous deux avaient leur bon et leur mauvais côté.

Ces deux partis étaient : ou de permettre à Marie de vivre en liberté ; ou d'enfermer Marie dans une prison.

Si on laissait Marie vivre en liberté, c'est-à-dire en reine, il se formerait nécessairement autour d'elle, tout exilée qu'elle était, une petite cour, qui deviendrait l'asile de tous les mécontents, et se ferait le centre d'une opposition catholique. Alors qui pourrait savoir où les choses s'arrêteraient? car, quoique Élisabeth affectât de regarder comme ridicules, ou du moins comme extravagantes, les prétentions de sa rivale au trône d'Angleterre, elle n'ignorait pas que ces prétentions paraissaient beaucoup plus fondées à bon nombre d'Anglais qui donnaient la préférence aux droits de Marie sur ceux d'Élisabeth. Si Marie absente avait eu des partisans, que serait-ce quand Marie présente, au sein même du royaume, emploierait toutes les ressources de son éloquence et de sa beauté? Ce parti était donc inadmissible.

Mais, d'un autre côté, en retenant Marie en prison, Élisabeth soulevait contre elle l'indignation générale; elle perdait d'un seul coup cette réputation de justice qu'elle s'était péniblement acquise par dix ans de règne; elle renouvelait à son égard l'abus de pouvoir que l'on reprochait encore à Henri IV, et qu'il avait commis lorsqu'il avait fait arrêter et qu'il avait retenu prisonnier le prince héréditaire d'Écosse, forcé par la tempête de relâcher dans un port d'Angleterre. Enfin, elle prêtait à dire que c'était non point par mesure de sûreté, mais par jalousie, qu'elle cachait à la lumière cette beauté que l'on disait la première du monde.

Élisabeth laissa ses vieux conseillers, ces hommes blanchis à l'école de Henri VIII, tourner et retourner de tous côtés ces dernières propositions, sans qu'ils trouvassent moyen de leur donner non pas même l'apparence de la loyauté, mais celle du droit;

puis, lorsqu'elle les vit reculer à la peine, elle ouvrit un avis qui semblait suggéré par le démon même de la politique : c'était d'amener Marie, par une accusation vraie ou fausse, à la choisir pour arbitre.

En effet, cet appel de Marie au tribunal d'Élisabeth rendait la reine d'Angleterre juge des démêlés survenus entre la reine d'Écosse et ses sujets. Or, nous savons quels étaient ces démêlés : une accusation capitale, dont on pouvait traîner tellement en longueur les informations, dont on pouvait, si elle était innocente, si fort compliquer les embarras et les difficultés, que c'était une affaire à ne jamais se terminer. Si, au contraire, elle était coupable, si les preuves que se vantaient de posséder les ennemis de la reine étaient suffisantes, si enfin son crime venait à être constaté, elle cessait d'avoir droit aux égards que l'on doit à une reine et à l'hospitalité que l'on doit à une exilée, et, quelle que fût la conduite qu'Élisabeth tint dès lors à son égard, elle était toujours plus généreuse que l'ex-reine ne le méritait.

Marie, comme nous l'avons dit, était tombée dans le piége, et la pauvre mouche étourdie et brillante avait donné dans la toile tendue par l'araignée.

Il est vrai de dire aussi que, lorsque Marie avait accepté le jugement de la reine d'Angleterre, elle comptait simplement, et de reine à reine, exposer ses raisons devant Élisabeth, et réfuter devant elle celles de ses ennemis. Mais Marie fut bientôt détrompée ; car elle apprit que la reine d'Angleterre venait de nommer une commission, devant laquelle elle fut invitée à envoyer ses défenseurs, comme Murray enverrait les siens. Les avocats de la reine furent l'évéque de Ross, lord Herris, Fleming, Lingston et Robert Melvil. Ceux de Murray furent le comte de Morton, le comte de Ledington, Jacques Mayhil et George Buchanan. Quant aux commissaires, c'étaient Thomas Howard, duc de Norfolk, le comte de Sussex et Guillaume Saddler.

Cependant Marie avait vu où on l'entraînait, et avait essayé de s'arrêter sur la pente de la montagne où elle roulait et au bas de laquelle était l'abîme. Elle avait, en conséquence, rétracté l'offre qu'elle avait faite, du moment où ce n'était pas la censure bénévole de la reine qui en devait être le résultat, mais bien un jugement rendu par un tribunal. Elle avait alors insisté plus que jamais pour obtenir une entrevue; et, sur le refus constant d'Élisabeth, elle lui avait écrit cette lettre :

« Madame et chère sœur,

» Dans la position où je me trouve, je ne veux et ne puis ni ne dois répondre aux accusations de mes sujets contre moi. Je vous ai offert de vous soumettre ma justification et de vous faire juge de ma conduite, afin de lever vos scrupules, et je suis prête encore à le faire, tant sont grandes mon amitié et ma confiance en vous. Parmi les Écossais, même ceux de ma famille, nul n'est mon égal : je ne veux donc en reconnaître aucun comme tel en soutenant avec eux un aussi étrange procès. Je me suis jetée entre vos bras comme entre ceux de ma plus proche parente ; j'ai espéré en vous une franche et loyale amitié. J'ai cru vous faire honneur en vous donnant, à vous, madame, la préférence sur tout autre prince pour venger l'insulte faite à une reine. Consultez l'histoire, que vous savez si bien, et dans laquelle vous êtes appelée à remplir une si haute place, et dites-moi si vous y avez jamais vu un prince blâmé. Écoutez les plaintes de ceux qui, faussement accusés, en appellent de la calomnie à leur justice. Vous admettez mon frère en votre présence, un bâtard, un rebelle, un traître! et vous me refusez cet honneur, à moi qui n'ai rien fait pour démériter. A Dieu ne plaise que je vous demande jamais rien qui puisse nuire à votre renommée, puisque, bien au contraire, je voulais vous procurer une occasion d'en relever l'éclat par la manière royale dont j'espérais que vous vous conduiriez à mon égard. Souffrez donc, puisqu'il en est ainsi, que je réclame l'appui d'autres princes moins délicats que vous sur le point d'honneur et plus compatissants pour mes infortunes; ou bien, il en est temps encore, accordez-moi tous les secours et toute la considération que j'ai droit d'attendre de vous, et donnez-moi cette occasion que j'ai cherchée avec tant de confiance, et que je saisirai avec tant de bonheur, de m'attacher à vous par les liens d'une reconnaissance éternelle. »

Élisabeth répondit à cette lettre en faisant transférer Marie au château de Carlisle. Là, il fallut bien que Marie, qui avait toujours douté, se rendît à l'évidence : elle était en prison. Ce fut alors qu'elle prit le parti de se rendre aux exigences d'Élisabeth, et de nommer, comme nous l'avons dit, des avocats pour la défendre devant la commission.

Cette commission, devant laquelle parut Murray en personne, demeura assemblée pendant cinq mois.

Au bout de ce temps, Élisabeth fit savoir aux deux parties que, d'un côté, elle n'avait rien découvert contre l'intégrité du comte de Murray, tandis que, de l'autre, les preuves ne lui paraissaient pas suffisantes pour condamner Marie. Toutes choses devaient donc rester, ajouta-t-elle, dans l'état où elle les avait trouvées.

En conséquence de ce jugement qui ne décidait rien, Murray retourna à Édimbourg, emportant trente-cinq mille livres sterling, que lui avait prêtées Élisabeth pour le tirer des embarras pécuniaires où il se trouvait, et Marie, toujours en état de suspicion, demeura captive.

Cependant l'enquête de la commision avait eu un résultat aussi étrange qu'inattendu. Le comte de Norfolk, l'un des juges nommés par Élisabeth, touché de pitié, disent les uns, ému d'ambition, disent les autres, résolut de tirer Marie Stuart de prison, et de la rétablir sur le trône d'Écosse. Pour prix de cette entreprise, il comptait fiancer sa fille au jeune roi : il espérait épouser Marie, et, une fois époux de la reine, être nommé régent à la place de Murray. Cette tentative, qui devait assurer la fortune de ceux qui la mettraient à exécution, entraîna, par ses probabilités, les comtes d'Arundel, de Northumberland, de Westmoreland, de Sussex, de Pembroke et de Southampton, dans un complot dont Norfolk demeura le chef, et qui fut communiqué aux rois de France et d'Espagne, lesquels promirent de l'appuyer. On en fit part à Marie, qui l'accepta, s'engageant à remplir les conditions suivantes : ces conditions étaient de renoncer à la succession du royaume d'Angleterre du vivant d'Élisabeth, de favoriser la religion protestante en Écosse, à l'égal de la religion catholique, de signer une ligue défensive et offensive entre les deux royaumes, et d'accorder une amnistie générale à tous ceux qui avaient porté les armes contre elle.

Cependant, au moment où les conjurés se croyaient le plus sûrs de la réussite, Leicester apprit, quelques-uns disent de la bouche même de Norfolk et à titre de confidence, le complot qui se tramait. Leicester en informa Élisabeth à l'instant même; Norfolk fut conduit à la Tour; le comte de Pembroke reçut l'ordre de ne point sortir de sa maison; l'évêque de Ross fut réprimandé; et Marie Stuart reçut avis que, si elle ne cessait pas ses complots, Élisabeth ferait à la prison où elle était renfermée une ceinture des têtes de ses amis. Quant aux comtes de Northumberland et de Westmoreland, ils reçurent l'ordre de venir rendre compte de leur conduite à Londres; mais, au lieu d'obéir, ils firent un appel à leurs vassaux, prirent les armes, et publièrent un manifeste dans lequel ils déclaraient que ce n'était point par rébellion contre la reine qu'ils agissaient ainsi, mais seulement pour la défense de la foi, si cruellement persécutée dans tout le royaume. En même temps, ils répandirent un manifeste par lequel ils appelaient à leur aide tous les catholiques. Mais, terrifiés par l'arrestation de Norfolk, et ne voyant point jour à réussir, ceux-ci envoyèrent les lettres de convocation à Élisabeth, qui, comprenant que la rébellion avait plus de consistance qu'elle ne l'avait cru d'abord, envoya contre eux une armée devant laquelle la leur se dispersa sans même risquer les hasards d'une bataille. Northumberland, trahi par un homme qu'il croyait son ami, fut livré à Murray, et le régent l'envoya remplacer la reine au château de Lochleven, qui, cette fois, plus fidèle qu'il ne l'avait été pour Marie, lui servit de tombeau.

Quant à Westmoreland, il gagna les frontières d'Écosse, dont tous les habitants étaient amis de Marie. Là, il trouva un asile, et attendit une occasion de passer en Flandre, ce qu'il accomplit sans accident; mais, comme rien ne put fléchir Élisabeth à son égard, il y passa le reste de sa vie en exil.

Pendant ce temps, la fortune de Marie Stuart ne se soutenait guère mieux en Écosse qu'en Angleterre; ses derniers partisans, les comtes de Huntly et d'Argyle, avaient fini par se soumettre et faire leur paix avec le régent; de sorte que la puissance de ce dernier était plus assurée que jamais, lorsqu'un événement inattendu vint lui creuser une tombe sanglante au milieu de ses prospérités.

Après la bataille de Langside, un nombre assez considérable de prisonniers avaient été considérés comme rebelles, et condamnés à mort, au nom du fils, pour avoir pris parti pour la mère; parmi ces prisonniers se trouvaient six Hamilton, contre lesquels le régent était encore plus déterminé à sévir que contre les autres, les Hamilton étant, comme nous l'avons déjà dit, les ennemis acharnés des Douglas.

Cependant, à cette époque, le pays était tellement divisé entre la mère et le fils, que les partisans les plus exaltés regardèrent un pareil jugement comme impolitique, et résolurent d'en prévenir l'exécution. En conséquence, John Knox, lui-même intercéda pour les condamnés, et, plutôt par crainte pour lui que par clémence naturelle, Murray leur fit grâce de la mort, commuant leur peine en une confiscation de leurs biens. Les proscrits se retirèrent dans les montagnes, et les favoris du régent, entre lesquels les biens avaient été divisés, se mirent en mesure d'entrer en possession de leurs nouvelles propriétés.

Un de ces amnistiés, auxquels Murray avait fait grâce de l'échafaud à la condition qu'ils mourraient de faim, se nommait Hamilton de Bothwelhaugh, et était un de ces vieux Écossais comme il n'en restait plus que quelques-uns depuis que Jacques V avait passé, abattant les têtes de tous ces petits tyrans comme Sextus Tarquin faisait de celles des pavots. Ses biens, qui lui venaient de sa femme, avaient été donnés par Murray à un de ses favoris, qui, lorsqu'il en vint prendre possession, trouva cette malheureuse malade et alitée. Vainement lui demanda-t-elle quelques jours pour s'informer où était son mari et aller le rejoindre; le nouveau propriétaire ne voulut entendre à rien, et, ne lui laissant pas même le temps de s'habiller, il la fit, toute tremblante de fièvre, jeter à demi nue à la porte. La pauvre femme alla de maison en maison, implorant un asile, que la crainte des vengeances de Murray lui fit refuser partout; de sorte qu'après qu'elle eût erré à l'aventure, sans pain et sans vêtements, et par les temps froids de l'année, pendant plus d'un mois, on la retrouva, un matin, morte de froid et de misère, sur le seuil de sa propre porte, où elle était venue expirer.

On devine l'effet que l'annonce d'une pareille nouvelle produisit sur un homme du caractère de Bothwelhaugh. Il ne s'en prit pas au favori, qui n'était que l'instrument, mais à Murray, qui était la cause, et, de ce jour même, fit serment de se venger.

Le régent avait annoncé son projet de faire une tournée royale dans les environs d'Édimbourg, et devait passer dans la petite ville de Linlithgow, qui était presque toute aux Hamilton, et où, entre autres, le prieur de Saint-André, partisan dévoué de Marie Stuart, et qui ne l'avait quittée qu'au moment où elle s'était embarquée, avait une maison située sur la grande place. Bothwelhaugh lui demanda un ordre pour se faire ouvrir le second étage de cette maison, qui n'était point habitée, et l'obtint facilement. En conséquence, il s'achemina vers Linlithgow; sans passer par les rues, il entra par la porte du jardin qui donnait sur la campagne, et, montant au second étage, qu'il trouva fermé, il commença ses dispositions. Murray devait passer le lendemain; il n'y avait pas de temps à perdre.

Bothwelhaugh commença par étendre sur le plancher les matelas du lit, pour qu'on n'entendît point le bruit de ses pas; puis il couvrit les murs d'une tapisserie noire, afin qu'on ne pût voir son ombre; enfin, il attacha son cheval dans le jardin, afin de fuir sans retard lorsque le moment en serait venu; et, comme, en entrant par la petite porte, il avait remarqué qu'il avait été forcé de se courber jusque sur le cou de son cheval, il la fit abattre pour avoir une voie large et libre; puis, ses précautions prises, il chargea deux arquebuses, entr'ouvrit les volets de la fenêtre, et attendit l'événement.

Cependant, si bien prises qu'eussent été toutes ces mesures, elles faillirent devenir inutiles. Les amis du régent, qui savaient que la petite ville de Linlithgow appartenait presque entièrement, comme nous l'avons dit, aux Hamilton, firent tout ce qu'ils purent pour le déterminer à ne point passer par ses rues et à la tourner; mais Murray, qui n'avait jamais reculé devant un danger réel, se railla d'un danger imaginaire. Ses amis alors le supplièrent de balayer, devant lui, les rues avec des gardes, et de les traverser au galop; mais il ne voulut pas plus entendre parler de cette seconde proposition que de la première, et il commença son entrée sans avoir pris même la précaution de se couvrir d'une cuirasse.

Murray trouva les rues pleines de peuple, que la curiosité avait amené, de sorte que, retardé par cette grande foule, il ne put marcher qu'au pas. En arrivant même devant le balcon fatal, la presse était si grande, qu'il fut forcé de s'arrêter. Bothwelhaugh profita de ce moment pour appuyer son arquebuse sur le balcon et prendre tout son temps pour viser. Enfin il fit feu, et Murray tomba frappé d'une balle qui, après lui avoir traversé la poitrine, alla, tant l'arme était fortement chargée, tuer le cheval d'un gentilhomme qui marchait à côté de lui.

Aussitôt les gens de la suite du régent, voyant de quelle fenêtre le coup était parti, s'élancèrent vers la maison, et commencèrent d'en briser la porte; mais Bothwelhaugh, aussitôt le coup parti, s'était élancé vers l'escalier, avait gagné le jardin; de sorte qu'il sortait au grand galop par la porte de derrière au moment même où les gardes de Murray forçaient la porte de devant. Il en résulta qu'il fut aperçu, et que huit ou dix hommes se mirent à sa poursuite.

On comprend que, comme il y allait de la vie dans cette course désespérée, le fugitif ne ménageait ni le fouet ni l'éperon. Cependant, comme, parmi ceux qui le poursuivaient, il y avait deux ou trois gentilshommes parfaitement montés, ils commencèrent à gagner sur lui. Bothwelhaugh, s'apercevant de ce désavantage, jeta son fouet et se servit de son poignard. Sous cet aiguillon terrible, son cheval reprit une nouvelle force, et, sautant un ravin de vingt pieds, que ceux qui le poursuivaient n'osèrent franchir, il gagna tant de terrain, ses ennemis étant forcés de faire un détour, que ceux-ci perdirent bientôt l'espérance de le rejoindre.

Le meurtrier gagna la France, où le roi Charles IX, qui aimait fort les bons tireurs d'arquebuse, lui fit grande fête; aussi, lorsque vint la Saint-Barthélemy, lui fit-on les plus belles propositions du monde pour qu'il se chargeât de l'assassinat de l'amiral de Coligny. Mais Bothwelhaugh refusa avec indignation, disant qu'on se trompait sur l'acte qu'il avait accompli, qui était une vengeance et non un assassinat; que tout ce qu'il pouvait faire, c'était, si ceux dont l'amiral de Coligny avait fait mourir les femmes de faim et de froid venaient lui demander conseil, de leur indiquer de quelle manière il s'y était pris pour tuer le régent.

Murray mourut quelques heures après avoir reçu sa blessure, et Lennox, père de Darnley, fut nommé régent.

XXVII

Cependant Marie Stuart, du fond de sa prison, excitait les sympathies de tous les souverains catholiques de l'Europe, dont quelques-uns étaient ou ses proches ou ses alliés. Les rois de France et d'Espagne écrivirent à Élisabeth pour solliciter sa liberté; et le pape Pie V, allant plus loin encore, fulmina contre la reine d'Angleterre une bulle dans laquelle il la traitait d'usurpatrice et d'hérétique, la vouait à l'anathème, et déliait ses sujets du serment de fidélité. Cette bulle fut affichée à la porte du palais par un seigneur catholique nommé Felton. Tout ce que gagna Marie à cet intérêt dont elle était l'objet presque universel fut de voir sa captivité resserrée, et de sentir, à un surcroît de surveillance et de rigueur, que la haine de sa rivale s'était encore augmentée.

La mort du régent avait, au reste, par la secousse violente qu'elle avait imprimée dans tous les esprits, redonné de nouvelles forces à la guerre civile. Quelques-uns, qui étaient liés d'amitié ou d'intérêts avec Murray, s'éloignèrent de Lennox, et, du parti du roi, passèrent dans celui de la reine. De ce nombre furent Maitland de Lethington et Kirkaldy de Lagrange. La défection de ce dernier surtout fit grand bruit; car, comme il était gouverneur du château d'Édimbourg, et qu'il déclara tout à coup qu'il tenait cette forteresse pour Marie Stuart, ses partisans en reprirent un nouveau courage.

Mais, en même temps que Marie, derrière les barreaux du château de Carlisle, d'où elle apercevait les montagnes bleues de l'Écosse, gagnait la forteresse d'Édimbourg, elle perdait celle de Dumbarton, dans laquelle s'était retiré l'archevêque de Saint-André. Cette forteresse, qui était celle où George Douglas avait donné à la reine le conseil de se retirer lors de sa fuite de Lochleven, était une des mieux défendues de toute l'Écosse, et passait pour imprenable, lorsqu'un capitaine nommé Crawfort de Jordanhill forma le projet de s'en emparer.

Ce capitaine avait sous ses ordres un soldat qui connaissait le château pour y avoir été en garnison, et qui l'assura que l'un des côtés que l'on regardait comme inaccessible était peu ou même n'était point gardé. Il profita donc de cet avis, et, par une nuit obscure, se glissa, avec trente hommes déterminés, dans un ravin qui, par les temps de pluie, devenait le lit d'un torrent, choisissant un des moments où il était plus gonflé, afin que le bruit de l'eau couvrît celui de leurs pas. Grâce à cette précaution, Crawfort et sa petite troupe arrivèrent sans être découverts jusqu'au pied de la forteresse.

Là, ils s'arrêtèrent un instant pour examiner le rocher et la muraille qui le surmontait, et qui pouvaient avoir, réunis l'un à l'autre, une soixantaine de pieds de hauteur. Ils remarquèrent, en outre, à moitié chemin, une petite plate-forme naturelle, causée par une saillie de la pierre, où ils pourraient faire halte et se reposer un instant. Aussitôt leur plan fut arrêté. Ils avaient apporté quatre échelles ; ils les lièrent fortement deux à deux, comptant avec les deux premières gagner la plate-forme, et avec les deux autres atteindre les créneaux. Aussitôt que la première échelle fut appliquée, Crawfort monta, précédé du soldat qui lui servait de guide, et suivi du reste de sa troupe; mais ils étaient à peine au tiers de la montée, que l'échelle rompit sous le poids, et que tous ceux qui avaient commencé leur périlleuse ascension retombèrent dans le fossé. Heureusement, aucun d'eux ne se blessa dangereusement, et le bruit que faisait le torrent empêcha d'entendre celui de leur chute.

Crawfort ne perdit point courage, et dressa la seconde échelle contre le mur; mais, cette fois, il ordonna que ses compagnons, pour ne pas trop la surcharger, monteraient seulement quatre par quatre, puis, quand tous seraient sur la plate-forme, qu'on tirerait l'échelle et qu'on recommencerait l'opération pour atteindre les créneaux. La première partie de la tentative s'exécuta à merveille, et, au bout de quelques instants, les trente soldats se trouvèrent arrivés à moitié chemin de leur escalade. Alors ils tirèrent l'échelle derrière eux, l'assujettirent de nouveau et commencèrent à monter; mais, cette fois, tous ensemble, car il fallait se présenter sur le rempart avec toutes les forces.

Crawfort était au trois quarts de l'échelle, lorsque le soldat qui le précédait, et qui lui servait de guide, fut pris tout à coup d'une attaque d'épilepsie, maladie à laquelle il était sujet, et au retour de laquelle avait sans doute donné lieu l'émotion qu'il lui était bien permis d'éprouver en pareille circonstance. Crawfort, voyant alors qu'il lui était impossible de monter ni de descendre, eut d'abord l'idée de le tuer; mais, pensant ou qu'il jetterait peut-être un cri au moment de sa mort, ou que son corps, en tombant, pourrait faire du bruit, il dénoua le ceinturon de son épée, et attacha par-dessous les épaules le malheureux à l'échelle. Alors il fit signe à ses compagnons de descendre, retourna l'échelle, et, comme alors le chemin n'était plus interrompu, puisque le corps qui faisait obstacle était à l'envers, il reprit sa route, qu'il acheva sans aucun accident. Ses compagnons le suivirent, et, au bout d'un instant, les trente hommes se trouvèrent sur le rempart. Cette opération se fit avec tant d'adresse et de silence, qu'ils surprirent la sentinelle, qui était à cent pas de là à peine, la tuèrent avant qu'elle eût eu le temps de donner l'alarme, et, tombant sur la garnison endormie, la firent prisonnière sans qu'elle essayât la moindre résistance. Quant à l'archevêque de Saint-André, qui, ainsi que nous l'avons dit, habitait ce château, et que l'on connaissait comme un des plus zélés partisans de Marie, il fut massacré dans son lit, sans aucun respect pour le rang qu'il occupait dans l'Église.

Cet assassinat fut le signal de nombreuses représailles : l'Écosse tout entière s'enflamma de nouveau, comme au moment où les enseignes du fils et de la mère marchaient l'une contre l'autre. A l'exemple de George et de Williams Douglas, les frères tirèrent l'épée contre les frères ; les villes se divisèrent quartiers contre quartiers, rues contre rues, maisons contre maisons ; et les enfants eux-mêmes, se réunissant, les uns au nom du roi Jacques, les autres au nom de la reine Marie, se firent la guerre à coups de couteau et de bâton, sur les places et dans les carrefours.

Deux parlements se rassemblèrent, l'un au nom du roi, l'autre au nom de la reine : le parlement de la reine à Édimbourg, sous la protection du château dont, comme nous l'avons dit, Kirkaldy était le gouverneur ; l'autre à Stirling, sous la présidence du roi, pauvre enfant qu'on forçait, balbutiant à peine, de prononcer des paroles de proscription contre sa mère.

Cependant Kirkaldy, qui était homme de résolution, imagina d'aller s'emparer du parlement du roi au milieu de la ville même où il tenait ses séances. C'était, s'il réussissait, le moyen de finir la guerre civile d'un seul coup, et il prit toutes ses précautions pour ne pas échouer.

Ceux auxquels il s'adressa pour cette entreprise furent Buccleuch, Fairnyherst et lord Claude Hamilton. Chacun d'eux amena avec lui un corps d'infanterie choisi parmi ses plus braves vassaux ; tous trois voulaient à l'envi l'un de l'autre commander l'expédition ; mais il fut convenu qui ni l'un ni l'autre, au contraire, ne quitteraient Édimbourg, de peur que leur absence ne fût remarquée au parlement et ne donnât l'éveil sur l'entreprise qui se tramait. La petite troupe, qui se composait de cinq cents hommes à peu près, fut donc mise sous la conduite d'un nommé Bell, qui connaissait parfaitement Stirling, étant né et ayant été élevé dans cette ville. Bell, se montra digne du choix qu'on avait fait de lui, et pénétra jusqu'au cœur de la ville sans (dit sir Walter Scott) qu'un seul chien eût aboyé. Quand ils furent là, ils se divisèrent en divers détachements, qui se répandirent par la ville en criant :

— Dieu et la reine ! Rappelez-vous l'archevêque de Saint-André : sang pour sang, mort pour mort !

Au reste, ces détachements ne se contentaient pas de crier, et, comme ils avaient d'avance l'adresse des maisons où étaient logés les lords du roi, ils s'emparèrent d'eux les uns après les autres, sans qu'aucun fît résistance, à l'exception du comte de Mar, qui, au premier bruit qu'il entendit, barricada la maison où il était renfermé ; de sorte que les assaillants furent obligés d'en faire le siége ; ce qui occupa une partie d'entre eux, tandis que les autres se livraient au pillage. Pendant ce temps, Morton sortit du château, qu'il commandait, avec un fort détachement de soldats, armés de mousquets. Il les retrancha dans une maison, qu'il faisait bâtir sur une colline qui dominait toute la ville, et, de là, il commença sur les assiégeants et les pillards un feu aussi inattendu que meurtrier. Surpris ainsi au milieu de leur victoire, et lorsque, maîtres du régent, du comte de Mar et des principaux seigneurs du parti du roi, ils croyaient n'avoir plus rien à craindre, les assaillants, ne sachant ni où se réunir ni à qui se rallier, prirent peur et commencèrent à s'enfuir. Alors ce fut le tour des vaincus à reprendre l'offensive : les vainqueurs se rendirent à leurs propres prisonniers. Spens de Wormeston, qui emmenait le régent Lennox en croupe derrière lui, voulut en faire autant ; comme il était dans une rue détournée et escorté des quatre Hamilton, ceux-ci, qui avaient juré de venger la mort de l'archevêque de Saint-André, s'opposèrent à ce que Lennox fût rendu à la liberté, disant que, puisqu'on ne pouvait l'emmener en otage, il fallait le tuer.

Alors Spens de Wormeston voulut défendre la vie de son captif ; mais les Hamilton tirèrent leurs épées et les égorgèrent tous deux ; puis, s'étant assurés que leur ennemi était bien mort, ils prirent la fuite et se retirèrent dans les montagnes, leur refuge ordinaire.

Quant aux autres auteurs de cette échauffourée, ils se retirèrent vers Édimbourg sans être trop inquiétés, grâce à la précaution qu'eurent les habitants des frontières de cacher tous les chevaux sur lesquels on aurait pu les poursuivre ; mais, en arrivant dans cette ville, ils trouvèrent Kirkaldy furieux, et qui les traita de bêtes féroces et de machines aveugles. En effet, grâce à la victoire qu'ils s'étaient laissé enlever et à la mort du régent, qu'ils avaient tué, non pas en soldats, mais en assassins, les affaires étaient plus embrouillées que jamais.

XXVIII

Le comte de Mar, dont la belle résistance avait donné le temps à Morton de changer la face des choses, fut nommé régent à la place de Lennox. Beaucoup de modération, un esprit conciliant, des qualités personnelles qui lui avaient valu l'estime même de ses ennemis, donnaient quelque espérance de voir succéder enfin des jours de paix à des années de trouble, lorsqu'il mourut le 20 octobre 1572, après une année de régence, pendant laquelle il fit pour le bien de l'Écosse tout ce qu'il était humainement possible de faire.

Le comte de Morton lui succéda ; c'était le même

qui avait pris un part ostensible au meurtre de Rizzio, et une part cachée, disait-on, à l'assassinat de Darnley. Comme nos lecteurs le savent déjà, c'était un homme passionné, farouche et cruel. A peine fut-il au pouvoir, que, par le redoublement des haines politiques, on y ressentit aussitôt sa présence. En effet, les troubles, un instant apaisés, se réveillèrent et durèrent ainsi cinq ans, dont chaque jour fut marqué par une exécution, un assassinat ou une vengeance. Les guerres de cette période, qui dura cinq ans, furent, du nom de Morton, appelées les guerres des Douglas. Au bout de ces cinq ans, le duc de Châtellerault, le comte de Huntly et les principaux partisans de Marie Stuart, se soumirent enfin au régent et reconnurent l'autorité du roi ; de sorte qu'il ne resta plus de fidèles à la pauvre prisonnière que Kirkaldy de Lagrange et Maitland de Lethington, qui, enfermés dans le château d'Édimbourg, continuèrent à le défendre.

Alors Morton, impuissant contre une si courageuse résistance, s'adressa à Élisabeth, pour requérir son aide, et Élisabeth, fidèle à sa haine contre Marie, se hâta d'envoyer au régent un corps de troupes de six mille hommes et un train considérable d'artillerie. Mais Kirkaldy et Maitland firent si bonne défense, que toutes les attaques de vive force furent repoussées, et qu'il fallut, si puissante que fût l'armée auxiliaire, jointe à l'armée de Morton, qu'elle convertit le siége en blocus. Au reste, cette seconde tactique lui réussit mieux que la première. Les vivres ayant manqué et deux sources d'eau s'étant taries, Kirkaldy et Maitland furent obligés de se rendre. Cependant ils stipulèrent dans la capitulation qu'ils ne se rendaient qu'au général anglais, et, de cette manière, ils se trouvèrent sous la protection immédiate d'Élisabeth.

Mais Élisabeth n'était point femme à protéger des partisans de la reine Marie, quelques conditions que lui en fît le soin de son honneur; aussi, à la première réquisition de Morton, les deux prisonniers lui furent remis, afin qu'il en fît ce que bon lui semblerait. Morton en fit des cadavres. Kirkaldy et son frère eurent la tête tranchée; Maitland s'empoisonna. Le régent avait remarqué pendant son exil en Angleterre, et en traversant Halifax dans le comté d'York, une machine de supplice très-ingénieuse, que l'on appelait *la jeune fille*. C'était une espèce de guillotine, dont la hache, pesamment chargée de plomb, descendait et remontait à l'aide d'une corde passée dans une poulie. Il en fit faire une sur le même modèle, et lui donna une telle occupation, qu'au bout de six mois il se trouva, pour la première fois depuis son avénement au pouvoir, jouir de la plénitude de son autorité, et que tout fut tranquille en Écosse comme dans un cimetière.

Morton profita de cette tranquillité pour satisfaire sa passion favorite, l'avarice; car, de ce moment, il commença à tout vendre. Il vendit à Élisabeth la vie de Northumberland, qui était prisonnier à Lochleven; il vendit les charges de l'État; il vendit la justice. Enfin, tout le temps que dura son règne, il y eut un prix pour chacune des choses qu'ordinairement les puissances donnent pour rien.

Cependant Jacques VI, sans être encore un jeune

homme, n'était déjà plus un enfant : il venait d'atteindre sa quatorzième année, et, grâce aux soins de deux excellents professeurs, il était plus instruit qu'on ne l'est d'ordinaire à cet âge. Malheureusement, son esprit étroit ne lui permettait de faire aucune application de cette science, tandis que son caractère faible le plaçait déjà sous l'influence de deux favoris ; ces deux favoris étaient, l'un Edme Stuart, que l'on appelait lord d'Aubigny, d'une terre qu'il avait en France et qu'il tenait de ses ancêtres, à qui elle avait été accordée pour prix de leurs services, et l'autre Jacques Stuart, second fils de lord Ochiltree.

Il y avait peu de ressemblance dans le caractère de ces deux courtisans. Le premier était un bon jeune homme, plein de franchise, doux et humain, mais ignorant des lois et des constitutions de l'État ; le second était un homme sans principes, tour à tour, et selon la circonstance, audacieux ou rusé, plein d'effronterie ou de rudesse, prenant également tout chemin, n'importe par quelle vertu ou par quel vice ce chemin était tracé, pourvu qu'il le conduisît à son but : tous deux atteignirent un même degré de faveur dans l'esprit du roi. Si bien que le jeune homme, s'éloignant peu à peu du régent, qu'il n'avait jamais aimé, commença à ne plus rien faire qu'à leur instigation et par leur conseil.

Lorsque Morton vit cette disposition hostile contre lui, soit résignation, soit dégoût, il n'essaya pas même de lutter, et, venant trouver le roi avec une liste de tous ses actes pendant sa régence, il demanda l'approbation des bons et l'absolution des mauvais. Le roi lui accorda l'un et l'autre, et scella cette espèce de *pour acquit* politique du grand sceau de l'État, en échange duquel Morton, tranquille sur l'avenir, se démit de la régence et se prépara à vivre en simple particulier.

Mais ce n'était point là l'intention secrète du roi et de ses favoris. Un matin, le capitaine Stuart entra dans l'appartement du roi au moment où le conseil était assemblé, et, se jetant aux pieds du jeune prince, il le supplia, pour son honneur, de tirer vengeance de la mort de son père, aujourd'hui que, libre, sorti de sa tutelle, il était maître de suivre dans une pareille affaire l'impulsion de son cœur. Alors le jeune roi lui demanda s'il connaissait quelqu'un en Écosse qui eût trempé dans ce meurtre, et jura que, quel qu'il fût, et si grand que Dieu ou les hommes l'eussent fait, si l'on fournissait des preuves suffisantes, il serait puni. Stuart nomma Morton et se porta son accusateur.

Mais, comme Morton, tout disgracié qu'il était, avait conservé quelques amis dans le conseil, il fut prévenu qu'il courait un grand danger, sans que cependant on osât lui dire lequel. En conséquence, on lui conseilla de quitter l'Écosse au plus tôt, et de se réfugier en Angleterre, où, grâce à la grande amitié que lui portait Élisabeth, il serait certainement en sûreté. Mais Morton, croyant qu'il s'agissait de quelque acte de son gouvernement, et sachant qu'il en était absous par le pardon du roi, ne voulut entendre à rien, et demeura obstinément à Édimbourg. Cette obstination porta ses fruits. Un matin, il fut arrêté comme un simple particulier, lui qui, deux mois auparavant, était encore l'homme le plus puissant de toute l'Écosse. Il ne fit, au reste, aucune résistance, et demanda seulement de quoi il était accusé, et quel était son accusateur. On lui répondit qu'il était accusé d'avoir pris part à l'assassinat de Darnley, et que son accusateur était le comte d'Arran.

Cette réponse causa à l'ex-régent une double surprise : d'abord, il avait poursuivi les assassins du roi avec trop d'acharnement pour qu'il pensât qu'on pût jamais le soupçonner d'être leur complice; ensuite, il ne connaissait aucun comte d'Arran, car il avait fait trancher la tête au dernier, qui était fou ; de sorte qu'à moins que les morts ne sortissent de leur tombeau, de ce côté, du moins, il devait être tranquille.

Le lendemain, il apprit que celui qui l'accusait n'était autre que James Stuart, à qui le roi venait d'accorder le titre et les biens du feu comte d'Arran. Alors Morton, voyant de quelle main le coup partait, s'écria :

— Tout est bien, et je sais à quoi je dois m'attendre.

Le comte d'Angus, son neveu, lui offrit de lever des troupes et de le délivrer de vive force. Mais Morton, après avoir réfléchi un instant, secoua la tête, et répondit :

— Décidément, je suis trop vieux maintenant pour l'exil; j'aime mieux la mort.

Le procès fut conduit avec tout l'acharnement de la haine : les serviteurs de Morton furent mis à la torture, quoiqu'ils ne fussent pas encore à son service lorsque le meurtre de Darnley avait été commis.

L'accusé récusa, comme c'était son droit, plusieurs de ses juges ; mais il ne fut pas fait droit à sa requête, et les juges restèrent sur leurs siéges sans qu'on donnât même une apparence de raison à ce déni de justice. Enfin il fut condamné à mort pour avoir pris part, *de cause et de fait*, au meurtre de Darnley. Il entendit cette condamnation avec tous les mouvements d'une vive impatience ; mais cette impatience, la chose était visible, était bien plutôt causée par l'injustice de l'arrêt que par la crainte de son exécution, puisqu'un moment après qu'il eut été rendu, il s'écria :

— Pardieu ! je vais donc dormir tranquille ; les autres nuits, je veillais pour préparer ma défense, et me voilà, grâce au ciel, débarrassé de cet ennui.

Cette tranquillité, tant enviée par Morton, se soutint jusqu'au moment de sa mort. Supplié par les ministres de la religion de dire ce qu'il savait de la mort de Darnley, il répondit que des propositions lui avaient été faites à ce sujet par Bothwell, mais qu'il avait demandé, pour prendre part à cette action, un ordre écrit de la reine. Or, comme cet ordre ne lui avait jamais été remis, il avait constamment refusé sa coopération au meurtre. Interrogé alors pourquoi, instruit d'un pareil complot, il n'en avait point fait la révélation, il demanda à ses propres juges de lui dire à qui cette révélation pouvait être faite. Au roi ? Il était si simple et si confiant, qu'il disait tout à la reine. A la reine ? Il croyait, dans son âme et conscience, qu'elle en était instruite, puisque, en vertu de cette conviction, il l'avait poursuivie comme parricide, et avait contribué au gain de la bataille de Langside, qui lui avait ôté la couronne et l'avait jetée dans la prison où elle était encore.

— Au reste, ajouta-t-il, quand je serais aussi innocent que saint Étienne, ou aussi coupable que Judas, comme cela ne changerait rien à mon sort, il est inutile de parler de cela plus longtemps.

Le moment de marcher au supplice approchait, et Morton faisait ses prières, lorsque le nouveau comte d'Arran, son accusateur, entra dans son cachot, et voulut le forcer de signer un papier qui contenait les aveux qu'il avait faits; mais Morton, qui était à genoux, se contenta de tourner la tête sur son épaule, et, s'adressant avec le plus grand calme à celui qui le tuait :

— Je vous prie de ne pas me déranger, monsieur, lui dit-il : j'autorise les personnes à qui j'ai fait des aveux à les signer en mon nom. Je les connais, et elles ne diront que ce que j'ai dit.

— Monsieur, répondit d'Arran, j'étais aise en même temps de me réconcilier avec vous, n'ayant agi que par des motifs de conscience et d'intérêt public.

— C'est bien, répondit Morton, je vous pardonne, mais à la condition que je ne serai plus dérangé par personne, et qu'on me laissera mourir tranquille.

D'Arran, jugeant qu'il serait inutile de tourmenter plus longtemps Morton, se retira et le laissa aux mains des exécuteurs.

Morton savait qu'il allait mourir, mais il ignorait encore de quelle mort. Lorsqu'en approchant de la place de l'exécution, il aperçut la fatale machine qu'on avait fait venir de Stirling :

— Ah! ah! dit-il, c'est juste : après avoir marié *la jeune fille* (1) à tant d'autres, il est juste que je l'épouse à mon tour.

Alors il continua de s'avancer sans forfanterie ni faiblesse, et à la fois comme un guerrier qui marche au combat et comme un pécheur qui va paraître devant Dieu. Arrivé sur l'échafaud, il ne voulut pas permettre que le bourreau le touchât; il s'accommoda de lui-même sur la planche, et, lorsqu'il se sentit bien d'aplomb, il dit à haute voix :

— Allez !

Ce fut le dernier mot qu'il prononça; car, le bourreau ayant lâché la corde, la tête fut à l'instant même séparée du corps.

Ainsi mourut Morton, l'un des plus braves, mais aussi l'un des plus féroces seigneurs de son époque. Comme Enguerrand de Marigny, il mourut par la machine même qu'il avait fait construire. La guillotine, comme on le voit, n'est point une invention toute moderne.

Pendant ce temps, la pauvre reine Marie, étant toujours prisonnière, se décida à écrire une lettre à son fils. Elle la lui envoya par Naw, qui était son secrétaire, et qui devait en même temps remettre au jeune roi une veste de satin brodée par sa mère. C'était l'œuvre de la prison; elle devait donc être doublement sacrée. Cependant, comme Marie ne donnait à son fils que le titre de prince d'Écosse, Jacques ne voulut recevoir ni la lettre ni la veste, et Naw fut congédié sans même avoir pu obtenir audience du roi.

---

(1) Cette machine, comme nous l'avons dit, s'appelait la *maiden*.

Cette dureté de Jacques fut attribuée, à tort ou à raison, à l'influence de ses nouveaux favoris, et la haine contre eux s'en augmenta. Morton mort, il fut jugé avec l'impartialité de l'histoire, c'est-à-dire comme un homme avide, vindicatif et féroce, mais aussi comme un politique profond, et comme un soldat auquel jamais face d'homme n'avait fait peur ; car on peut lui appliquer l'éloge qu'il fit de John Knox. Le comte d'Arran, son successeur, possédait la plupart de ses vices sans avoir aucune de ses qualités; quant à Stuart d'Aubigny, qui portait alors le titre de comte de Lennox, comme il était si insignifiant qu'on ne pouvait rien lui reprocher, on l'accusait de favoriser en secret la religion catholique, accusation à laquelle son éducation faite à la cour de France pouvait donner quelque fondement, quoique jamais aucune action ne l'ait justifiée.

XXIX

Les seigneurs les plus mécontents de cette préférence accordée aux favoris se réunirent donc, et formèrent la résolution d'enlever le roi à l'influence de Lennox et d'Arran en s'emparant de sa personne : c'était le moyen employé ordinairement, comme on a pu le voir, et on ne l'employait si fréquemment que parce qu'il réussissait toujours.

En conséquence du plan arrêté entre eux, le roi reçut, pour le 23 avril 1582, une invitation de chasse au château de Ruthwen, qui appartenait au comte de Gowrie. Le roi, sans défiance, se rendit à l'invitation, et ne s'aperçut de l'imprudence qu'il venait de commettre que lorsqu'il se trouva en présence du comte de Mar, de lord Lindsay, du tuteur de Glamis, et de cinq ou six autres seigneurs qu'il connaissait pour ses ennemis, et cela, sans voir parmi eux un seul homme disposé à le soutenir. D'abord Jacques parla en roi, et dit qu'il voulait quitter la maison; mais, voyant qu'on était peu disposé à lui obéir, il se leva et marcha droit à la porte, espérant qu'on n'oserait pas le retenir de force; mais il se trompait sur ce point. Le tuteur de Glamis se plaça sur le seuil et lui déclara qu'il ne le laisserait point passer. A cet outrage, toute la force de Jacques l'abandonna, et il se mit à pleurer à chaudes larmes. Or, comme ces larmes commençaient à attendrir quelques-uns des conjurés :

— C'est bien ! c'est bien ! dit Glamis, il vaut mieux que les enfants pleurent de l'eau, que ceux-là qui ont de la barbe au menton ne pleurent du sang.

Le projet fut donc accompli jusqu'au bout; le jeune roi demeura à peu près prisonnier au château de Gowrie; et, pendant ce temps, la petite révolution qui devait amener la perte des favoris s'opéra. Lennox fut exilé en France, le comte d'Arran jeté dans une prison, et le roi se trouva dans la même position, entre les mains du tuteur de Glamis, que son aïeul lorsqu'il s'était trouvé entre les mains des Douglas; mais, comme le grand-père était parvenu à se soustraire à la garde de ses geôliers, le petit-fils ne perdit pas l'espoir d'en faire autant.

Les seigneurs conjurés avaient commis une imprudence dont ne manqua pas de profiter le jeune roi : ils avaient mis, il est vrai, leur prisonnier sous la garde de cent gentilshommes; mais ils avaient donné le commandement de cette garde au colonel Stewart, cousin du comte d'Arran. Le roi jugea donc qu'il ne lui serait pas difficile de mettre cet homme dans ses intérêts, et la promptitude avec laquelle il accueillit les premières ouvertures qui lui furent faites prouva à Jacques VI qu'il ne s'était pas trompé. Tout fut bientôt arrêté entre le roi et Stewart.

Les comtes avaient conduit le roi à Saint-André, petite ville que dominait un château. Jacques manifesta alors l'intention de visiter cette petite forteresse, sous le prétexte que, du haut de sa plate-forme, on devait jouir d'une magnifique vue. Le comte de Gowrie ne vit aucun inconvénient à ce qu'on lui accordât cette demande, à la condition qu'il serait accompagné de Stewart et de ses cent gentilshommes.

C'était tout ce que désirait le roi. Arrivé au château, il en fit fermer les portes derrière lui, déclara rebelles et coupables de haute trahison les seigneurs qui le retenaient prisonnier, et appela aux armes les Écossais.

De leur côté, les seigneurs réunirent leurs vassaux; mais le roi marcha contre eux avec une armée tellement supérieure en nombre à la leur, que la victoire ne fut pas douteuse un seul instant. Angus, lord Lindsay et le tuteur de Glamis se réfugièrent en Angleterre; lord Gowrie, pris les armes à la main, fut jugé et exécuté. C'était le même Ruthwen que nous avons vu apparaître avec lord Lindsay et Robert Melvil dans la prison. Fils d'un père malheureux, malheureux lui-même, il devait être le père d'une malheureuse race.

Arran, comme on le devine bien, fut réintégré dans toute sa puissance, et l'on ajouta à ses titres celui de lord chancelier. Quant à Lennox, il était mort en France, et Jacques VI, forcé de laisser le cadavre dans la tombe de l'exil, rappela le fils, ne pouvant rappeler le père.

Ces choses se passaient, comme nous l'avons dit, vers l'année 1583, et tandis que la reine Marie, toujours captive, transportée de prison en prison par Élisabeth, perdait successivement toutes ses espérances de reine, de mère et de femme : de reine, car elle voyait bien que les sollicitations de Henri III et de Philippe II étaient impuissantes ; de mère, car, aux dernières démarches qu'elle avait fait faire auprès de son fils, celui-ci avait répondu : « Elle a versé, qu'elle boive ! » de femme, car peu à peu, cette beauté qui lui avait fait tant de partisans s'en allait effeuillée par les années. Il ne lui restait donc plus qu'un espoir : c'est que l'enthousiasme catholique parviendrait à la sauver des mains de son ennemie par quelque plan imprévu et hasardeux. Ce plan fut fait ; mais, comme il échoua encore, au lieu de la sauver, il la perdit.

Un jeune gentilhomme catholique, exalté par le malheur de Marie Stuart, que l'on commençait à regarder non plus comme une prisonnière politique, mais comme un martyr de sa foi, encouragé, en outre, par la bulle du pape Pie V, qui déclarait Élisabeth hérétique et déchue de son caractère royal, résolut de braver la loi qu'avait fait rendre la reine d'Angleterre, loi qui portait que, si quelque atteinte à sa personne it à être méditée par une personne qui se croirait droits à la couronne d'Angleterre, il serait nommé une commission de vingt-cinq membres qui, sans égard pour le rang des coupables, procéderait à l'instruction du délit et à la condamnation des coupables, à l'exclusion de tout autre tribunal : ce gentilhomme s'appelait Babington.

Voici quel était ce plan. Lui et six de ses amis, qu'on appelait Charnok, Maxwell, Abington, Barnewell, Savage et Ballard, devaient, à la première occasion, soit réunis, soit séparément, poignarder Élisabeth, tandis que cent catholiques disséminés autour du château de Fotheringay, où Marie était prisonnière à cette heure, devaient profiter du moment de stupeur qui suivrait naturellement la nouvelle d'un pareil événement pour se réunir à un signal et se ruer sur le château, qu'ils comptaient prendre d'un coup de main. Malheureusement, Ballard s'était ouvert de son dessein à un homme qu'il croyait, comme lui, catholique et partisan de la reine Marie, tandis que cet homme n'était autre chose qu'un espion du secrétaire de Walsingham, le ministre d'État et l'âme damnée d'Élisabeth. Il en résulta que celui-ci, parfaitement tranquille sur le résultat, laissait aller la conspiration, certain de l'arrêter quand il le voudrait, et désireux qu'elle parvînt cependant au point de compromettre mortellement non-seulement Babington et ses complices, mais encore la reine Marie. Enfin Walsingham, voyant la chose aussi mûre qu'il le désirait, fit arrêter Babington et ses complices, tandis qu'on donnait l'ordre à sir Amyas Paulett et à Drugeon Drury, gardiens de la reine, de se saisir de tous ses papiers, et d'arrêter Curl et Naw, ses secrétaires. Pour exécuter ces ordres avec plus de sécurité, Paulett proposa à Marie, que sa longue captivité rendait presque percluse de ses membres, de faire une promenade à cheval, accompagnée de deux gardes. La reine, sans défiance, accepta avec joie la proposition ; mais, à son retour, elle trouva ses papiers enlevés et ses deux secrétaires partis pour Londres, où se devait faire leur procès.

Babington et ses complices furent exécutés ; Curl et Naw, mis à la torture, avouèrent tout ce qu'on voulut ; de sorte que, munie de pièces suffisantes pour la condamnation de Marie, Élisabeth n'hésita plus à la mettre en jugement.

En conséquence, les juges se rendirent au château de Fotheringay, et signifièrent à la reine la commission signée du grand sceau, qui leur donnait plein pouvoir d'instruire son procès ; mais Marie refusa de paraître devant eux, déclarant que, comme ils n'étaient pas ses pairs, elle ne les reconnaissait pas pour ses juges. Pendant plusieurs jours, elle persista à les récuser ainsi, quoique les commissaires menaçassent de la juger par défaut, et comme si elle était absente. Enfin, cette résolution n'ébranlant aucunement la sienne, un des juges, nommé Hatton, alla la trouver, et, sous prétexte de l'intérêt qu'il prenait à elle, lui représenta que le silence qu'elle comptait garder en face de l'accusation ne pouvait tourner qu'à son préjudice, puisque, éludant ainsi le jugement, elle serait sans doute soupçonnée de reculer devant un interrogatoire ; il ajouta qu'elle avait tort d'être prévenue contre ses juges, qu'elle les trouverait pleins de bienveillance pour elle, et qu'ils ne désiraient rien tant que de la voir sortir innocente de cette épreuve. Marie Stuart, toujours confiante selon son habitude, se rendit à ses promesses, et consentit à être interrogée; cependant, avant de répondre aux questions des commissaires, elle se leva, et, du bout de la table où elle était assise, elle fit la protestation suivante :

— Comme pas un de vous n'est mon égal, j'estime, messieurs, que pas un de vous ne peut être mon juge, et, par conséquent, n'a le droit de m'interroger sur aucune accusation. Ce que je fais et ce que je dis en ce moment est donc de ma pure volonté et de mon libre arbitre, prenant Dieu à témoin que je suis innocente et pure des calomnies qui me sont imputées, car je suis venue en Angleterre pour chercher la protection qui m'était due; je suis venue en princesse libre, qui se confie à la loyauté d'une reine et à l'amitié d'une sœur. Mais, au lieu des secours que j'attendais j'ai reçu les plus infâmes traitements : on m'a traînée de prison en prison, on m'a fait languir pendant dix-neuf ans passés sous les verrous, sans air et presque sans lumière, comme on aurait pu faire à la plus basse criminelle; puis, enfin, on me force à paraître devant votre tribunal comme accusée d'avoir conspiré. Eh bien, je ne reconnais ni l'autorité d'Élisabeth ni la vôtre; je n'ai de juge que Dieu seul, et à Dieu seul je dois rendre compte de mes actions. C'est pourquoi je proteste de nouveau pour que ma comparution ne soit préjudiciable ni à moi, ni aux rois et princes mes alliés, ni à mon fils. Je requiers que ma protestation soit enregistrée, et j'en demande acte.

Le chancelier lui répondit, niant qu'Élisabeth lui eût jamais promis aucun secours, et rejetant sa protestation, attendu que la commission, aux termes de la loi, ne devait avoir égard ni au rang ni au titre des personnes. Alors Marie nia qu'elle fût soumise aux lois anglaises, étant née hors du royaume d'Angleterre. Comme il était plus difficile de lui répondre sur ce second point, le chancelier passa outre, et le procureur général fit un résumé de la conspiration de Babington, produisant la copie des lettres qu'il avait écrites à la reine; mais Marie Stuart répondit qu'enfermée au fond d'une prison, elle entendait pour la première fois articuler les faits sur lesquels on essayait d'échafauder une accusation contre elle; que, quant aux lettres, il était possible que Babington les eût écrites, mais qu'elle ne pouvait pas empêcher un insensé d'écrire telles folies qui lui passaient par la tête; que, si elle avait reçu les lettres, elle y avait sans doute fait quelque réponse; que, si elle y avait fait réponse, sa correspondance, aussi bien que celle de Babington, devait se trouver entre les mains de ses juges. Or, elle sommait les commissaires de lui représenter une seule lettre écrite par elle, promettant, à cette seule vue, de se reconnaître coupable de tous les crimes qu'il plairait alors à ses juges de lui imputer.

Mais, ces paroles dites avec un ton de conviction profonde, la reine refusa de répondre davantage si on ne lui donnait pas de conseil, et, renouvelant sa protestation, elle se retira dans son appartement. Alors, ainsi que l'en avait menacée le commissaire Hatton, la procédure fut continuée malgré son absence.

XXX

Cependant, dès l'heure où Henri III, qui avait reçu

d'Élisabeth la copie des lettres de Babington et les détails du complot, avait été prévenu de la mise en jugement de Marie, il avait compris que, si on l'abandonnait à la vieille haine de sa rivale, elle était perdue. En conséquence, il s'était empressé d'écrire à M. de Corcelles, son ambassadeur en Écosse, la lettre suivante :

« 21 novembre 1586.

« Corcelles, j'ai reçu votre lettre du 4 octobre passé, en laquelle j'ai vu les propos que vous a tenus le roi d'Écosse sur ce que vous lui avez témoigné de la bonne affection que je lui porte, propos par lesquels il a fait démonstration d'y correspondre entièrement; mais je voudrois que cette lettre m'eût aussi fait connoître qu'il fût mieux incliné envers la reine sa mère, et qu'il eût le cœur et la volonté de tout disposer de manière à l'assister dans l'affliction où elle se trouve. Maintenant, considérant que la prison où elle a été injustement détenue depuis dix-huit ans et plus l'a pu conduire à prêter l'oreille à beaucoup de choses qui lui ont été proposées pour obtenir sa liberté, chose qui est naturellement fort désirée de tous les hommes, et plus encore de ceux qui sont nés souverains et pour commander aux autres, lesquels souffrent avec moins de patience d'être retenus ainsi prisonniers, il doit aussi penser que, si la reine d'Angleterre, ma bonne sœur, se laissoit aller aux conseils de ceux qui désirent qu'elle se souille du sang de sa mère, ce sera chose qui lui tournera à grand déshonneur, d'autant qu'on jugera qu'il lui a refusé les bons offices qu'il devoit lui rendre envers ladite reine d'Angleterre, et qui eussent peut-être été assez suffisants pour l'émouvoir, s'il les eût voulu employer aussi avant et aussi vivement que le devoir naturel le lui commandoit. D'ailleurs, il y aura à craindre pour lui que, sa mère morte, son tour ne vienne, et qu'on ne pense à en faire autant de lui par quelque façon violente, pour rendre la succession d'Angleterre plus aisée à prendre à ceux qui sont en état de l'avoir après ladite reine Élisabeth, et non-seulement de frustrer ledit roi d'Écosse du droit qu'il y peut prétendre, mais de rendre douteux celui-là même qu'il a à sa propre couronne. Je ne sais en quel état pourront être les affaires de madite belle-sœur quand vous recevrez cette lettre; mais je vous dirai qu'en tout cas, je désire que vous excitiez fort ledit roi d'Écosse, avec les remonstrances et toutes autres qui se pourront apporter sur ce sujet, à embrasser la défense et protection de sadite mère, et lui témoigner de ma part que, comme ce sera chose fort louée de tous les autres princes et rois souverains, il doit être assuré qu'en y manquant ce lui sera un grand blâme, et peut-être un notable dommage en son propre particulier. Au surplus, quant à l'état de mes propres affaires, vous saurez que la reine, madame ma mère, est sur le point de voir bientôt le roi de Navarre, et d'entrer en conférence avec lui sur le fait de la pacification des troubles de ce royaume; ce à quoi s'il porte autant d'affection que je le fais de mon côté, je pense que les choses pourront prendre une bonne conclusion, et que mes sujets auront quelque relâche des grands maux et calamités que a guerre leur fait ressentir. Suppliant le Créateur, Corcelles, qu'il vous ait en sa sainte garde.

« *Signé :* Henri. »

En même temps, le roi de France, qui, comme on le voit, avait pris cette grande affaire fort à cœur, avait envoyé, comme ambassadeur extraordinaire, M. de Bellièvre vers Élisabeth, près de laquelle il avait déjà, comme ambassadeur ordinaire, M. de l'Aubespine de Châteauneuf. Le 27 novembre, M. de Bellièvre était, en conséquence, arrivé à Calais, et, là, il avait trouvé un exprès de M. de Châteauneuf qui l'attendait, et qui, pour ne pas perdre un instant dans les circonstances urgentes où l'on se trouvait, avait nolisé un vaisseau, lequel était tout prêt dans le port. Mais ces précautions, si bien prises qu'elles fussent, échouèrent devant le caprice du vent, qui demeura un jour et demi contraire, de sorte que les ambassadeurs ne purent partir que le 28 à midi. Il en résulta qu'ils n'atteignirent Douvres que le lendemain à neuf heures du matin ; et encore, comme la traversée avait été fort mauvaise, et qu'ils étaient tous malades du mal de mer, y eut-il nécessité pour eux de se reposer avant de se mettre en route ; si bien qu'ils n'arrivèrent à Londres que le lundi 1er décembre, à midi. Là, ils apprirent que, depuis six jours, l'arrêt était prononcé et soumis au parlement.

Le lendemain, M. de Bellièvre envoya M. de Villiers au château de Richemont, où la reine Élisabeth tenait sa cour, afin de la prier de vouloir bien lui donner audience ; mais, quelques instances qu'il fît, il ne put être admis devant elle. M. de Villiers revint, ne comprenant rien au refus d'audience ; mais, le lendemain, tout lui fut expliqué ; car le bruit se répandit dans Londres que l'ambassade française était atteinte d'une maladie contagieuse, si bien que trois ou quatre de ceux qui la composaient étaient morts à Calais. On ajoutait à cela que quelques hommes inconnus s'étaient glissés parmi les envoyés, afin d'assassiner la reine d'Angleterre. Ces bruits, quelque peu de probabilité et de consistance qu'ils eussent, n'en donnèrent pas moins à Élisabeth un prétexte spécieux pour ne pas accorder l'audience demandée ; de sorte que ce ne fut que le 7 décembre, et lorsqu'elle vit l'impossibilité de retarder l'audience plus longtemps sans se brouiller avec le roi de France, qu'Élisabeth fit savoir à MM. de Châteauneuf et de Bellièvre qu'elle les attendait, dans l'après-midi, à son château de Richemont, ainsi que les seigneurs français qui avaient accompagné l'ambassade extraordinaire.

Élisabeth reçut les représentants du roi de France assise sur son trône et environnée des lords, des comtes et des barons du royaume ; mais cette magnifique assemblée, présidée par la plus grande reine de la terre, n'intimida pas le moins du monde M. de Châteauneuf, qui, s'étant incliné avec un grand respect, commença de faire, hardiment et à haute voix, les remontrances dont il était chargé de la part de Henri.

La reine, quoique visiblement contrariée de cette fermeté, n'en répondit pas moins en fort beau et fort bon langage français, et, s'échauffant peu à peu, remontra que la reine d'Écosse l'avait toujours poursuivie, et affirma que c'était la troisième fois qu'elle essayait d'attenter à sa vie ; ce que, cependant, tel

sions promis autre chose de votre clémence et de l'amitié que vous prétendez porter au seigneur roi votre bon frère. Cependant, pour n'omettre rien de ce que nous nous croyons imposé par notre devoir, et pour obéir en tout point au désir de Sa Majesté le roi de France, nous nous sommes décidés à vous écrire la présente, par laquelle nous vous supplions derechef, et bien humblement, de lui accorder la prière très-instante et très-affectionnée qu'il vous a faite de conserver la vie à la reine d'Écosse; ce que le roi mon maître recevra comme le plus grand plaisir que Votre Majesté puisse lui faire, tandis que votre refus, au contraire, lui seroit la plus grande douleur qu'il pût éprouver. Et, comme, en nous envoyant vers vous, le roi notre maître, votre bon frère, n'a point pensé, madame, qu'une résolution mortelle se pouvoit prendre si promptement, nous vous supplions de nous accorder quelques jours, pendant lesquels nous l'avertirons de la situation de la reine d'Écosse, afin qu'avant de prendre un dernier parti Votre Majesté entende une dernière fois ce qu'il plaira au roi très-chrétien de vous dire et remontrer sur la plus grande affaire qui, de notre mémoire, ait été soumise au jugement des hommes.

« Le sieur de Saint-Cyr, qui rendra la présente à Votre Majesté, nous apportera, s'il vous plaît, votre bonne réponse.

« Londres, ce 10 décembre 1586.

« *Signé :* DE L'AUBESPINE DE CHATEAUNEUF. »

Le même jour, le sieur de l'Aubespine et les autres seigneurs français se rendirent à Richemont pour présenter à la reine la lettre que nous venons de rapporter; mais elle refusa de les recevoir sous prétexte d'une indisposition; de sorte que la lettre fut laissée à Walsingham, qui promit de faire rendre la réponse le lendemain. Malgré cette promesse, le troisième jour la réponse n'était point encore arrivée; seulement, vers le soir, deux gentilshommes se présentèrent chez M. de Châteauneuf, de la part de la reine, chargés de lui annoncer verbalement qu'Élisabeth accordait un délai de douze jours, pour donner au roi de France, avis du jugement qui avait été porté contre sa belle-sœur. Aussitôt M. de Genlis fut dépêché en France, avec ordre de remettre à Henri III non-seulement une lettre de son ambassadeur, mais encore de lui dire de vive voix toutes les menées dont il avait été témoin, et dont le but visible était la mort de la reine d'Écosse.

M. de Genlis remplit sa mission avec toute la promptitude possible. Cependant, quelque diligence qu'il fit, il ne put être de retour à Londres que deux jours après le délai accordé. Cependant rien n'était terminé encore; seulement, la reine s'était rapprochée de Londres et se tenait à Greenwich, où elle célébrait les fêtes de Noël. M. de Genlis était porteur de nouvelles instructions du roi Henri III. Aussitôt MM. de Bellièvre et de Châteauneuf sollicitèrent une nouvelle audience; mais, quelques instances qu'ils fissent, ils ne purent l'obtenir que le 6 janvier.

Introduits dans la salle de réception où les attendait la reine, ils s'inclinèrent devant elle avec le respect dû à une Majesté; mais, en se relevant, M. de Bellièvre prit la parole, et, d'une voix ferme, exprima était son amour pour elle, elle avait toujours supporté avec patience jusqu'à cette dernière fois, où sa douleur fut si grande, qu'elle ne se rappelait jamais en avoir éprouvé une pareille, même pour la perte de ses parents. Alors M. de Châteauneuf lui cita dans l'histoire plusieurs exemples qu'il crut propres à l'adoucir; mais Élisabeth lui répondit avec aigreur qu'elle avait beaucoup vu et lu de livres en sa vie, et plus que mille autres femmes ou reines réunies ensemble, mais que, dans aucun livre, elle n'avait vu ni lu un seul crime pareil à celui dont elle avait failli être victime; qu'il était donc du devoir de son beau-frère de l'aider à se venger, au lieu de soutenir celle qui avait si méchamment voulu sa mort. Alors, se retournant vers M. de Bellièvre, elle lui dit que c'était avec grand regret qu'elle voyait que son frère Henri l'eût député vers elle en une si méchante occasion ; mais, au reste, qu'avant quelques jours, elle rendrait une réponse positive à son maître. Alors, s'étant informée de la santé du roi et de celle de la reine mère, elle se leva de son trône, et, ayant fait un salut qui indiquait qu'elle ne voulait pas être plus longtemps retenue, elle descendit les degrés, s'avança vers la porte, et sortit.

L'ambassade revint à Londres, où elle attendit quelques jours, mais vainement, la réponse promise; au lieu de la réponse, arriva la condamnation à mort de la pauvre reine Marie. Le même jour, qui était le 15 décembre, M. de Bellièvre retourna à Richemont, et, ayant de nouveau été reçu par la reine, il lui dit que, puisque l'arrêt auquel il devait s'opposer était rendu, il n'avait pas besoin de faire un plus long séjour en

Angleterre, et que, par conséquent, il ne devait plus solliciter d'elle qu'un sauf-conduit pour retourner en France, Élisabeth lui promit qu'il le recevrait sous deux ou trois jours, et M. de Bellièvre revint à Londres aussitôt, sans avoir rien obtenu relativement à la reine Marie.

Le lendemain 16, le parlement, le conseil et les principaux seigneurs du royaume furent rassemblés à Westminster. En pleine audience, l'arrêt de mort fut lu et proclamé; de sorte que, la nouvelle s'en étant répandue aussitôt par la ville, les cloches commencèrent à sonner, en signe de joie, ce qu'elles firent toute la journée, et, le soir étant arrivé, chacun reçut l'ordre d'allumer des feux devant sa maison, comme nous avons l'habitude de le faire en France la veille de la Saint-Jean.

A ce spectacle, qui ne lui laissait plus aucun doute sur la résolution prise par la reine d'Angleterre, M. de Bellièvre lui écrivit la lettre suivante :

« Londres, ce 16 décembre 1586.

« Madame,

« Nous partîmes hier d'auprès de Votre Majesté, espérant, d'après votre promesse, recevoir sous peu de jours votre bonne réponse sur la prière que nous vous avions faite, de la part du roi notre bon maître, pour la reine d'Écosse, sa bonne sœur et confédérée; mais, ce matin, nous avons été avertis que le jugement rendu contre la reine Marie avoit été proclamé par toute la ville de Londres, bien que nous nous fusà Élisabeth le mécontentement où son refus mettait le roi de France ; puis, ce mécontentement exprimé, il commença de lui faire les remontrances dont il était chargé pour elle. Élisabeth écouta d'abord avec assez de courtoisie, quoique l'on vît peu à peu l'impatience la gagner et le sang lui monter au visage. Mais, vers la fin, n'y pouvant plus tenir, elle se leva, et, frappant du pied :

— Monsieur de Bellièvre, dit-elle, avez-vous charge du roi mon frère de me tenir un pareil langage ?

— Oui, madame, répondit l'ambassadeur ; j'en ai l'exprès commandement de Sa Majesté.

— Avez-vous ce pouvoir signé de sa main ? continua Élisabeth.

— Oui, madame, répondit encore M. de Bellièvre.

— Eh bien, s'écria Élisabeth, j'exige que vous donniez copie des remontrances que vous venez de m'adresser ; et malheur à vous s'il s'y trouve un mot de plus ou de moins que vous ne m'avez dit !

— Madame, répondit avec calme M. de Bellièvre, nous autres Français, nous ne sommes pas de ceux qui, chargés de dire une chose, y ajoutent par flatterie ou y retranchent par crainte. J'ai dit ce que j'étais chargé de dire, et, demain, vous en aurez la preuve.

Alors Élisabeth congédia toute sa cour, et resta seule pendant une heure à peu près avec MM. de Bellièvre et de Châteauneuf ; mais, pendant toute cette heure, qu'ils passèrent en instances, ni l'un ni l'autre ne purent tirer une seule bonne parole en faveur de la reine Marie. Au contraire, comme elle ne voulait rien leur dire de ses intentions, elle leur répondit qu'elle enverrait au roi Henri un ambassadeur qui serait à Saint-Germain aussitôt qu'eux, et qui lui porterait sa résolution à l'égard de la reine Marie. Sur ce, MM. de Châteauneuf et de Bellièvre, voyant qu'il n'y avait rien autre chose à obtenir de la reine, prirent congé d'elle.

En conséquence, le 13 janvier, l'ambassadeur reçut ses passe-ports, avec l'avis qu'un bâtiment l'attendait dans le port de Douvres. M. de Bellièvre partit aussitôt avec sa suite, et, passant par Rochester et Cantorbery, il arriva à Douvres le samedi 17 janvier, s'embarqua le dimanche matin, et, le même jour, poussé par un vent favorable, entra vers midi dans la rade de Calais.

Cependant, stimulé par la lettre du roi Henri III à son ministre Corcelles, le jeune roi Jacques s'était enfin déterminé à essayer une tentative en faveur de sa mère. Il envoya donc à la reine d'Angleterre une ambassade composée de Robert Melvil, de Gray et de Quelh. Cette ambassade arriva à Londres deux jours après le départ de celle de France. La reine les reçut; mais, aux premières paroles qu'ils prononcèrent, elle s'emporta au point de dire à Melvil qu'elle voyait bien que c'était lui qui avait mis en tête au jeune roi d'essayer de la traverser dans ses desseins et de s'employer pour sa mère; que c'étaient les mauvais conseillers qui faisaient tomber les trônes, et que, si elle avait un conseiller tel que lui, elle ferait tomber sa tête.

— Madame, répondit froidement Melvil, fût-ce au risque de ma vie, je n'épargnerai jamais un bon conseil à mon maître; et celui-là, au contraire, à mon avis, mériterait d'avoir la tête tranchée qui conseillerait à un fils de ne pas s'opposer à la mort de sa mère.

Cette réponse exaspéra tellement Élisabeth, qu'elle leur ordonna de se retirer, leur disant qu'ils entendraient parler d'elle, mais qu'ils attendissent son bon plaisir.

Cependant, comme trois ou quatre jours s'étaient écoulés sans nouvelles, et que les bruits qui se répandaient de la résolution bien arrêtée de la reine devenaient de plus en plus inquiétants, ils écrivirent de nouveau à Élisabeth pour solliciter une audience nouvelle, qui leur fut enfin accordée.

Cette nouvelle séance s'ouvrit comme l'autre par des plaintes et des récriminations de la part d'Élisabeth. A l'entendre, tant que Marie vivrait, son existence à elle était menacée, et, s'il avait fallu l'en croire, l'ambassade française elle-même ne se serait retirée qu'après avoir payé pour l'assassiner un prisonnier pour dettes, à qui la liberté n'avait été rendue qu'à la condition qu'il se chargerait de ce crime. Les ambassadeurs, qui connaissaient la cauteleuse politique d'Élisabeth, la quittèrent convaincus qu'elle cherchait quelque moyen pareil de se débarrasser d'eux, mais bien décidés à veiller tellement sur eux-mêmes qu'ils ne donnassent pas prise même à la calomnie. Cependant, quelque attention qu'ils portassent à leur conduite, ils n'en tombèrent pas moins dans le piége. Voici à quelle occasion :

Le jour même où avait eu lieu entre les ambassadeurs et la reine d'Angleterre une troisième entrevue dans laquelle les premiers, ayant perdu tout espoir de fléchir Élisabeth, avaient demandé leurs passeports, lord Hingley, qui était familier de la reine et commensal du château, étant venu voir M. Gray, avait paru remarquer de fort beaux pistolets, richement montés en ivoire et en argent. Aussitôt son départ, M. Gray, songeant de quelle importance était pour lui la bienveillance d'un si haut seigneur, avait chargé un jeune homme, cousin de lord Hingley, de les porter à son parent. Celui-ci, enchanté d'une si agréable commission, voulut s'en acquitter le soir même, et se rendit au château. Mais à peine eut-il dépassé l'antichambre, qu'il fut arrêté et fouillé; et, comme on trouva sur lui les deux pistolets, on le conduisit sous bonne garde dans sa chambre, où il fut consigné, avec une sentinelle à sa porte.

Le lendemain, le bruit d'une nouvelle tentative d'assassinat se répandit dans la ville de Londres, et les ambassadeurs, y reconnaissant une nouvelle machination d'Élisabeth, repartirent aussitôt pour la France. Derrière eux, Davyson se rendit à Fotheringay.

Le secrétaire intime avait reçu une mission secrète pour sir Amyas Paulett : c'était de lui faire comprendre quel service il rendrait à la reine en la débarrassant de son ennemie sans la forcer d'avoir recours à une exécution. Mais Amyas Paulett était un chevalier fort rude à l'égard de son honneur : aussi déclara-t-il que la porte de Marie ne s'ouvrirait jamais pour un assassin; que, quant au bourreau, il pouvait se présenter à son heure, mais encore fallait-il qu'il eût grand soin de se munir d'un jugement parfaitement en règle; faute de quoi, pour lui comme pour tout autre, la porte de la prison de Marie resterait fermée.

Davyson rapporta cette réponse à Élisabeth, qui

vit bien que, quelque envie qu'elle eût de se débarrasser sourdement de sa rivale, il lui faudrait, malgré sa répugnance, procéder par les moyens que la loi mettait à sa disposition.

En conséquence, le samedi 14 février, M. Beele, beau-frère du ministre Walsingham, fut dépêché vers le soir avec une commission signée de la main d'Élisabeth pour faire trancher la tête à Marie Stuart. Il était, en outre, porteur du jugement rendu contre elle, et d'un ordre adressé aux comtes Schwestbury, de Kent et de Rothland, d'assister à l'exécution. M. Beele partit dans la nuit même, emmenant avec lui le bourreau de Londres, qu'Élisabeth avait, pour cette circonstance mémorable, fait habiller de noir de la tête aux pieds. Vers le dimanche au soir, étant arrivé à Fotheringay, il communiqua ses pouvoirs au sieur Amyas Paulett, et au sieur Drugeon Drury, les invitant à l'accompagner le lendemain chez les comtes de Kent et de Shwestbury; mais le sieur Drugeon fut le seul qui put accompagner M. Beele, attendu qu'Amyas Paulett, qui était atteint de la goutte, ne put monter à cheval. Tous deux se rendirent donc chez le comte de Schwestbury, et, celui-ci s'étant entendu avec le comte de Kent, ils décidèrent que, le lendemain mardi, la sentence serait lue à Marie Stuart.

En effet, le mardi 17, vers deux heures de l'après-midi, le sieur Beele et les comtes de Schwestbury et de Kent se présentèrent au château de Fotheringay et firent prévenir la prisonnière qu'ils désiraient lui parler. Celle-ci répondit qu'étant souffrante, elle s'était couchée, mais que, si cependant les choses dont avaient à l'entretenir ceux qui lui demandaient une entrevue étaient pressantes, elle se lèverait pour les recevoir, ne demandant, en ce cas-là, que le temps de passer une robe de chambre. Sur la réponse affirmative de Beele, Marie Stuart se leva donc, et, s'enveloppant d'une grande redingote de velours, elle alla s'asseoir près d'une petite table où elle se tenait habituellement. À peine y était elle, que la porte s'ouvrit, et que les deux comtes entrèrent, suivis de Beele, d'Amyas Paulett et de Drugeon Drury; derrière ceux-ci se pressaient tous les serviteurs de la reine, effrayés de la solennité de cette visite.

XXXI

Alors les deux comtes, ayant salué la reine, et celle-ci, sans se lever, leur ayant rendu leur salut, ils restèrent la tête découverte, et le comte de Schwestbury, faisant un pas en avant, annonça qu'il venait, avec son collègue, le comte de Kent, au nom d'Élisabeth, pour lui signifier la commission qu'avait M. Beele de lui lire son arrêt, et celle qu'ils avaient eux-mêmes d'assister à son exécution.

Marie Stuart écouta cette nouvelle avec le plus grand calme, et sans qu'un seul trait de son visage s'altérât; puis, lorsque le comte de Schwestbury eût cessé de parler:

— Lisez, monsieur, dit-elle à Beele, j'écoute.

Beele déploya d'une main tremblante la commission, qui était écrite sur parchemin et scellée du grand sceau de cire jaune; puis, d'une voix altérée, il lut à Marie Stuart l'arrêt de mort rendu contre elle.

Marie écouta cette lecture avec un grand calme; puis, lorsque Beele eut fini, elle fit le signe de la croix en disant :

— Soit la bienvenue toute nouvelle qui vient au nom de Dieu.

Alors on entendit par toute la chambre éclater les sanglots, les pauvres serviteurs de la reine ne pouvant retenir leurs larmes. Marie les pria de se retirer ou de prendre assez d'empire sur eux pour rester muets. Ils firent donc un effort sur eux-mêmes, et le comte de Kent put prendre à son tour la parole.

Il en profita pour offrir à la reine le secours de l'évêque ou du doyen de Peterborough; mais Marie répondit qu'elle était née d'aïeux catholiques et dans la foi catholique, qu'elle désirait donc mourir en la foi dans laquelle elle était née. Puis elle protesta de son innocence, jurant qu'elle n'avait jamais participé, même en esprit, à aucun complot tramé contre sa sœur Élisabeth. Alors elle demanda quelle heure était fixée pour son exécution; et, comme il lui fut répondu qu'elle aurait probablement lieu le lendemain vers les huit heures du matin, elle se leva, et indiqua par un geste de dignité qu'elle désirait être seule. Les comtes saluèrent, et s'apprêtaient à sortit, lorsque Marie Stuart les rappela.

C'était pour leur demander deux choses. La première, qu'il lui fût permis de voir son aumônier, qui était séparé d'elle depuis un mois. Cette faveur lui fut positivement refusée. La seconde, c'était pour savoir si la reine Élisabeth permettrait, ainsi que Marie le lui avait demandé par lettre un mois auparavant, que son corps fût transporté en France, où elle désirait être enterrée dans la cathédrale de Reims, près de la feue reine sa mère. Les deux comtes répondirent qu'ils ne savaient rien des intentions de leur maîtresse à cet égard. Alors Marie Stuart les salua, en leur disant que, touchant sa première demande, elle espérait que le martyre lui servirait de confession, et que, relativement à la seconde, partout où elle serait enterrée, elle serait à la même distance, et prête à répondre : « Je suis innocente, » au jour de la résurrection éternelle.

Alors commença une scène déchirante ; car le vieux Bourgoing, s'étant jeté aux genoux des deux comtes, les supplia, au nom de tout ce qu'ils regardaient comme sacré sur la terre et au ciel, d'accorder un plus long délai à leur maîtresse, qui, n'ayant que quelques heures devant elle, ne trouverait jamais le temps de régler ses affaires temporelles et spirituelles, et se présenterait devant Dieu sans avoir eu le temps de se préparer à la mort. Tous les autres serviteurs, hommes et femmes, se joignirent à lui, et cela avec tant de larmes et d'instances, que Beele en fut attendri, et, se tournant vers la reine :

— Est-il donc vrai, madame, lui dit-il, que vous n'ayez point fait de testament?

— Cela est vrai, monsieur, dit la reine.

— En ce cas, milords, dit Robert Beele en se tournant vers les deux comtes, il me semble qu'il serait de notre devoir d'accorder un jour de plus à la prisonnière, pour qu'elle ne nous accusât point d'avoir compromis les intérêts de ses serviteurs en ce monde et le salut de son âme dans l'autre.

— Impossible, monsieur, répondit le comte de Schwestbury; l'heure est fixée par une volonté plus puissante que la nôtre, et nous ne pouvons ni l'avancer ni la reculer.

— Assez, Bourgoing, dit la reine; relevez-vous, je vous l'ordonne.

Bourgoing obéit.

— Sir Amyas Paulett, dit le comte de Schwestbury en se retirant et en montrant du doigt la reine, nous remettons cette dame sous votre garde, et vous nous répondez d'elle corps pour corps.

A ces mots, les deux comtes sortirent, suivis, comme lorsqu'ils étaient entrés, de Robert Beele et des deux geôliers; mais les serviteurs restèrent avec la reine.

Après un moment de silence :

— Eh bien, Jeanne, dit la reine s'adressant à Kennedy, celle de ses femmes qu'elle aimait le mieux, ne l'avais-je pas bien prévu, que toutes leurs machinations ne tendaient qu'à m'amener où je suis? Oui, oui, je leur étais un trop grand obstacle dans leur religion et leur politique pour qu'ils me laissassent vivre. Allons, mes enfants, continua-t-elle en s'adressant à tous, vous voyez le peu de temps qui me reste : çà, que l'on hâte le souper, afin qu'autant qu'il me sera possible, je mette de l'ordre en mes affaires.

Les serviteurs obéirent en pleurant. Les hommes allèrent préparer tout ce qu'il fallait, et Marie, retenant ses femmes, commença par se mettre en prières avec elles; puis, se faisant apporter tout ce qu'elle avait d'argent, elle en fit des parts différentes, joignant à ces parts les noms de ceux à qui elle les destinait. Comme elle venait d'achever, on lui annonça que le souper était servi.

Marie mangea plus et de meilleur cœur que d'habitude, quoiqu'elle vît ses femmes mortellement tristes, et que, de temps en temps, un sanglot qui éclatait à ses côtés ou derrière elle la fit tressaillir tout à coup, comme s'il lui rappelait une chose oubliée. A la fin du dîner, elle prit une coupe, et, la remplissant de vin, elle but à la santé de tous ceux qu'elle laissait après elle sur la terre, leur demandant s'ils ne voulaient pas, à leur tour, boire à son salut dans le ciel. Alors tous prirent des verres, et, se mettant à genoux, burent en pleurant au salut bienheureux de leur reine, lui demandant de leur pardonner les fautes que, par impatience et par ennui, plutôt que par manque de respect, ils avaient pu commettre vis-à-vis d'elle. Marie leur accorda aussitôt ce pardon, les priant d'en faire autant à son égard; car, quoiqu'ils ne se fussent jamais plaints, elle reconnaissait que c'était par extrême dévouement, la captivité, disait-elle, ayant fort aigri son humeur. A ces mots, voyant que les larmes et les sanglots allaient recommencer, elle mit fin à cette douloureuse scène en ordonnant qu'on lui apportât tous ses meubles, robes et bijoux; ce qui fut fait; et Marie aussitôt les distribua à chacun, non pas selon son amitié, mais selon la richesse ou la pauvreté de ceux à qui elle donnait; puis elle remit aux plus fidèles les bijoux particuliers qu'elle destinait au roi et à la reine de France, à la reine mère Catherine de Médicis, à son fils à elle, et à MM. de Guise et de Lorraine, ainsi qu'à tous ses autres parents, sans qu'un seul fût oublié. Cela fait, elle écrivit à son aumônier la lettre suivante:

« J'ai été tourmentée tout ce jour, à cause de ma religion, et sollicitée de recevoir les consolations d'un hérétique; mais vous apprendrez, par Bourgoing et par les autres, que tout ce qu'on a pu me dire à ce sujet a été inutile, et que j'ai fait fidèlement protestation de la foi dans laquelle je veux mourir. J'ai demandé qu'on vous permît de recevoir ma confession, et de me donner le sacrement, ce qu'on m'a cruellement refusé, aussi bien que le transport de mon corps, et le pouvoir de tester librement; de sorte que je ne puis rien écrire que par leurs mains, ou sous le bon plaisir de leur maîtresse. Faute donc de vous voir, je vous confesse mes péchés en général, comme je l'eusse fait en particulier, vous demandant, au nom de Dieu, de prier et veiller cette nuit avec moi, pour la satisfaction de mes péchés et de m'envoyer votre absolution et pardon de toutes les offenses que je vous ai faites. J'essayerai de vous voir en leur présence, comme ils l'ont accordé à mon maître d'hôtel Melvil, dont j'étais séparée, ainsi que de vous, et, s'il m'est permis, devant tous, à genoux, je demanderai votre bénédiction. Envoyez-moi les meilleures prières que vous connaissiez, pour cette nuit et demain matin, car le temps est court, et je n'ai pas le loisir d'écrire; mais soyez tranquille, je vous recommanderai comme le reste de mes serviteurs, et, surtout, vos bénéfices vous seront assurés. Adieu, car je n'ai pas un plus long loisir. Faites-moi passer par écrit tout ce que vous pourrez trouver en prières et en exhortations, de meilleur pour mon salut. Je vous envoie ma dernière petite bague. »

Cette lettre envoyée, elle se mit aussitôt à son testament, qu'elle écrivit sur deux grands feuillets de papier, au courant de la plume, et presque sans ratures, tant elle avait la tête présente à ce qu'elle faisait : chacun y avait sa part, parents, alliés, amis et serviteurs.

Puis, son testament achevé, elle écrivit au roi de France une longue lettre, dans laquelle elle lui annonçait sa mort prochaine, l'envoi de deux pierres rares et précieuses et le testament qu'elle venait de faire, et dont elle recommandait l'exécution à sa générosité.

Ces soins accomplis, Marie se fit apporter un bain de pieds, et, après y être restée dix minutes à peu près, elle se coucha comme d'habitude; cependant on ne s'aperçut pas qu'elle dormît, étant jusqu'à quatre heures du matin presque toujours restée en prières et en contemplation.

XXXII

Vers les quatre heures du matin, la reine appela près d'elle une de ses femmes, et lui ordonna de lui lire l'histoire du bon larron, ce que celle-ci fit aussitôt d'une voix entrecoupée et en s'interrompant de temps en temps pour essuyer ses larmes ; puis la lecture achevée, Marie se fit apporter tous ses mouchoirs, et, ayant choisi le plus beau, elle le remit à Jeanne Kennedy, afin qu'elle le gardât pour lui en bander les yeux quand elle serait sur l'échafaud.

Lorsque le jour parut, la reine commença sa toilette, et, lorsqu'elle fut achevée, passa de son salon dans son antichambre, où était un autel devant lequel son aumônier avait coutume de dire autrefois la messe. La reine s'y agenouilla pieusement, dit tout haut les prières de la communion, et, lorsqu'elle les eut achevées, tirant d'une boîte d'or une hostie consacrée par le pape Pie V, et qu'il lui avait envoyée, prévoyant le cas où ses ennemis lui refuseraient cette dernière consolation, elle la remit à Bourgoing, qui, remplaçant son aumônier, lui administra le saint sacrement de l'eucharistie.

Cette cérémonie était à peine achevée, que l'on frappa à la porte. La reine fit signe que l'on ouvrît, et le prévôt, s'avançant dans la chambre, une baguette blanche à la main, s'arrêta derrière Marie Stuart sans prononcer une seule parole, et pensant bien que sa présence seule lui indiquerait que le moment de l'exécution était venu. En effet, Marie lui fit signe qu'il la laissât seulement achever sa prière; ce que le prévôt attendit fort patiemment.

De son côté, Marie ne le fit pas attendre, car un retard plus long aurait pu ressembler à de la crainte, et, s'étant soulevée, elle demanda à Bourgoing de l'aider à marcher; en effet, pendant sa longue détention, ses jambes s'étaient presque paralysées, et elle avait grand'peine à marcher sans aide. Mais Bourgoing s'éloigna d'elle, disant qu'il n'était pas convenable que lui, son vieux serviteur, qui devrait la défendre jusqu'à la dernière goutte de son sang, eût l'air de la livrer à ses meurtriers et de la conduire à l'échafaud. Le prévôt appela alors deux gentilshommes de sir Amyas Paulett qui étaient montés avec lui pour lui prêter main-forte dans le cas où la reine eût fait résistance, et qui étaient restés en dehors de la porte en voyant que leur aide était inutile. Ils s'avancèrent aussitôt, et, Marie s'étant appuyée sur eux, elle sortit de sa chambre et descendit l'escalier.

Au bas, elle trouva Melvil, son maître d'hôtel, à qui, ainsi que promesse lui en avait été faite, on avait permis de voir encore une fois sa maîtresse. En l'apercevant si calme et si pleine de dignité, le vieillard tomba à genoux, et Marie, s'approchant de lui :

— Bon Melvil, lui dit-elle, comme tu as été honnête et fidèle serviteur à mon égard, ainsi je te prie de continuer envers mon fils, à qui je souhaite tous les biens de la terre et du ciel, et particulièrement que Dieu l'illumine de sa grâce et lui envoie son Saint-Esprit.

— Madame, répondit Melvil, ce sera un bien douloureux message pour moi, que de rapporter au fils que j'ai vu mourir sa mère, ma reine et ma très-chère maîtresse.

— Hélas ! bon Melvil, lui répondit la reine, tu devrais bien plutôt te réjouir que de pleurer, car la fin de tous mes troubles est venue. Tout dans ce monde n'est que vanité et misère, Melvil, et certes il ne mérite pas qu'on le regrette en le quittant. Porte donc mes dernières nouvelles à mes amis, et dis-leur que je meurs en ma religion et comme doit mourir une femme moitié Écossaise, moitié Française... Dieu veuille pardonner à ceux qui ont désiré et commandé ma mort ! car celui qui est le seul et vrai juge des secrètes pensées connaît mon innocence, et comment ce fut toujours mon désir de voir l'Écosse et l'Angleterre unies ensemble... Donc, encore une fois, recommande-moi mon fils, et dis-lui que j'aurais pu sauver ma vie en faisant des choses préjudiciables à mon royaume d'Écosse, mais que j'ai mieux aimé mourir, et ainsi, bon Melvil, jusqu'au revoir !

Alors, relevant le vieillard, elle l'embrassa, et, se tournant vers les comtes de Kent et de Schwestbury, qui assistaient à cette scène :

— J'ai, dit-elle, une dernière requête à vous faire, messeigneurs : c'est que vous souffriez que mes pauvres serviteurs, que l'on a retenus dans ma chambre, restent avec moi jusqu'à ma mort, afin qu'ils puissent rapporter, lorsqu'ils retourneront dans leur pays, que je suis morte en la vraie et sainte religion catholique, apostolique et romaine.

Mais, à cette touchante et suprême prière, le comte de Kent répondit qu'il ne voulait ni ne pouvait octroyer pareille chose, attendu qu'ils pourraient, par leurs cris et leurs sanglots, troubler l'exécution, et ensuite porter du trouble dans l'assemblée en se précipitant sur l'échafaud, comme cela s'était déjà vu en circonstance pareille, pour essuyer le sang avec leur mouchoir. Marie alors, secouant tristement la tête :

— Messeigneurs, dit-elle, je me porte caution pour eux et promets en leur nom qu'ils ne feront rien des choses que vous craignez. Hélas ! pauvres gens, ils seraient aises de me dire adieu, et vous devez comprendre ce désir, depuis tantôt dix-neuf ans que nous sommes enfermés ensemble dans les mêmes prisons. D'ailleurs, votre maîtresse, qui est vierge, et, en sa qualité de reine, gardienne de l'honneur des femmes, ne peut avoir ordonné que les soins à rendre à mon corps, après son exécution, ne soient pas confiés à des femmes, et je sais bien qu'elle vous a donné à cet égard un mandat plus large que vous ne dites l'avoir reçu.

Puis, voyant qu'ils hésitaient :

— Hélas ! mon Dieu, ajouta-t-elle, mais vous savez bien que je suis cousine de votre reine, descendue du sang du roi Henri VII, que j'ai été reine de France, et qu'on m'a sacrée reine d'Écosse. C'est donc bien le moins qu'en échange de tous ces honneurs que je perds, vous m'accordiez la faveur que je demande.

Les deux comtes se consultèrent, et il fut accordé à Marie d'avoir auprès d'elle six serviteurs, qu'elle choisirait elle-même : quatre hommes et deux femmes. Alors Marie choisit Melvil, son maître d'hôtel ; Bourgoing, son médecin ; Pierre Gorion, son apothicaire, et Jacques Gervais, son chirurgien. Quant aux deux femmes, son choix se fixa sur Jeanne Kennedy et sur Elspeth Kurl, qui depuis fort longtemps ne l'avaient pas quittée d'un instant, demeurant près d'elle dans le jour, et, la nuit, couchant dans sa chambre.

Cette concession des deux seigneurs fit passer un rayon de joie sur le visage de la reine, qui, s'appuyant de nouveau sur ses deux soutiens, suivie d'Amyas Paulett et de Melvil, qui portaient la queue, et accompagnée des deux autres seigneurs, se remit en marche, précédée du prévôt, et entra dans la grande salle où était dressé l'échafaud.

XXXIII

C'était une estrade de deux pieds de haut et de douze pieds de large à peu près, toute couverte et tendue de serge noire, avec des barrières alentour. Sur cet échafaud était une sellette basse, avec un long coussin et un billot, le tout peint en noir ou recouvert de noir comme l'échafaud. Le bourreau et son valet étaient debout sur cette estrade; le premier tenant à la main une hache à fendre du bois, ayant oublié ou plutôt jugé inutile d'apporter la sienne, et n'en ayant pas trouvé d'autre plus commode que celle-là dans les environs.

Marie Stuart monta sur l'échafaud, et s'assit sur la sellette. Les comtes de Kent et de Schwestbury se placèrent à sa droite, et à sa gauche sir Thomas Andrew, prévôt du comté de Northampton, et sir Robert Beele, greffier. Les exécuteurs étaient en face. Melvil, qui n'avait, non plus qu'Amyas Paulett, quitté la queue de la robe, se tenait à genoux derrière. Les gentilhommes et les spectateurs s'étaient répandus autour des barrières. En ce moment, les serviteurs, à qui l'on avait permis d'assister à l'exécution entrèrent dans la salle, et se placèrent debout sur un banc adossé au mur, derrière l'échafaud, si silencieusement, que Marie eût peut-être ignoré qu'ils étaient là, si un petit chien qu'elle aimait beaucoup, et qui était descendu avec eux, n'eût sauté sur l'échafaud, et ne fût venu, tout joyeux, lui faire mille caresses. Marie lui fit signe de la main de se tenir tranquille, et le petit chien se coucha sur sa robe.

Alors le prévôt, ayant demandé le silence, la commission fut lue par sir Robert Beele, clerc du conseil, qui, cette lecture achevée, dit à haute voix :

— Dieu sauve la reine Élisabeth !

La seule voix du comte de Kent répondit :

— Amen.

Pendant toute la lecture, Marie Stuart avait conservé un visage calme, et plutôt gai que triste, comme si c'était sa grâce et non son arrêt qui lui fût lu, ou plutôt comme si elle n'eût point entendu un seul mot d'anglais; puis, cette lecture terminée, le docteur Flescher, doyen de Peterborough, qu'on lui avait offert pour l'instruire dans la religion réformée et dont elle avait obstinément, comme nous l'avons dit, refusé le secours, vint se placer devant elle, lui fit une grande révérence, et, s'appuyant sur la barrière :

— Madame, lui dit-il, Sa très-excellente Majesté la reine d'Angleterre m'envoie...

Mais, à ce mot, Marie, l'interrompant, répondit :

— Monsieur, tout ce que vous pourrez me dire à ce sujet serait inutile. Je suis née en la religion catholique, apostolique et romaine, et je compte, non-seulement y mourir, mais encore répandre mon sang pour sa défense.

— Madame, s'écria le doyen, au nom du ciel, changez votre opinion, repentez-vous de vos méchancetés, et mettez votre foi en Jésus-Christ seulement, afin que vous soyez sauvée.

— Monsieur le doyen, reprit alors Marie avec plus de fermeté encore qu'auparavant, il n'est en votre pouvoir de me rendre qu'un seul et dernier service : c'est de me laisser mourir tranquille et de ne point me troubler à mes derniers moments. Par la charité chrétienne, qui est la base de toute religion, je vous supplie donc de ne pas me tourmenter davantage.

Alors les deux comtes, se tournant vers elle :

— Madame, lui dirent-ils, puisque vous ne voulez

point entendre l'exhortation de M. le doyen, nous allons prier Dieu qu'il lui plaise d'illuminer le cœur de Votre Grâce à la dernière heure de sa vie.

— Si vous voulez prier pour moi, messeigneurs, répondit Marie avec le même calme et la même dignité, je vous en remercie; car je crois que toute prière qui part d'un cœur fervent ou contrit est agréable à Dieu. Mais je ne puis me joindre à vous, ni de paroles, ni d'intention. Priez donc dans votre but, et moi, messeigneurs, je prierai dans le mien.

A ces mots, le doyen de Peterborough commença de prier en anglais, tandis que Marie Stuart, se jetant à genoux sur le coussin qui était devant elle, pria de son côté à haute voix en latin, afin de ne point entendre les paroles de ses ennemis en religion. Mais, à la fin de la prière, elle changea tout à coup de langue, s'énonçant à son tour en anglais, afin que tous les assistants pussent comprendre ce qu'elle demandait à Dieu. Or, elle demandait à Dieu de pardonner à la reine d'Angleterre, comme elle lui pardonnait, de faire de longs et d'heureux jours à son fils Jacques, qui l'avait oubliée dans sa prison et qui l'oubliait sur son échafaud, et enfin, de détourner sa colère de cette île coupable qui reniait son antique et sainte parole pour adopter un dogme nouveau; puis enfin, baisant le crucifix qu'elle tenait entre ses mains:

— Ainsi, dit-elle, ô mon Dieu! que tes bras furent étendus sur la croix, étends-les pour me recevoir.

Aussitôt, le bourreau, pensant que sa prière était finie, s'approcha d'elle, et, s'agenouillant:

— Madame, lui dit-il, je vous prie en grâce qu'il vous plaise de me pardonner, car je ne suis que l'instrument de votre mort, et je ne puis m'y opposer, mais seulement vous la rendre aussi douce qu'il me sera possible.

— Mon ami, lui répondit Marie, je vous pardonne de bien bon cœur ; car vous êtes pour moi un libérateur qui va mettre fin à tous mes troubles, et, en preuve de la vérité de ce que je vous dis, voici ma main à baiser.

Le bourreau baisa cette main qui avait si souvent fait envie à des rois ; puis, faisant signe aux deux femmes de venir l'aider, il commença à vouloir déshabiller la reine ; mais celle-ci, le repoussant doucement :

— Mon ami, dit-elle, laissez faire Elspeth et Kennedy ; je ne suis point habituée à me servir de femmes de chambre telles que vous, ni à me déshabiller en si nombreuse compagnie.

Alors Marie se déshabilla avec l'aide de ses compagnes, mettant le plus de décence possible dans cette dernière et terrible toilette ; si bien qu'au bout d'un instant, pendant lequel elle s'était pressée comme si elle eût eu hâte d'en finir, elle se trouva débarrassée de sa robe et de son dessous, n'ayant conservé que son jupon. En ce moment, les deux femmes, voyant que l'heure approchait, ne purent, malgré leurs efforts, retenir leurs larmes, qui bientôt se changèrent en sanglots et en cris. Mais la reine se retourna vers elles vivement, leur disant en français :

— Ne criez point, car j'ai promis et répondu pour vous que vous ne feriez ni trouble ni scandale.

Puis, faisant le signe de la croix sur elles, elle les embrassa au front, leur disant de se réjouir bien plutôt que de se lamenter, puisque l'heure qui s'approchait était à la fois celle de son martyre et celle de sa délivrance ; puis, se retournant vers Melvil et ses autres serviteurs, qui pleuraient en silence :

— Adieu, mes amis, leur dit-elle ; priez pour moi jusqu'à ma dernière heure, afin que vos prières m'escortent jusqu'au trône de Dieu.

A ces mots, voyant entre les mains de Kennedy le mouchoir qu'elle avait choisi elle-même, elle tendit le front vers elle, et Kennedy le lui noua sur les yeux l'attachant par derrière à son petit bonnet qu'elle n'avait pas quitté. Alors elle se fit conduire devant le coussin, et s'agenouilla, cherchant avec ses mains le billot. Lorsqu'elle l'eut trouvé, elle posa son cou dessus et joignit les mains sous son menton pour continuer de prier ; mais le bourreau, voyant qu'elles ôtaient de l'aplomb à sa tête, les lui retira ; ce qu'elle souffrit très-paisiblement disant :

— *In te, Domine, speravi ! non confundar in æternum.*

En ce moment, le bourreau leva la hache. Marie, les yeux bandés et ne voyant pas le mouvement, continua :

— *In manus tuas, Domine...*

A ce mot, la hache tomba ; mais le coup, ayant été donné trop haut, au lieu de séparer la tête du tronc, était entré dans le bas du crâne. Néanmoins il avait été assez violent pour étourdir la reine, s'il ne l'avait pas tuée, de sorte qu'elle resta sans mouvement ; ce qui donna à l'exécuteur le temps de frapper un second coup, qui, quoique mieux appliqué que le premier, ne détacha cependant point la tête. Le bourreau fut obligé de tirer son couteau et de couper un lambeau de chair qui la retenait encore aux épaules. Cette opération finie au milieu des cris et des frissonnements de l'assemblée, il leva la tête pour la montrer aux assistants. En ce moment, la coiffure de la suppliciée se défit, et l'on vit ses cheveux, autrefois d'un si beau blond, dit Brantôme, qui, dans les trois dernières années qu'elle avait passées en prison, étaient devenus aussi blancs que si elle eût eu soixante et dix ans. A cette vue, un long cri s'éleva dans l'assemblée; car les yeux et les lèvres de cette pauvre tête coupée remuaient comme s'ils voulaient regarder et parler encore. Alors, M. le doyen, pour calmer ce murmure de pitié, dit à haute voix :

— Ainsi périssent tous les ennemis de la reine !

Puis le comte de Kent, s'approchant du cadavre et étendant la main sur lui, ajouta :

— Telle fin puisse advenir à tous les ennemis de l'Évangile !

Alors les serviteurs s'élancèrent sur l'échafaud, pour ramasser le crucifix et le livre de prières, qu'au premier coup de hache Marie avait laissés échapper de ses mains; mais, comme on crut qu'ils agissaient ainsi pour tremper leur mouchoir dans le sang, les deux comtes ordonnèrent qu'on les fit sortir. Ils obéirent, tout en appelant le petit chien bien-aimé de la reine, qui avait disparu et qu'on ne put trouver.

Après les serviteurs, sortirent les gentilhommes et les assistants. Les comtes, le doyen, Robert Beele et le prévôt restèrent seuls avec le cadavre et les deux exécuteurs. Ce fut alors seulement que le valet du bourreau, en détachant les jarretières de la reine, retrouva le petit chien qui s'était caché sous son jupon, et qui, s'échappant de ses mains, alla se réfugier entre la tête et le tronc, qui étaient à côté l'un de l'autre, et se coucha dans le sang; de sorte qu'on eut grand'peine à le tirer de là, car il pleurait et gémissait comme s'il pouvait comprendre que sa maîtresse était morte.

Les deux comtes, Robert Beele, le doyen et le shérif sortirent alors, recommandant aux deux exécuteurs de transporter le cadavre dans la chambre où il devait être embaumé, et laissèrent le bourreau et son valet.

Le bourreau donna ses derniers ordres à son aide, et se retira à son tour, le laissant seul avec le cadavre.

Brantôme raconte qu'alors il se passa une chose infâme entre cet homme sans cœur et ce cadavre sans tête.

Cinq mois après, le cadavre fut enterré en grande pompe dans l'église de Peterborough, en face du tombeau de la bonne reine Catherine d'Aragon.

Ainsi finit Marie Stuart, douairière de France, reine d'Écosse, héritière d'Angleterre, à l'âge de quarante-cinq ans, laissant le trône à son fils Jacques VI, âgé de vingt et un ans.

FIN

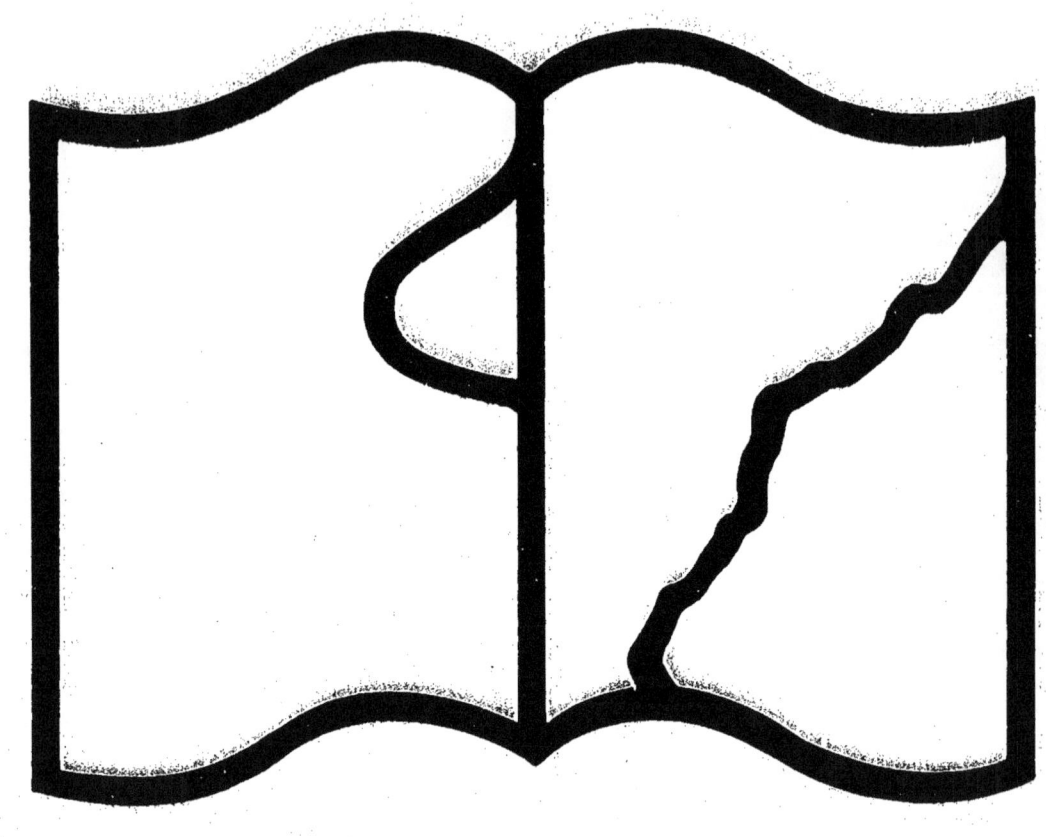

Texte détérioré — reliure défectueuse
NF Z 43-120-11

www.ingramcontent.com/pod-product-compliance
Lightning Source LLC
Chambersburg PA
CBHW071508160426
43196CB00010B/1454